国家社科基金
后期资助项目
GUOJIA SHEKE JIJIN HOUQI ZIZHU XIANGMU

生存解释学研究

Study on Existence-hermeneutics

梅景辉 著

中国人民大学出版社
·北京·

国家社科基金后期资助项目
出版说明

后期资助项目是国家社科基金项目主要类别之一，旨在鼓励广大人文社会科学工作者潜心治学，扎实研究，多出优秀成果，进一步发挥国家社科基金在繁荣发展哲学社会科学中的示范引导作用。后期资助项目主要资助已基本完成且尚未出版的人文社会科学基础研究的优秀学术成果，以资助学术专著为主，也资助少量学术价值较高的资料汇编和学术含量较高的工具书。为扩大后期资助项目的学术影响，促进成果转化，全国哲学社会科学规划办公室按照"统一设计、统一标识、统一版式、形成系列"的总体要求，组织出版国家社科基金后期资助项目成果。

全国哲学社会科学规划办公室
2014 年 7 月

序　言

在当代中国人文学术研究中，中国哲学、西方哲学和马克思主义哲学处于一种相摩相荡的态势。凡是学术基础较好又有一定思想的学者，即使坚持术业的专攻，也会注意把自己的研究置于这一语境之中，从而得到一种现代问题意识和研究的方向感。本书的作者梅景辉以生存解释学的视域来研究"生存"与"理解""解释"等根本性的哲学主题，并且对相关问题的哲学背景和思想渊源做了很好的梳理，显示出本书在当代哲学研究中的理论意义与实践价值。

景辉是我十几年前在华中科技大学任教时带的研究生，第一次面试时，他对传统哲学向现代性转化的一些见解，给我留下了较深的印象；后来，他是那一届学生中唯一硕博连读的，由此进入哲学研究的殿堂。我调到北师大工作后，景辉经常通过邮件和我联系，持续着学术问题的探讨。

景辉读博时，张廷国教授担任其导师，在博士论文选题时由于生存论是我当时的研究方向，他也把自己从生存论视角契入当代哲学解释学的研究设想拿来征求我的建议，我当然给予肯定，并希望他在这方面有所推进。景辉的博士论文答辩，我未能参加，邓晓芒老师担任答辩会主席，给予论文和答辩非常好的评价。论文也获评为当年华中科技大学的校级优秀博士学位论文。

景辉毕业后到南京财经大学工作，依然保持学术思考和写作的热情。2014年，他将修改后的博士论文申报国家社科基金后期资助项目，几位匿名评审专家都给予很高的评价。项目获批后，景辉又将近些年的相关思考，特别是关于生活世界理论的探讨充实到论文中，于是形成了目前读者看到的这本书的定稿。

　　本书探讨的是生存解释学的思想渊源及其根本性问题。虽然生存论与解释学在一些学者的理解中，似乎是两个不同的思想主题，但在作者看来，它们本属于同一思想的渊流，只不过在不同的思想语境中，展现方式和话语表达方式不同而已。特别是在现代哲学流派中，狄尔泰、海德格尔与伽达默尔从生命体验、人的生存等层面将解释学的生存论视域开显出来。

　　作者没有依循现代西方哲学研究的窠臼，只对相关人物及经典文本做具体的阐释，而是将思想的触角尽量伸展，通过梳理从古希腊到现代西方哲学的渊流，以抽丝剥茧的方式，将生存论与解释学的内在关联做出了翔实的阐释，并以语言作为连接生存论与解释学的核心脉络，提出了"在解释学思想的生存论阐明中，语言不再是为人所操纵的交流工具，而是存在的自行道说和能够被理解的存在，它在人的生命存在中展现为语言世界经验和生命的精神化。语言与生存论的三维——生成的存在（becoming-onto）、生命的存在（life-being）和生活世界的存在（lifeworld-being）——相互关联。在第一个维度上，语言是大道之道说；在第二个维度上，语言是生命的内在语词（inner word）；在第三个维度上，语言是世界经验对象化的生命表现和客观精神"。这种语言存在论之思既是对海德格尔、伽达默尔相关思想的演绎，也具有作者的独特思考。作者没有局限于历史的文本，而是直指历史的"本文"，将生存解释学的生存和解释的关联做了更为深层的解释。

　　即便是对"理解"与"解释"的一般性概念阐释，作者也表现出对哲学史的熟稔以及对相关思想的探赜索隐。如对"理解"与"解释"的词源学考察既有学术依据，又契合生存解释学的思想旨趣，并将马克思的实践哲学与解释学思想相融，提出："作为本质力量对象化的生命表现和交往实践都是生存论解释的一种表现方式，传统的解释与实践的对立及实践优先于解释的观念被予以解构，生存解释学从根本而言也是一种实践哲学。"这种将哲学的不同流派思想予以融会贯通的研究方式，体现了当代哲学思想发展的一种重要趋向。

　　作者没有在生存论和解释学的传统边界上裹足不前，而是将思想延伸到当代哲学前沿问题的论争之中。如哈贝马斯的生活世界理论，虽然直接借助了胡塞尔的概念，但赋予了更为丰富的含义；而作者则从哈贝马斯与伽达默尔关于"传统"之辩中，体认到"生活世界既是人们当下所生存的世界，更是变动不居的生成的世界与存在的界域"。对于生活世界和交往行为理论的阐释，既是对哈贝马斯思想的深度解读，也从生活世界的合理化分析中，探究解释学与生存论及实践哲学的本质关联。因此，本书虽然是以解释学的相关主题做基础性学术研究，但对于现代西方哲学中各个流派的家族相似，马克思主义哲学和西方哲学、中国哲学之间的思想关联，做出了比较深入的研究与探讨。我认为，这对当前的学术研究也有可资借鉴之处。

　　总之，我认为本书是一本将学术与思想融为一体的比较不错的作品。景辉正进入人生年富力强的黄金阶段，我希望他再接再厉，写出更好的作品。

张曙光

2016 年 5 月 15 日于京师园

目　录

导言　生存的沉沦与理解的超越 …………………………………… 1

第一章　从语言之镜到生存之境 ………………………………… 13

　第一节　生存解释学的思想渊流：语言与生存的交织 ………… 13

　第二节　概念论与生存论的语言形而上学之思 ……………… 20

　第三节　内在语词与语言世界经验的生存论意蕴 …………… 28

第二章　书写的文本与历史的本文 ……………………………… 46

　第一节　文本之为语言世界经验的生命客观化 ……………… 46

　第二节　文本理解的意义重构与效果历史 …………………… 53

　第三节　历史本文的生存论澄明 ……………………………… 62

第三章　理解的四重境域：从知性的理解到生存的理解 ……… 71

　第一节　理解概念的哲学史溯源：理解与理性（logos）、

　　　　　理智（nous）的生存论关联 …………………………… 71

　第二节　知性的理解：经验论与先验论之争 ………………… 75

　第三节　实践的理解：知与行的合一 ………………………… 79

　第四节　生命的理解：生命体验与历史理解 ………………… 88

　第五节　生存的理解：理解之为存在的展延 ………………… 100

第四章　解释与实践的重构：从生命表现到实践的解释 ……… 115

　第一节　生命表现与本质力量的对象化 ……………………… 116

　第二节　生存论的解释与原初实践的关联 …………………… 135

　第三节　语言与实践的生存论关联 …………………………… 154

第五章　生存的"世界"与"视界"：生活世界合理化及其

　　　　　现代性语境 …………………………………………… 166

　第一节　生活世界的思想渊源及现代意蕴 …………………… 167

第二节　生活世界合理化与视域融合……………………… 177

第三节　生活世界视域中交往理论与生存解释学的建构………… 190

结语　生存解释学的方法论批判……………………………… 205

参考文献…………………………………………………… 207

后记……………………………………………………………… 217

导言 生存的沉沦与理解的超越

生存与理解在当代日益成为人们所关注的话题。这固然与现代哲学的生存论与解释学转向密切相联，也与现代人的生存境遇内在相关。生存论在西方哲学中历来是一道隐而不彰的暗流，直到现代才从意识哲学的批判中喷薄而出，克尔凯郭尔、雅斯贝斯和海德格尔为之做了奠基性的工作；解释学近代一直在人文科学的方法论中徘徊，狄尔泰、海德格尔和伽达默尔虽将之推到了哲学的前台，但生存论和解释学的内在勾连却一直若隐若现。

一、问题的缘起与选题的意义

从根本而言，哲学和哲学史本质上就是关乎"生存事实"解释学。① 如庄子所言"天地有大美而不言，四时有明法而不议，万物有成理而不说"（《庄子·知北游》），而哲学就是在以自己的话语言天地之美和自然、社会之理，这种解释方式有的是以"卮言"和海德格尔的"道说"倾泻而出，有的则是不立文字来做生命的阐释与德性的教化。

从思想层面上说，解释学应该涵括两个维度，一是方法论的诠释学向度，它以语言为中心，偏向于"诠释"书写和口头的文本，另一则是生存论的解释学维度，这一维度直指人的生活世界，它力图超越外在的语言和文本，而以"解释"历史的本文、人的语言世界经验、生命表现和交往实

---

① 海德格尔在弗赖堡早期和《存在与时间》中的主题曾经被称为"事实解释学"和"生存论解释学"。当然，海德格尔是从人的存在来论述这一主题的。而在笔者看来，如果将"生存"理解为"生成的存在""生命的存在"与"生活世界"的三维统一，那么生存解释学则贯穿了整个哲学史的基本脉络。

践为主题。①

　　笔者所追求的生存解释学中的"解释"本义从庄子"解心释神"而出，意味着一种生命的去蔽和生存论的还原，它也类似于海德格尔对于"真理"的阐释——他认为"真理"本身意味着存在的"无蔽"与"自我涌现"。

　　基于这样的学理基础，笔者试图从生存论的超越层面对现代人的物化有所阐解，即人应当在科技理性中追求无蔽的境界，而非让人自身进一步"技术化"。

　　如何在科技时代通达无蔽的状态，也许只有在对于生命存在的领悟与交往实践的超越中才能实现，而它的根基就在于人对自身、社会和世界的理解与解释，当然，这里所说的理解与解释本身就意味着人的趋向超越性的生存方式，它所追求的是不断自我超越的自由之境。

　　从历史境遇来看，现代性的变革已经将我们推入了新的生存境地。信息化、网络化使历史的时空间距愈来愈小甚至不复存在，人们已经可以轻易地在肉体和意识上拥抱全球。这当然带来了诸多的物质福利和技术便利，但同时也产生了一些新的问题，如现代人精神的荒漠和心灵的物化、思想原野的贫瘠和艺术源泉的干涸，这促使笔者将当下称为"技术宰制了艺术，逻辑压抑着诗意，资本剥夺了道德"的时代。它映射到哲学上，体现为作为"思想之艺术"的哲学日益沉沦为"思想的技术"。

　　现代人的问题当然需要现代性的思想阐释。哲学史的渊流必须折射入当代人的精神处境才能形成璀璨的思想之光。马克思的实践唯物主义虽然在当代仍有很大的理论空间和实践价值，但也存在时代视域更新的问题。因为，真正进入"世界历史"的全球化给我们展示了一幅完全不同于大工业时代的社会关系的镜像。在大工业时代，人与人之间的关系纠缠于人与物的对立之中，即对于资本、财富的占有完全可以决定人的社会地位和社会关系，人们是在一个异化也极端现实化的生活世界中展现自己生命的各个向度。但在后工业的信息化时代，随着高新技术的日益发达，人的本质力量和社会控制力量逐步增强。在人的生命活动中，最凸显的不再是生产

① 在解释学与诠释学的分野上，笔者还倾向于另一种区分，即对"事实""本文"的解释与对"文本"的诠释。如《易经》是对易或道的解释，可谓之解释学；《易传》则是对《易经》文本的诠释，它包含作者本人对易的理解与先见，可谓之诠释学；还有对《易经》《易传》字句的训诂，则属第三层次的训诂学，它与诠释学的区分在于，它力图摒弃训诂者的先见来还原字句在语境中的本义。

劳动的"异化"问题，而是交往实践的"物化"问题。从异化向物化的转变，在于人与人的交往已经从现实的"生活世界"跨入了虚拟的"匿名世界"之中。

"异化"是人在与物打交道过程中，人的本质成为异己的非人的存在。而"物化"则是在人与人打交道过程中，人的本质的自我沉沦与自我放逐。当马克思面对着社会化生产中的异化现实时，他是张扬着人的主体性来超越自然物的羁绊。而当我们面临着交往实践的物化境遇时，单向度的主体彰显却可能让现代人的沉沦愈陷愈深。在现代性的社会中，虽然"祛魅"的呼声日益高扬，但宗教神性的祛除又带来人对自身本质力量的过分自傲与自卑的二律悖反。人本身的自傲是偏狭的"人类中心主义"和个体的"唯我独尊"的根源，在此情境下，孤独的个体可能就将自身视为"神人"或"超人"而将他人视为附庸或"地狱"；而人本身的自卑则极易对外在"权威"的崇尚中遮蔽自身的本质力量，从而在极端茫然中成为"美杜莎"的仆从。

对于现代性交往实践中二律悖反的超越，必须在生存解释学的视域中才能得以实现。即通过人与人之间的交往的理解，突破孤零零的此在的界域，而通达一体共在的生命。对此，马克思也有着深刻的体认，他说道："同样，别人的感觉和精神也成为我**自己的**占有。因此，除了这些直接的器官以外，还以社会的**形式**形成**社会的**器官。例如，同他人直接交往的活动等等，成为我的**生命表现**的器官和对人的生命的一种占有方式。""人是一个**特殊的**个体，并且正是他的特殊性使他成为一个个体，成为一个现实、**单个的**社会存在物，同样，他也是**总体**，观念的总体，被思考和被感知的社会的自为的主体存在，正如他在现实中既作为对社会存在的直观和现实享受而存在，又作为人的生命表现的总体而存在一样。"① 在这里，"我的生命""特殊的个体"尚是一个主体性的概念，而"人的生命""人的生命表现的总体"则跨入了主体间性的范畴，即"我"的个体生命和"类"的社会、历史生命只有通过现实的精神交往和直接的社会交往实践才能形成相与相通的总体性生命超越。

多元化的生存现实需要多元的理论介入才能凸显时代的精神。虽然我们所处的是一个被西方哲学家称为个体性和解构性的后现代时期，但笔者相信，任何时代的精神都不会仅仅充塞着怀疑和否定，对于现代性的反

---

① ［德］马克思：《1844年经济学哲学手稿》，86、84页，北京，人民出版社，2000。

思批判也许可以从"断裂"和"解构"开始，却不能以之来告终；同样，在马克思哲学遭受着怀疑和解构的历史转型期，如果运用哲学解释学的思想资源在马克思的文本中寻求新的实践理解，又在"照着讲"的基础上昭显实践哲学新的时代命义，也许能够在现代性理论的重建中开启一种新的思维路向。正是在此意义上，生存解释学在澄明了解释学思想的生存论之维后，将接着生存论和解释学的理路，以生命表现、交往实践、生存理解、实践性教化等问题为中心脉络对现代人的生存困境进行新的阐解。

二、当前研究现状

国外当代生存论和解释学的研究，主要围绕海德格尔的生存论阐释及现象学的解释学方法产生诸多争论。哈贝马斯和伽达默尔可谓其中典型的代表性人物。哈贝马斯力图用社会学的方法来解读现象学和生存论，并且将之引入对马克思历史唯物主义的重建，他所关注的是现代人的生活世界合理化及公共领域的结构转型问题，但他用语用学的解释方式将解释学和交往理论相契合，形成了生存论维度上的解释学的另一种表达方式。伽达默尔坚持对海德格尔之生存论的阐明及现象学原初意义上生活世界的理解，并以语言存在论为主线表达了解释学的核心概念及其思想脉络。哈贝马斯和伽达默尔因此产生诸多对话和争鸣，他们的思想论争也为生存解释学的发展开启了新的思维路向。哈贝马斯和伽达默尔的思想分歧在于，首先，哈贝马斯认为传统应当接受现代性的理性批判，只有启蒙和批判才能创造新的时代精神和认识旨趣，如果沉溺于传统，将会缺乏对于传统和现状的批判，无法将现代性的思想维度进一步延伸，也就无法达到社会的进步和人自身的发展与解放。其次，哈氏认为语言虽然与实践之间有内在的关联，但语言终究是生活世界中人们之间的交往媒介，是一种现实的存在，而非本体论的存在，在此意义上，他是反对海德格尔和伽达默尔的语言存在论的。其三，哈氏认为伽达默尔的哲学解释学过于重视权威的作用，导致人自身的批判理性无法完全发挥，也就很难形成自身思想的解放和对社会的内在批判。伽达默尔则认为，承认传统和权威并非沉溺于传统和权威，我们与传统和权威之间是一种解释学的循环和视域融合的关联，传统之所以成为传统，权威之所以成为权威，是因为它们自身具有一种理性的内涵，并且符合人文精神的传承发展，如果单纯地否定和批判传统及权威，将会缺乏一种传承的视角，也会在实质上失去对话和视域融合的可

能，任何启蒙和创新都应立基于传统和之前的权威之上，没有传统和权威
的批判与启蒙只能是无根的浮萍和沙滩上的建筑。

　　总体而言，哈贝马斯受现象学、生存论和英美实用主义及实证主义方
法论的多重影响，而伽达默尔是典型的现象学浪漫主义和生存论人文主义
者，拒绝英美的实用主义和方法论。虽然有诸多分歧和争论，但哈贝马斯
和伽达默尔的思想共通处在于，首先，他们都承认现代性的启蒙要在实践
理性和价值理性的根基上建立，并对近代以来的技术理性和工具理性予以
批判。其次，他们都承认文化传统是现代生活世界建构中的核心基础，现
代性的发展是文化传统的传承与创新，在这一点上，应该说，哈贝马斯受
伽达默尔影响甚多。其三，哈贝马斯和伽达默尔都认为当代哲学是语言哲
学与实践哲学的转向，语言和实践之间能够发生关联与融合，语言不仅仅
是一种工具，而且与现代人的生活实践密切相关，因此，伽达默尔认为解
释学实质上是一种实践哲学，而哈贝马斯的交往行为理论从本质而言就是
马克思实践哲学的现代性转化与发展。其四，哈贝马斯和伽达默尔都批判
主体性哲学的立场，而坚持现象学主体间性理论。以主体间性为思想前
提，以语言作为能被理解的存在，伽达默尔提出作者和读者之间能够视域
融合，形成效果历史；而哈贝马斯则以主体间性为原则，以语言为媒介，
建构自身的交往行为理论。

　　德国的阿佩尔也曾介入和伽达默尔的解释学争论，"生存解释学"的
概念曾在他的《哲学的改造》中多次出现，当然，他使用这一概念，是他
对于海德格尔的生存论与伽达默尔的哲学解释学思想脉络的一种内在体
认。一方面，他认为，"哲学解释学"的力量在于对历史主义的客观主义
方法论理想的批判，伽达默尔正确地指出了，解释者的历史性乃是人文科
学之理解的可能性前提之一；另一方面，他又认为，伽达默尔将个人的先
见太多地融入到对文本的理解中，实际是将法官或导演的模式与翻译者的
模式相提并论，似乎已经超越了解释学思想的边界。① 总体而言，阿佩尔
力图在生存论、哲学解释学和方法论的解释学之间做一种综合性的发
展，并提出他自己的先验解释学的构思。在他的哲学构思中，体现了德
国古典哲学、生存论和解释学与英美实用主义语言学之间的内在关联。
虽然阿佩尔是在德国思辨哲学和英美实用主义之间游走，但他有三个方

---

　　① 参见［德］卡尔-奥托·阿佩尔：《哲学的改造》，73 页，上海，上海译文出版社，
2005。

面的创新性思想为生存解释学的发展提供了理论基础：第一，在近代存在论向意识哲学转向后，20世纪哲学已经完成了从"意识分析"到现代"语言分析"的"语言学转向"。第二，他通过科学学、解释学和意识形态批判的关联与区分阐释了当代解释学发展的趋向。第三，他以"交往共同体"为中心，提出科学时代伦理学的合理性基础问题，阐明了先验解释的致思取向，在一定意义上为生存解释学拓展了新的思想视域。

法国的保罗·利科以旁观者的身份评述了伽达默尔和哈贝马斯的论战，并以"解释学与意识形态批判"为主题表达了自己的思考。他认为，伽达默尔和哈贝马斯其实代表了当前人文科学和批判的社会科学的不同发展向度，其中，伽达默尔的贡献在于在"偏见""传统"和"权威"之间确立了连接，并且对相关思想和概念做出了存在论的阐释。在此意义上，哲学解释学已经超越了方法论的诠释学，成为一种元批判的普遍性理论。而哈贝马斯对于"兴趣"范畴的区分以及将精神分析方法引入意识形态批判，本身既是对马克思主义理论的拓展，也是对解释学的思想视域的拓展。保罗·利科针对二者的辩论，提出了两个根本性的问题：（1）哲学解释学能否说明意识形态批判的要求？如果能，以什么为代价？（2）在何种条件下意识形态批判才是可能的？归根到底，它能否脱离解释学前提？在反思这些问题时，利科认为，解释学和意识形态批判都具有自己的独特地位以及不同的领域的优先性，一方面是对文化传统的关注，另一方面是对社会制度与统治现象的物化与异化分析。虽然二者的界限十分清晰，但二者之间的关联更是当代哲学应当关注的问题。而意识形态批判向解释学思想的融入，已经表明解释学对现代人的生活世界与生存处境应当有更多的理论与实践的观照。因此，反思必须与解释学相关联，这不仅是由于只能在外在显现中才能把握生存，而且因为当下意识就是一个必须通过解释批判去解释和克服的幻觉。①

在当代解释学诸流派的原创性思想之外，一些学者对解释学思想发展史的阐释中也或多或少展现了生存解释学的微光。如加拿大的让·格朗丹在其《哲学解释学导论》中，对伽达默尔的语言存在论之思有着内在的认同与理解，而且他还专门阐释"海德格尔：作为生存解释的解释学"，阐

---

① 参见［法］保罗·利科：《诠释学与人文科学——语言、行为、解释文集》，18页，北京，中国人民大学出版社，2012。

明生存论与解释学的关联已经开启了解释学发展史中的重要转向。当然，他也充分认识到贝蒂、哈贝马斯以及德里达等人的思想已经对哲学解释学提出了挑战，而且成为解释学发展新的契机。美国的乔治娅·沃恩克在其所著的《伽达默尔——诠释学、传统和理性》中，虽然是以伽达默尔的哲学解释学思想为中心，但以"历史""作者意图""主观主义"等主题阐释了解释学发展历程中的重要理论旨趣，而且他在解释学与意识形态批判及新实用主义的关联中分析了哈贝马斯、阿佩尔、罗蒂等人对伽达默尔哲学解释学思想的批判与反思，在这些批判与反思中，生存论与解释学之间的勾连愈加彰显。

在国内，生存论研究基本处于二元状态。一方面是译介西方生存论思想，如海德格尔的《存在与时间》、雅斯贝斯的《生存哲学》等著作被译成中文，并引起巨大的反响。另一方面是借鉴西方生存论而形成新的学术脉络，如对马克思哲学中生存论思想的开掘，使实践哲学形成了新的研究视域，如张曙光所著《生存哲学——走向本真的存在》、邹诗鹏所著《实践——生存论》和《生存论研究》等。

相对生存论而言，国内解释学研究更为分化。基本可以分为三种类型、四条主线的研究。一是译介型：如洪汉鼎译《真理与方法》和《伽达默尔——诠释学、传统和理性》、主编《理解与解释——诠释学经典文选》，夏镇平、宋建平译《哲学解释学》，严平编译《伽达默尔集》，陶远华等译《解释学与人文科学》。

二是内在诠释解读型：如严平著《走向解释学的真理》，洪汉鼎著《理解的真理》，何卫平著《通向解释学辩证法之途》，张能为著《理解的实践——伽达默尔实践哲学研究》等。

三是结合其他思想脉络互动解释型：如成中英结合中国传统哲学提出"本体诠释学"，俞吾金结合马克思哲学著《实践诠释学》，潘德荣对中国古代哲学中诠释学思想的梳理《文字·诠释·传统——中国诠释传统的现代转化》，郑文先结合社会认识论所著《社会理解论》。

从研究主题来看，语言、实践、本体、辩证法作为基本的主线贯穿于当代解释学哲学的研究之中，应该说，这四条主线都是哲学解释学思想中的应有之义，它们在伽达默尔的论述中都有所展现。但在笔者看来，海德格尔与伽达默尔的解释学存在论转向中的核心概念"生存"反而在当前的研究中隐而不彰；从根本而言，是生存论与解释学之间的内在勾连才使解释学的当代转向得以可能，在这一点上，成中英所说的"本体"与"生存"有契合之处①，而语言、实践与辩证法只有在生存论的意义上才构成了解释学存在论转向中的基本范畴。

三、方法论问题：词源学与思想脉络的辩证关联

自亚里士多德始，哲学家们就将词源学的梳理当作一种严谨的学术研究的方式。亚氏在《形而上学》中对"本原"的分析是深刻而令人信服的。他这一研究方式成为学术研究的范型，当后人研究某一概念或某一问题时，必然会将家族相似的语词聚集起来，而形成一条词源学的脉络，甚至以此取代了思想史的渊流。特别是当代语言哲学与解释学的兴起，更推进了这一方法的运用。而海德格尔的语词分析风格甚至使这一研究方式成为哲学研究的主导。

虽然词源学如此受到人们的重视，但奇怪的是，在哲学史的沿承中，几乎没有一个重要的概念是完全无变化地保留下来，而是在不同的哲学家那里不断地变形延异，无论是概念的原创者，还是他的诠释者和批判者，都很难在同一语境和意义上达到完全的一致。例如"理性""理解""存在""实践"诸概念，几乎在每一个重要的哲学家那里都有过独特的解释，却没有哪两个人能达致完全一致的理解。这一能指与所指的背离使维特根斯坦断言哲学的争论源于语言使用的混乱，他从而拒斥形而上学转向了语言的分析。在笔者看来，维特根斯坦虽发现问题的现象，却偏离了问题的核心。他认为哲学概念能指与所指的偏离是出现在作为"能指"的外在语言上，其实问题的本质是出在作为"所指"的事情本身上。也就是说，我们有必要在词源学的脉络外，另外追寻一条思想的脉络，而在不同的能指下探究到作为同一所指的思想的事情本身。

产生这一问题的原因在于，虽然各个时代的哲学家都面对着最基本的哲学主题产生困惑，但他们必定都是具有独特生命体验的个体，他们必然会在流传的文本和事情本身以及个人的生命体验中产生理解的循环，然后确定一个个哲学概念的意义。有时，他们所理解的意义已经与文本发生差异，但为了自己表述和他人理解的方便，他们往往忽略了这一差异，而用

---

① 成中英先生将本体诠释学中的"本体"界定为四个方面：一是整体，可以是一个不可界定的 whole（大全）；二是一个最初的根源；三是现存而源源不缺的发出生命力；四是内在于事物之中又超出个别事物之外的形式概念。在笔者看来，成先生所说的本体概念虽具有存在论的意谓，但终究与西方哲学中实体化的"存在"（being）更为接近，而缺乏生存论中"生成"（becoming）的意蕴，而且"本体"也无法通过自身直接与现实的生活世界发生内在的勾连。

同样的概念来表达和前人不同的思想所指。甚至当他们已经意识到和前人思想的差异，还会沿用前人的概念。例如黑格尔在批判康德"概念"的知性维度后，又解释他为何在存在论意义上仍然沿用"概念"这一语词："至此，也许有人还会问，如果'思辩逻辑'给予概念一词以特殊意义，远不同于通常对这一术语所了解的，那么为什么还要把这一完全不同的术语也叫概念，以致引起误会和混淆呢？对这问题可以这样回答：形式逻辑的概念与思辩的概念的距离虽然很大，但细加考察，即可看出概念较为深刻的意义，并不像初看起来那样太与普通语言的用法相疏远。我们常说，从概念去推演出内容，例如从财产的概念去推演出有关财产法的条文，或者相反，从这些内容去追溯到概念。由此就可看出，概念并不是本身没有内容的形式。因为假如概念是一空无内容的形式的话，则一方面从这些空形式中是推不出任何内容来的，另一方面，如果把某种内容归结为概念的空形式，则这内容的规定性将会被剥夺掉，而无法理解了。"① 从黑格尔的解释中可以看出，他之所以在与康德思想产生巨大差异的基础上仍然使用"概念"一词，是因为他认为他对"概念"一词的理解与运用是最符合这个词本意或者说常识理解的事情本身，康德对其做纯形式理解其实是一种偏离，而他则矫正了这种偏离。

就在这种概念的偏离与矫正中，许多哲学的术语已经与它的原始意义千差万别，却依然在不同的人那里产生思想的纠葛。很多敏锐的思想家意识到这一点，因此在对他们自己核心思想的阐释上，要么创造一些全新的概念，要么在沿用他人概念的基础上做明确的语境和思想的限定。柏拉图、黑格尔、胡塞尔、海德格尔、伽达默尔、德里达在这一点上就颇为谨慎，故而他们虽然也延异了他人的一些概念，但他们自己的原创维度和他人思想的边界是能够明显区分开来的。之所以能够做到这一点，是因为他们紧紧抓住的不是观念的能指，而是思想的所指，即在思想的脉络中阐发自身的生命体验。

思想的脉络与词源学的脉络相区别的关键在于，在同一思想渊流中，不同的概念能指也许会指向同一思想和事情本身的所指。在此，我们就不能强求概念语词的相同，而要探求思想的内在相通。在本书的生存解释学的探究中，对于"生存""理解""解释"等主要概念就是从思想脉络的维度加以考察，而并不严格遵循词源学的逻辑规范，如现代哲学中的"生

---

① ［德］黑格尔：《小逻辑》，328 页，北京，商务印书馆，1980。

存"概念在古希腊哲学中就没有与之确切对应的语词，但这并不表明在古希腊就没有生存论之思，而是在其他不同的存在论概念表达中蕴含着"生存"的诸多命义，而它们正是现代生存论转向的思想根基。

四、生存解释学的思想脉络

在哲学史上，生存与理解也许是一个亘古而常新的主题。这不仅由于哲学起源于人类对自身"生存"的惊异，而发展于各个独特的生命对于世界相异而又相通的"理解"，更因为它们无时无刻不缠绕于人们的生活与心灵的世界，促使我们对其做出自身的体验与决断。随着现代生存论和解释学的兴起，生存和理解从人们内在体验的暗流中激荡出来，从生命的自明性转换为存在论的问题，人们因而对其捉摸不定，它们难道又是哲学史中诸多语言游戏的一个变形？

当然，生存与理解的当代凸显，绝不是新的语言游戏的登场，而是现代哲学对传统思想的反本开新和对现代人的生存境遇最深沉的追问。在古希腊哲学的开端，泰勒斯的水、阿那克西曼德的阿派朗、阿那克西米尼的气和赫拉克利特的永恒活火都具有浓厚的生存论旨趣。但自巴门尼德区分存在与非存在以来，作为不断生成超越的存在就日益僵化变形，成为居有定所的"实体"与"在者"，变动不居的"生存"逐渐沉入了哲学家的内在体验之中，成为哲学史中若隐若现的思想暗流。①

"生成的存在"被内化为哲学家的生命体验首先在苏格拉底那里得到表达。他自称将哲学从天上带回到人间，将对自然的考察转换为对人本身的思虑。他似乎对那个彼岸的"存在"漠不关心，而更关注着现实生活中一个个具体的生命在者。"生存"也从彼岸沉入到此岸，变动不居的存在内化为自我超越的心灵与德性。人自身的生命终于在哲学的理解中有了一席之地。

但是，存在问题始终是哲学摆脱不了的幽灵，被苏格拉底所悬搁的彼岸又在柏拉图的思想中复活，并且以理念的形式披上了超越于世俗存在物的神圣外衣。相对于当下的流变生活世界而言，"理念"的世界是永恒的、超越于时空的存在。不过，它也是当下经验的生活世界所追逐的理想境界。因而，在柏拉图的思想中，最具有意义的是"原初生活世界的存在"。

---

①　据海德格尔考证，前苏格拉底的希腊思想家如巴门尼德是用 estin、einai 等动词及分词形式来表示存在，在这些词语中，依然流淌着希腊语 eimi 的原始意义，即生命、涌现、逗留……，而亚里士多德用名词化的 on 替代了动词及分词，因而超越性的存在也随之僵化变形为实体与实存。

　　生成的存在、生命的存在与生活世界的一体共在构成了笔者所理解的"生存"，赫拉克利特的永恒活火的隐喻已经为逻各斯的生存留下了流动化的空间。生成的存在在世界中跳跃穿梭，世界是存在之流的展延，生命是存在的凝结与绽放，历史是存在的时间性遭遇。

　　当然，古希腊的生存论之思明显具有后人对于前贤思想理解的延异。这也许是人体解剖用于猴体解剖的必然。而在近代生存哲学的喷薄期，生存的三维才以显学的形态登上思想的舞台，如克尔凯郭尔从苏格拉底和基督教教义中体验到生命在者的孤独生存，海德格尔从存在论的实体化中解释出思想与哲学的区分，并力图使僵硬的存在生成化，胡塞尔和哈贝马斯的生活世界理论虽然引起诸多争论，但他们对于存在世界化的运思却毋庸置疑。应该说，对"生存"的理解与解释中，最根本的轴心是"存在"，——不是作为本体与实体的存在，而是不断自我遮蔽—涌现的"生成的存在"，——由于生存的自我遮蔽与涌现，任何对于它的概念性规定都是滞后的变形。我们在言说中所表达的"存在"仅仅是"生存的境相"，而从这一境相中又涌现出作为生存之"境像"的生命存在与作为"境象"的生活世界。①

　　生存涌现着万物，世界、生命与历史就是生存自身的解释。为了敞开自身，生存要以自己的方式言说，它是在沉默无声中言说，此亦海德格尔所谓"大道在道说"。② 由于它的道说，万物形成了边界，人类产生了历史。

　　生存不能像人一般低声倾诉与高声炫耀，它只能凭借内在无声的语词解释自身。它幻化为日月星辰、风云雷电，它在人的心底书写了理性良知。康德有言：位我上者，灿烂星空；在我心者，道德律令。二者皆为生存的内在语词。当然，我们不能如海德格尔所为，因尊崇生存言说的威力而用"道说"消解了"人言"。生存之言也一定要绽放自身，而它的绽放

　　① 本书"生存的境相"之"境"，相对于英文"horizon"，即兼有"境域"与"视域"之意；当生存解释自身时，它沉沦为一种"境域"，此即生存"物化的天命"，而当人解释生存时，它便堕入了种种"视域"，此为生存"历史化的命运"。

　　② 对于海德格尔"Ereignis"，国内虽有"本成""成己""缘构发生""有化"等诸译解，但笔者较为认同孙周兴先生曾作"大道"之意译，不仅因孙译之理由，更在于笔者从"道（logos）成肉身"的层面来理解海德格尔之大道道说，此处"logos"译为"道"已成共识，且海氏在对语言本质的追问中，Ereignis、sage 和 logos 有一种解释学循环的关联，而海氏本人曾明言他的"Ereignis"几乎和"logos""道"一样不可译，而"sage"与"logos"又可互为解释，故本书涉及 Ereignis、sage 暂以"大道"和"道说"名之。

就是人的语言世界经验。人对于生存的领悟、理解与体验，就构成了生命与生存的交合。只有沉浸于生存的体验，生命才澄明了自身。苏格拉底的沉思、柏拉图的迷狂、柏罗丁的出神、庄子的坐忘心斋，都是生命与生存的内在融合，都是生命沉入生存言说的境域而生澄明的体验。由之生成的生命之言是"卮言"与"道说"，是对于生存的开启与敞亮。人正是在生存之言的倾听与生命之言的体验中有了思与诗。

　　也许我们久已疏离了生存之言与生命之言，因为我们在喋喋不休的闲谈和实证化的技术交流中安然生活。对于生命之言的疏远使我们淡忘了人的超越本性，致使艺术、诗意与德性远离我们孤独漂泊。现代性的技术可以洞悉甚至宰制自然，却无法让我们真正理解自身的生命。疏异了生命的世界是一个被海德格尔称为"座架化"的技术世界，它已经背离了生活世界的本真。在这个理性占据垄断高位的科学时代，与理性（logos /reason）息息相关的理智（nous/intellect）与理解（understanding）已被工具化为权谋与算计。漠视生命已致艺术的乖张，忽视理智而致德性的破缺，而轻视理解将导致思想成为彼岸的幽灵，它在知性的分解与综合中与人的生存相互疏异。

第一章　从语言之镜到生存之境

当我们探究一种学说的渊流时，往往需要追寻两条脉络，一条是思想的脉络，另一条则是词源学的脉络。当然，通过词源学来追溯一种学说的源头，是较为轻松惬意的事情。因为语词的变更有其自身的规律，一般"家族相似"的思想往往有着相同或相近的语言外衣。如当代学者对于解释学历史的研究，就严格遵循了词源学的脉络，将思想史中凡是使用"hermeneutics"或相近语词作为研究对象的学说纳入了解释学的渊流之中。这是一种很谨慎的研究态度，在一定意义上的确可以起到学术的正本清源的作用。但如果拘泥于词源学的脉络，却可能会抛掉很多真正与解释学相关的思想。所以，我们对于解释学的研究也应该从词源学的脉络中走出来，进入到思想的脉络，用一种钩深致赜的方法让"解释学"的思想从哲学史中涌现出来。

第一节　生存解释学的思想渊流：语言与生存的交织

寻求解释学的思想脉络，当然要有一个确定的鹄的，如所周知，解释学是关于"理解与解释"的学说，在西方，它最初与发明语言文字的神灵赫尔墨斯相关。赫尔墨斯作为天神的信使，既负责将神的旨意转换成人间的语言，又负责将人世的情形回禀给天庭。如何让人、神达成沟通，关键在于理解与解释的循环，而中心问题在于意义与语言的融合。作为信使，赫尔墨斯要善于传达，既要领会、理解神的意旨，又要把握人所能接受语言的能力与局限。他必须要借助于人的普遍理性来制定一种规范和传达意义的尺度，这就是语言，也是希腊人所崇尚的逻各斯，他又要能够契入每个具体的生命，使他的语言能够穿透意义的障碍直抵他人的心灵。

逻各斯在赫拉克利特那里就作为最高的理性被宣告出来，它是一切存在之流的中心脉络，它又外化为规律和语言为世人所理解。赫拉克利特说："逻各斯是万古长存的。"① 又说："逻各斯为灵魂所固有，是不断增长着的。"② 但逻各斯毕竟是公共性、规范性的理性，它给在者赋予了共相，给思想划定了标尺，给语言制定了规则。而每一个人又有自己私人的心灵空间，有着独特的生命张力。所以，相对于规范的逻各斯，超越外在规范而重心灵跳跃和生命脉动的努斯从阿那克萨戈拉的思想中喷薄而出，他说："努斯开始推动时，运动着的一切事物就开始分开，努斯推动到什么程度，万物就分开到什么程度。"③ 逻各斯与努斯的相遇可以说是解释学的真正思想开端，它们使外在自然与社会的规律和能够理解的心灵达成了内在融合，从而使世界与人成为一体的共在。在自然中，逻各斯以原初方式不断地解释自身，如风云的符号与雷雨的变幻，日月的交替与四季的循环，都是自然以其自身的语词向人们昭示着逻各斯的力量；而不断向外涌动的努斯则在不同的环境中理解着这些变动不居的语言，并形成人们内在的生命法则。

在社会历史中，逻各斯则以客观化精神的方式解释自身，如伦理的公则与法律的规章、历史的理性与语言的规范，都可说是社会历史对于逻各斯的遵循与表达，当然，努斯在其中已不可化约地与逻各斯相交接，从而使伦理、法律、历史和语言都表现为人的精神生命的延伸。从根本而言，逻各斯与努斯的关联所昭示的是语言与生存的交织，在原初的意义上，逻各斯更多的是语言哲学的源泉，而努斯指向生命的存在，表达了生存论的向度。但二者并非相互分离、相互疏异，而是相互勾连、相互交织，从而在解释学的思想中形成了语言生存论的渊流。

一、语言与"逻各斯"和"努斯"的生存论关联

语言从古希腊的"逻各斯"之思到当代解释学的转向，从来就不是一个很清晰明了的东西，借用奥古斯丁对于时间的说法：语言，当我不深思时还知道它是什么，而当我深思熟虑时，对它却难有定论。在巴门尼德的思维与存在同一的命题中，语言就已经和思维、存在相缠绕。赫拉克利特对逻各斯的尊崇更使语言达到一种近乎神圣的地位。而语言与存在的关联

---

① 北京大学哲学系外国哲学史教研室编译：《西方哲学原著选读》，上卷，22 页，北京，商务印书馆，1982。

② 同上书，23 页。

③ 同上书，40 页。

却在高尔吉亚"即使你能认识某物，你也不能告知他人"① 的命题中得到总体性的表达。

高尔吉亚的命题源于他那深刻的存在论的怀疑："世界无物存在；即使有物存在，你也不能认识。"② 有人认为高氏的这三个论断几乎涵盖了一大部西方哲学史——从存在论向认识论再向语言哲学的转向。③ 这是一个很高明的洞见。不过，笔者一直坚持认为，高尔吉亚的第三命题不仅仅是语言中心论的前兆，更是生存解释学思想的真正源头。他宣称世界无物存在，不仅仅是存在论问题，更是生存论问题，因为在古希腊，存在论在很大意义上是指物化的对象性实体，而高尔吉亚的怀疑就是对实体存在论的诘难，他是用变动不居的生存论视角来审视人们所称的对象物，这样孤零零、永恒如是的"物"本不存在，存在的只有物与人及世界之间的关联。存在并非一种实体，而是生成与流变；物也并非一种定在，而是关联与过程。物既然不是僵硬的定在，那么对它的认识永远把捉不住其自身的流变，即便在流变中领会到物的本质，你又如何用语言将之解释给他人？毕竟语言不是物，语言中表达的只是物的镜像，而他人是另一个在者，如何保证你所领会的镜像能够在他人那里成为本真的物？

当然，高尔吉亚的发问中蕴含着生成的存在、理解、解释和语言的问题，可以说逻各斯的各个维度在他的思想中都得到了发挥；但他的发问中其实还潜藏着心灵、理智、生命的问题，这些问题为认识论的话语所遮蔽，而其实质就是关乎生命的存在与语言之间的相互关联。苏格拉底则对这一问题有所探讨，他在与高尔吉亚和斐德罗关于修辞学的探讨中，就将语言与存在的关联转变为言语和心灵生命的勾连。他认为修辞学主要研究灵魂的本性，它是通过话语在听众的灵魂中产生说服，并用语言和行为规则来培养人的内在信念和美德。④ 在此意义上，修辞学能够达到塑造人的灵魂的目的，并不在于运用华丽的辞藻眩晕他人的听觉，而在于通过生命的语词激发他人出自内心的认同；逻各斯与努斯在此内在地交融起来，语言不再是人们外在使用的交流工具，而是与人的生命存在攸关，能够对人的灵魂加以教化的共同经验；在这一点上，修辞学和辩证法殊途同归，

---

①② 转引自《亚里士多德全集》，第 7 卷，18 页，北京，中国人民大学出版社，1993。

③ 参见徐长福：《一份最简明的西哲史提纲——高尔吉亚三原则的内蕴与启示》，载中国人民大学复印报刊资料《外国哲学与哲学史》，61～63 页，1994（6）。

④ 参见《柏拉图全集》，第 2 卷，191 页，北京，人民出版社，2002。

它们都力图掌握生命的真理并对其加以表达。

在更为深层的意义上，苏格拉底经常向他人描述的自身的灵异向他发出内在的声音。这是一种什么语言呢？抛却它的神秘外衣，我们只能将它理解为良知的内在语词。它是哲人内心最原初的生命体验。所以苏格拉底自身经常会陷入一种沉思状态，他的沉思即是一种理性的内在思辩的运动，是心灵内在良知与理智的对话。在这种内在的对话或曰心灵的辩证法中，自我分裂为纯粹的我思与经验的自我。经验的自我不断将世俗的事实摆在纯粹的我思前，接受其审判与提炼，从而达到良知的澄明。

在柏拉图的对话中，苏格拉底之思与柏拉图自身的思想有时纠缠在一起，有时又有明显的区分，而柏拉图早期与晚期的思想也有一定的区别，这都是在其著作中语言观矛盾纷呈的原因。当然，柏拉图对内在语词和外在语词、语言生存论和工具论的区分尚是模糊的，这既源于他自身思想和苏格拉底的杂糅，也由语言自身的矛盾本性所致。如果深入地辨析，在柏拉图的对话中，关于语言的思想可归纳为三种类型的论述：首先是语言工具论的维度，这表现在他对于语言文字的区分；其次是语言起源论的维度，这表现于他对语言起源及词与物关系的探讨；其三是语言生存论的维度，这表现在他认为语言可以通达人的内在心灵生命。

在第一个维度上，柏拉图将语言看作外在的符号，它是由人使用并能为他人所感受的客观表象，在此层面上，语言可分为有声的话语和无声的文字。在这两种语言形式中，还有一种流行的争论，即话语还是文字更有利于人们心灵的记忆。柏拉图通过古埃及的造字之神与国王的争论表达了自己的观点，即文字既是医治记忆的良方又是戕害思想的毒药，它将使人们依靠外在符号来理解、记忆外在的事物，而疏于用自身的心灵来与世界发生牵连。

在第二个维度上，柏拉图借苏格拉底与赫谟根尼的争论来探究词与物的关联，即语言与物何为更本原的存在。在争论中他得出的结论是：语言的表达是在模仿我们想要表达的事物。[①] 名称既是事物形象的感性表现，也是对事物本质的模仿；当我们在给事物命名时，就是按照事物的性质区分它们。他的这一探讨构成了名实之辩。但这里已经有三重东西出现，即事物、观念与语言，命名则是由之寄生出的存在。在一定意义上，对这一

① 参见《柏拉图全集》，第2卷，112页，北京，人民出版社，2002。

问题的探讨是对巴门尼德"思与在同一"的延伸。语言与命名的介入使此问题更加扑朔迷离。在语言工具论的维度上，话语和文字当然只能是事物和观念的摹本，而不可能存在于事物之先。但语言从来就不只是附生的存在，它与事物具有同样的存在属性。古希腊人所推崇的逻各斯就从语言中延异而来，它由语言、尺度延异为事物生成变化的内在原则和人的存在理性。在此意义上，语言是与物同在的，凡是物显现的地方，必定有语言的光照。

在第三个维度上，柏拉图在《智者篇》中借爱利亚来客阐明"思维是由心灵与它自身进行的无声的谈话"，进而表明"思维和言谈是一回事"①。他的这一观点可谓是对"言谈是口头表达出的思想"的颠倒，因为将外在的言语同内在的思维区分开来，是理性（logos）对于神话（言、思、行的无区分）的一种超越。从词源学而言，理性正是从语言演绎而来。柏拉图之所以能突出"内在无声的对话"，这既是对苏格拉底之"沉思"的更深的领会，也是对概念辩证法的一种内在超越。在他之前的辩证法本义即为对话，即从双方或多方的对话中阐明真理的意蕴。而他将辩证法内化为人的心灵中一种原初生命活动，即人最初只能在内心中与自身的良知对话，在此对话中产生的信念才是与他人形成对话的前提。如果没有自我心灵的对话，那么在外在的对话交流中，你只能成为他人的观念上的附庸。在此意义上，辩证法不仅仅是与他人做外在的对话，而且是真正始于人的内心自我的对话，即思与辩的一体化。在此，辩证法展现的是对话与思辩的两个方面，其实质在于语言的内与外两个层面，即思辩亦是语言的内在运用，它是心灵的内在语词的展开。② 心灵的内在语词也有两个维度，一是遵循理性规则的逻各斯维度，二是展示人的内在生命体验的努斯维度。从解释学的视角看，这两种维度都是人之理解的前结构。没有内在的理性规则，人们只能直观到无概念的混沌，而没有个人的生命体验，则只能把握到一个个空洞的逻辑构架。

相对苏格拉底和柏拉图而言，亚里士多德将逻各斯引向了理性和逻辑的理解，因而语言在他的思想中具有经验论和分析哲学的意谓，而努斯则被归入灵魂论中专门研究，对于努斯和逻各斯的关联，他只在实践哲学中

① 《柏拉图全集》，第 2 卷，75 页，北京，人民出版社，2002。
② 在一般的译文与中文著作中，对于"Speculation"常译为"思辩"。而在本书中，"Speculation"被看作原初的内在语言的活动，故称之为"思辩"更为妥当。

加以探讨。但他在《解释篇》中将语言与物的关联问题承袭了下来，由之指明了内心经验和外在语言的勾连。他说道："口语是内心经验的符号，文字是口语的符号。正如所有民族并没有共同的文字，所有民族也没有相同的口语，但是语言只是内心经验的符号，内心经验自身对整个人类来说都是相同的。"① 在这里，文字和口语当然是外在的语言，人们用之来描述、定义具体的事物，但它们也是一种疏异化的语言，因为在不同的民族国家中，因口语文字的不同，事物似乎被其分化。而直接与事物相关联的是"内心经验"，也可说是内在的语言，在这一语言中，事物才得其本真的显现。

二、语词的"道成肉身"：内在语词对于圣言的倾听

亚里士多德关于外在语言和内心经验的思想极大地影响了后人对于语言与物相关联的思考。基督教神学为探究上帝的"道说"（logos）问题而深入研究语言的本质。如《圣经》开篇"太初有道，上帝说：'要有光。'于是就有了光。"那么天地万物竟是出自上帝的言说？语言竟具有造化万物的魔力？在上帝的言说中，语言也就"道成肉身"，成为"上帝理智"的肉身化，具有了超越于物的神圣地位。被上帝说出来的不仅仅是一堆话语，而且是彼此关联的生命和事物，话语展开着生命的最初本质，并显现着事物诸种形态；而事物提供了可以正确理解生命和话语本身意义的解释学的钥匙。话语不是某种单纯口说的东西，它既是言，又是行动。上帝是以他的言来展现自身无限的生命。他的整全之道在万物中被分有而又支离破碎，必须经由生命的领悟与实践方可能理解圣言的原初意义。

上帝的言行一致是圣言创世的独特本质，圣言也还要以一定的形式在世俗世界中表现出来。如在《圣经》的记载中，上帝与犹太人的先知有过多次的语言交流，教导他们如何去行动，或让他们以人言的形式将上帝的诫命诉于民众，这就产生了上帝之言与人言的相互理解、相互转换的难题。

从上帝和先知的对话中，奥古斯丁挖掘出了内在的语词、内心的语言及其与理智的关系来解释《圣经》中的难题。考虑到上帝的道说不同于人有声的言说，内在语词实际指向的是上帝的内在意志。上帝说"要有光"只是一种形象的比喻，上帝其实是用内在意志的言说来创造万物。而在与

---

① 《亚里士多德全集》，第1卷，49页，北京，中国人民大学出版社，1990。

先知的交流中，上帝也非用有声的话语传入先知的耳朵，而是将自身内在的意志之言传入先知的内心之中，先知也是用心来倾听并理解上帝的意志，并形成自身内在的思想与话语。因此，上帝不能直接向世俗大众宣告，而只能与具有独特领悟能力和内在倾听能力的先知交流，再通过先知外在有声的话语形式来宣告上帝的意旨。

奥古斯丁因而认为内在思想和内心的语言才是一切外在有声语言的源泉。不但先知要通过倾听圣言形成思想后才能有言，即便是一般的世俗之人，也是通过内心的思虑方可诉之于外在的言辞。因为"人不能像神那样在永恒当下一瞥中领会万有，只能一个接一个地思及并将之呈现于心灵自身之前，仿佛是在同它自己进行的一场内在的对话，在此意义上，一切思想都是对自己的言说"①。他认为内在的思想的言说与外在有声的语言的根本区别在于，在外在的生命表达中，说话与观看是相互疏离的，而在内心的思想中，说和看却是一回事，即当思想的视线触及所见之物时，思想就已经开始了它的言说，虽然它并未以任何概念语言来加以表达，但心灵对于物的直观体验中已经包含了内在语词的元素。②

在奥古斯丁看来，人的外在语言源于思想的内在语词，而内在语词则源于对"上帝之言"的倾听与观看；虽然一般人不能如先知般直接与上帝对话交流，用心直接去倾听上帝的内在之言，但每个人毕竟都潜在地分有了上帝之言，具有理解圣言的能力，而且从"道成肉身"和"语言造化万物"的层面来说，每个人的内心和万物的本质中都潜藏了圣言的元素，所以人们在观察、思考事物的本质时，其实也是以另一种方式来倾听理解上帝的言说，而这种倾听与理解正是能够形成外在之言的根基。

奥古斯丁"思想之为内在语词"的观念在托马斯的思想中得到发挥。托马斯认为内在语言正是他研究形式和语词的理论前提。他也继承了奥古

---

①　[古罗马] 奥古斯丁：《论三位一体》，389 页，上海，上海人民出版社，2005。

②　当然，奥古斯丁在此所说的思想与近代知识论特别是黑格尔所指的思想有很大的距离，他说的思想既包括概念性的思维，也涵括了非概念性的直观性的意象，而两者皆为心灵的内在语词；但在黑格尔那里，思想虽然也是一种内在语词，但它是在概念性思维的基础上才可能形成。而与黑格尔同时代的施莱尔马赫认为，个人在其思想中，受语言所制约，他只能思想那些在其语言里具有其关联的思想，一个新的思想如果不与语言中已存在的关系发生关联，它就可能不被传达。这是基于思想乃是一种内在的讲话，由此显然可见，语言决定了个人在思想方面的发展。这是对于奥古斯丁内在语词思想的发挥与延伸。参见洪汉鼎主编：《理解与解释——诠释学经典文选》，50 页，北京，东方出版社，2001。

斯丁的内在词语和外在语言的区分，他把语词分为两种类型：一是外在语词，它是被表达于外的语词，包括发声语词、想象语词和比喻语词三种形式；另一类是内在语词，它是理智的内在观念。托马斯认为内在语词是上帝的语词在人的心灵中的显现，它体现了上帝的创造力量和人的内在信念，外在语词则是一种受创物，它既是对内在语词的模仿，也是心灵对于客观事物的观照而生的镜像。他因此将外在语词比作一面镜子，在这面镜子中可以看到事物。但这面镜子的特殊性在于，它从来不会越出事物的图像。在镜子中映出的只是映在其中的事物，因此，整个镜子只不过映出它的图像。①

在另一方面，托马斯受亚里士多德的内心经验与语言符号关联的影响，认为内在语词乃是外在语词和客观事物之间的中介。他说道："亚里士多德说语言是思想的符号，而思想是与事物相似的，因此，语言通过思想而与事物相关联。"② 他在这里所说的语言是指外在语词，而思想则是内在语词。外在语词其实不可能直接与事物发生关联，在此意义上，外在语词即便是客观事物的镜像，它也必待内在语词的光照方可显现。

第二节　概念论与生存论的语言形而上学之思

在近代理性意识的觉醒中，与存在相攸关的内在语词似乎随上帝一起遭受哲学的贬黜，由培根肇始的语言工具论一直占据着知识论哲学的主流。但在知识论的发展中，也潜藏着一道解释学的暗流，这就是对知识构成本质的理解：从"观念论—概念论—理念论"的延伸中，最根本的主线其实还是被对象化的内在语词。如康德和黑格尔的概念论就是典型的例证，他们因此为现代语言分析哲学和语言生存论奠定了良好的思想根基。于是，被培根力图摧毁的语言与存在的关联在黑格尔的精神哲学中又被逐渐修复，并且在海德格尔的生存论话语与大道之道说中形成语言形而上学与生存解释学的基本境域。

---

① 参见［德］伽达默尔：《真理与方法》，下卷，551～552 页，上海，上海译文出版社，2004。

② ST. Thomas Aquinas, *Summa Theologiae*, Vol. 3, Knowing and Naming God, Lighting Source VK Ltd. , 1963, p. 49.

一、概念之为内在语言形式与绝对精神的言说

在中世纪，上帝的"道成肉身"使物屈从于语言的造化，这也导致了唯名论与实在论之争。康德与黑格尔的概念论在一定意义上沿承了中世纪关于词与物的争论。康德的"概念"类似于能指意义上的唯名论，黑格尔的"概念"则是实在论的所指。作为先验逻辑的开创者，康德在认识论领域的哥白尼式革命是借助概念的先天建构而得以完成。在对经验论和理念论批判的基础上，康德将思维的形式与内容区分开来，认为前者只能出自人的心灵的先天结构，后者则来源于对现象界的直观。与此相应，概念也具有形式与内容两方面要素。它一方面是与直觉并行的人所具有的先天能力。人们由直觉感受表象，而由概念进行思维。"所以直观和概念构成我们一切知识的要素，以至于概念没有以某种方式与之相应的直观，或直观没有概念，都不能产生知识。"① 另一维度上，概念又是表象呈现在心灵中化约成的符号，因为思维不能没有表象的内容，更不能没有符号的形式，否则只会有想象而不会产生思想。在这里，我们就发现康德的概念与亚里士多德的心灵经验、奥古斯丁的内在语词有着相通的质素。它可以说是在人的心灵中尚未表达出来的语言。概念在心灵中已经对表象予以规范、整合，使思维从感性的领域中超越出来，而进入抽象的知性领域，它的最大现实就是表达出来的语言。

在康德这里，我们可以看到现代语言工具论的潜在形式。康德虽然没有用语言这一概念指称他在概念论中的分析，但他所指向的却是语言分析哲学中的基本问题，如语言的形式与内容、能指与所指、句法的逻辑判断等。对康德的概念论做一些语言学的转换，甚至可以说，只有通过先验语词才能在直观的表象中理解现象。对于表象的理解内化为内在语词——具体概念，通过先验的结合再表达为外在语词。

黑格尔在《小逻辑》中对康德的概念论进行了批判，以表明他的概念论与先验逻辑有着本质的不同。他说道："在知性逻辑里，概念常被认作思维的一个单纯的形式，甚或认作一种普通的表象"，而在他的思想中"必须把概念理解为另一较高的意义，异于知性逻辑所理解那样，把概念仅只看成我们主观思维中的、本身没有内容的一种形式"②。在他这里，

---

① ［德］康德：《纯粹理性批判》，51 页，北京，人民出版社，2004。
② ［德］黑格尔：《小逻辑》，327～328 页，北京，商务印书馆，1980。

概念就不仅存在于人的主观思维中，更存在于被康德所悬搁的本体界。从语言哲学的视角看，康德的概念论尚没有脱离人的思维构架和语言逻辑的范畴，无论是作为形式的概念，还是作为内容的符号，都与人的内在语言活动有着密不可分的关联。而到黑格尔这里，概念首先自行构造于存在之领域，它赋予物边界和本质，也在人的精神领域中显现为语言对事物的理解与命名。所以，在康德的思想中，概念只是内在于人的心灵的语言形式，而在黑格尔的思想中，概念更类似于绝对精神和事物本质的语词。

在此应该把握的主线还是被近代认识论所逻辑化的逻各斯。如果说，黑格尔和康德的概念都和逻各斯相关联，那么他们思想的区分在于对逻各斯本质理解的疏异。在黑格尔那里，逻各斯可以被理解为无限运动着的绝对精神从本体界向现象界涌现的存在之流，作为逻各斯在存在领域的显现的概念就具有了形上存在之言的维度；而康德将逻各斯局限于纯粹认识的领域中，它是理性向知性转化的桥梁，所以作为逻各斯在知性中显现的概念，只具有形下知性之言的向度，而不能通达本体界。

在黑格尔的思想中，其实已经将逻各斯融入到绝对精神的展开之中，概念作为逻各斯在世界中的显现，既是达到理念的一个中间环节，也分有了绝对精神，因此概念是个体性与普遍性的统一。"概念的每一个环节本身即是整个概念，但个体或主体，是被设定为全体的概念。"① 其个体性在于每一个生命事物都因自身的概念而与其他生命事物的本质区分开来，但绝对精神则已经为每一个概念所分有，而且不是部分的分有，而是整个的分有，绝对精神通过概念而潜存于每一个生命和事物之中。因此，每一个概念在潜在的意义上，就是普遍的整体，它是一个不断运动的逻各斯之流，其目的就是趋向被自己所分有的绝对精神。

在此意义上，概念可说是绝对精神的外在语词。它们是绝对精神不断向外涌现的逻各斯的话语，通过这些话语，万物形成边界，人类产生了历史。当未被说出时，它们是绝对的大一，是无限的可能性，当它们被说出时，生命与事物间就形成各自的本质，就如同人们说出的话语必定具有一个确定的意向一般，这些意向使概念与绝对精神相分离。但这种分离不是剥离，而是分有。即绝对精神已经外化为具体的单子潜在于概念之中。同时，概念也是生命与事物的内在语词。因为它们是生命与事物的内在逻辑本质，它们不断地构成生命事物的生灭变化，而它们自身从绝对精神中分

---

① ［德］黑格尔：《小逻辑》，332页，北京，商务印书馆，1980。

有的普遍性却永远未能穷尽，这就如同人们内心的生命语词一样，虽然不
断倾泻而出，但其意义却终究无穷。

　　从黑格尔的概念论中，我们的确可以领会到一种"形而上"语言生命
的冲动。虽然，他并未将概念与语言做出明确的勾连，但在认识论意义
上，概念的自我（纯粹思维于其中思想的自身）决非与自己相互作用，倒
不如说，它像语言一样在每个存在着的东西中发挥作用。① 而在存在论意
义上，概念论的所指却导向了形而上的绝对精神在逻辑、自然界和人的精
神领域中的言说功能。他所说的概念实际上超越了人对语言的专利，而将
其融入到存在与事物的本质之中，在此意义上，存在或事物的语言——概
念才是逻辑上在先的，它与生命的内在语词——灵魂内在统一，正因为如
此，人对事物的认识，既是向外的寻视（物之概念），也是对内的观照
（生命的概念），从而在思辩的语言中把握事物的本真之言"logos"，在这
种寻视与观照中，人的思维依循着事物与生命概念的融合而形成自身的语
言。正如他自己在《精神现象学》导论中对于"认识"的形象论述：
"认识不是光线的折射作用，认识就是光线自身，光线自身才使我们接
触到真理，而如果光线被抽除出去，那么，指点我们的岂不只还剩下一
个纯粹的方向或空虚的地点了吗？"② 他的这一精妙隐喻同样适合于阐明
概念的本质，即概念不是事物的折射，而是事物的本质自身，我们只有通
过概念才能触摸到事物的真理，正如我们只有通过语言才能理解人的
精神。

　　这种解释当然渗透了柏拉图分有论和基督教"道（言）成肉身"的思
想。在存在论的层次上，黑格尔认为概念是事物存在的本质，一物之所以
区别于他物，并不在于它具有某种特殊的质料，而在于它先在的概念形
式。他说："概念才是真正在先的。事物之所以是事物，全凭内在于事物
并显示它自身于事物内的概念活动。这个思想出现在宗教意识里，我们是
这样表达的：上帝从无中创造了世界。或换句话说，世界和有限的事物是
从神圣思想和神圣命令的圆满性里产生出来的。由此必须承认：思想，准
确点说，概念，乃是无限的形式，或者说，自由的创造活动，它无需通过
外在的现存的质料来实现其自身。"③ 黑格尔的这一断言其实是将神学中

---

① 参见［德］伽达默尔：《伽达默尔论黑格尔》，134 页，北京，光明日报出版社，1992。
② ［德］黑格尔：《精神现象学》，上卷，52 页，北京，商务印书馆，1979。
③ ［德］黑格尔：《小逻辑》，334 页，北京，商务印书馆，1980。

的"语言"转换为概念。在基督教思想中，上帝是通过他的言说而创造世界。《圣经》开篇"太初有道，上帝说：'要有光。'于是就有了光。"在神学的经典解释中，"道"即是上帝之圣言。而这个言既造化了万物，又显现为上帝的肉身——圣子在人间的宣道。黑格尔在此所说的神圣思想和神圣命令就是上帝之言和圣言。在《哲学史讲演录》中，黑格尔也曾经评述了雅各·波默对于"圣言"的理解："他说：万有的开端是圣言，即神的嘘气，神从来就是永恒的太一，也永远是永恒的太一。圣言是永恒的开端，并且万古如斯；因为圣言是永恒太一的启示，它使神圣的力量进入对某物的唯一知识。我们把圣言理解为显示出来的神意，而把神字理解为潜藏的神，即永恒地涌出圣言的泉源。圣言（即圣子）是神圣太一的流溢，却也是作为神的启示的神自身。"① 波默的理解是与奥古斯丁等人相契合的，黑格尔还对圣言之"言"做了注释："λόγος这个希腊字比德文的Wort更确切。它有很好的双重意义，既有道理的意思，又有语言的意思。因为语言是纯粹的精神存在物，这东西一被听到就返回到精神本身。"②

在此，语言与概念的内在勾连被揭示出来。作为"圣言"的道当然是一种形上之言，它与人的形下之言有着本质的区分。在基督教传统中有着圣言与人言的区分，而在黑格尔那里也有绝对精神之言与人言的疏异。概念作为绝对精神之言自行建构于存在之领域，而达乎生命与事物的本质。人言则是理智的外化与思维的激发，而最终发乎声音，显诸文字。从内在性而言，人言是精神生命的流溢；从外在性而言，它则是客观概念的镜像。

二、生存论的话语与大道之道说

我们有必要用海德格尔的语言思想来印证这一观点。我们知道，在海德格尔那里也有道说与闲谈的疏离——道说是大道之澄明，闲谈则是人言之沉沦；他这一思想是与神学中"圣言"与"人言"的区分相契合的。受西方逻各斯传统影响，海德格尔早期就对于语言有着独特的关注。在《存在与时间》中，他就反对语言工具论的探究，而认为语言和人的生存有着一种源始的存在论关联。即"语言这一现象在此在的展开

---

①② ［德］黑格尔：《哲学史讲演录》，第4卷，46页，北京，商务印书馆，1978。

状态这一生存论建构中有其根源。语言的生存论存在论基础是话语"①。
他在这里劈头就将语言和话语牵连出来，并且将语言看作话语的外在显
现。话语相对语言有着一种生存论的优先性，因为它更为内在地与人的
生命相契合。人们使用语言时总是有所表达和倾诉，而本真性的话语却
是倾听与沉默。这在于话语是一种内在于人的心灵的生存论的语词。唯
有倾听，此在才能领会；唯有沉默，真理才会涌现。此在的领会与真理
的涌现才使人触摸到语言存在之本质。此一阶段的海德格尔已有语言存
在论的倾向，因而在进一步的探究中，他很自然地提出"语言是存在的
家"，而"人以语言之家为家。思的人们与创作的人们是这个家的看家
人"②。

　　从"生存论话语"到"存在之家"，海德格尔对语言之本质的理解发
生了内在的变化，从"人言"上行到"存在之言"，虽然存在之言依然需
要人的看护，它却超越了人的言说。这里发生变化的根由在于逻各斯神秘
主义传统更多地渗透到海氏的思想之中。原有的神学背景使他对基督教
"道（言）成肉身"有着深刻的理解，甚至这一思想始终笼罩在他对语言
之本质的追问之中。"圣言"的神秘主义倾向使他对人言的本真性产生疑
问：真理为何从我们的言谈中现身？在关于人道主义的书信中，对于言的
理解他更倾向于逻各斯的神圣性与自为性，正因为如此，存在的真理才能
在语言中澄明，人并不是发明了真理，而是在语言之家中倾听并显现了
真理。

　　关于语言本质的另一问题是词与物的关系问题，也就是黑格尔所理解
的概念为何是事物的本质，海德格尔在晚年对此有着更多的思考。在一次
关于"语言的本质"的演讲中，海氏反复引用格奥尔格的诗句"词语破碎
处，无物存在"来触摸词与物的关联。他说道："破碎即是缺失。在词语
缺失处，亦即在每每命名着物的词语缺失处，无物存在。"③ 由此得出
"惟词语才使物获得存在"④。在此，他试图用"命名""名称"来解释词
语，而没有用到黑格尔意义上的"概念"，但探究到思想的实质，却几乎
可说，他所追踪的词语与黑格尔所谓作为"事物之本质"的概念异曲同
工。也可说，海德格尔所说的语言类似于黑格尔的普遍性的概念，它与存

① ［德］海德格尔：《存在与时间》，188 页，北京，三联书店，2006。
② 《海德格尔选集》，上卷，358 页，上海，上海三联书店，1996。
③ ［德］海德格尔：《在通向语言的途中》，151 页，北京，商务印书馆，2004。
④ 同上书，152 页。

在相关联，在此意义上，语言是存在之家；而词语则是具体性的概念，它与作为存在者的物相关联。当然，语言与词语并没有截然的区分，就如同概念的普遍性与具体性一体共在一般。

在词与物的关系上，海德格尔虽没有沿袭黑格尔的本质说，但他明显看出语言工具论者对于词的轻视实质上误解了语言的本质。以往的哲学不是将语言视为工具，就是看作实体，这种语言实体化的倾向导致词成为碎片，世界沉入暗冥。为此，海德格尔使语言重返逻各斯之流，将语言变动不居、自我生成的本性开掘出来，并宣称："词语乃物之造化"①。造化本义为决定，这里似乎有一个词与物的颠倒。从古希腊开始，思想家们就曾探讨词与物之关联，但只在反映论和约定论中争执词到底如何生成。他们只是说物如何决定词，还不敢说词如何造化物。直到神学对"道成肉身"的解释才将词语对物的造化显露出来。根据海德格尔的考证，"物与词的关系是通过西方思想而达乎词语的最早的事情之一，而且是以存在与道说之关系的形态出现的。这一关系如此不可抗拒地侵袭着思，以至于它以一个独一无二的词语道出自身。这个词语就是逻各斯。这个词语同时作为表示存在的名称和表示道说的名称来说话"②。在这里，词与物关联的纽结是逻各斯。前面提到黑格尔和康德概念论的区分在于对逻各斯理解的疏异。海德格尔在前人理解的基础上赋予逻各斯更丰富的含义。他从语言、理性、判断、概念、定义、根据、关系等意义中又引出了"采集"之思。它既是语词意义的"集中"，也是事物本质的"聚集"。因此，他在谈到词语时其实已将其视为逻各斯的碎片。唯在此语境中，才能理解"词语供养着物而使物成其为一物"③。作为物之"造化"和"供养"的"词语"与作为事物本质自身的"概念"内在不无共通之处。

在逻各斯的敞开中，语言就逐步超出了人之生存境域，向大道迈进。进入大道道说之境的语言就突破了人所掌握的言语界限，更加类似于上帝之言与绝对精神的语词。在此意义上，道说是逻各斯自身的敞开，它向世界传送着存在的真理；在此境域中，人不是真理的发明者，而是探究者和看护人。

---

① ［德］海德格尔：《在通向语言的途中》，230 页，北京，商务印书馆，2004。
② 同上书，176 页。
③ 同上书，179 页。

另一维度上，道说又是人言之根基，人言只有植根于道说之中，才能契合存在的理解，方能指明生存的意义。道说在人言中的涌现，使人们误以为真理是从人之言谈中创造。但真理只是在言谈中显现与澄明，而绝非人的创造与发明。在此意义上，人言不是诉说，而是倾听与沉默，它在倾听中领会了大道之流行，它在沉默中宣泄了存在之言说。

正因为倾听与沉默方是大道的领会与倾泻，所以在人言密集之所，存在往往缺席与沉沦。反而是在无言之处，道说已在生命的内在语词中现身。此处的道说已经处于人的言说之先，作为道说之道在人的"弃绝"与"沉默"中宣泄而出，它如庄子的"卮言"一般无心言说却又无所不说。对此，人只有在"跟随"与"倾听"中才有本真的诗与思。对于本真的诗与思，我们往往"欲辩已忘言"，从而总是被纠缠到一种永不充分的说话之中。

如果说黑格尔的概念论尚只表达形而上语言思想的雏形，那么海德格尔所展露的可谓是存在论语言的形而上学。海氏所建构的语言形而上学的基点便在于对语言本质的追问。这可说是他的语言存在论的一以贯之之道。从"生存论话语"到"存在之家"，再到"词与物的关联"和"大道之道说"，无一不是对语言之本质的界定。当然，任何界定都意味着有僵化变形的可能。海德格尔为了超越语言的僵化，所以在不断深思语言之本质的同时也不断扬弃以往的界定。因而他曾宣称要将存在之家的"存在"打叉，而到后期，他觉得语言这一概念都已被西方人所误解，就语言本身已难深入语言之本质，所以他要用存在的澄明——道说（sage）来指称语言，唯在此境域中，才能理解为何是话说人，而非人说话。

虽然海德格尔在谈论黑格尔时并未言及自身的语言观受其影响①，但从语言存在论的渊源来说，对于"逻各斯"的形上理解却构成了二者思想相通的源泉。这个渊源的基点当然是存在论层次上的逻各斯：逻各斯通过自身的流溢而造化万物，概念通过自身的流变而建构生命和事物的本质，道说通过自身的宣泄与人的倾听而澄明存在的真理。词与物的关联在此都不是流俗意义上的指称与命名，而是决定与区分，在语言—概念出场之前，世界是一片混沌与暗冥，通过它们的到场，物从存在的杳冥中分离出

---

① 黑格尔和海德格尔倒是都表明他们的语言观曾受威廉·洪堡的影响。如黑格尔在《精神哲学》讨论语言的部分就指明参阅洪堡的《论双数》；而海德格尔在《在通向语言的途中》中则大篇幅地引用洪堡的原文。

来，形成自身的本质与边界，但自成其是的物由于词的勾连，始终摆脱不了与世界一体共在的干系。

海德格尔在评述黑格尔的《精神现象学》时，曾经对其中的"概念"做出自己的解释："黑格尔在这里（原文：自然的意识将证明它自己只是知识的概念或是不实在的知识）使用了概念一词，其含义是根据规定着自然思维之形式和规则的逻辑系统而来的传统含义。概念一般的是关于某物的表象。"① 在这里，海德格尔似乎有一些误解。黑格尔在《精神现象学》中虽未形成系统的概念存在论之思，但他也绝非仅在传统形式逻辑的意义上指"某物的表象"，而是指"事物的本质"，因为黑格尔马上接着说："对于这种怀疑而言，毋宁只有真正未现实化的概念才是最实在的东西。"② 由此可见，概念在此实际上指"潜在的单子"或"尚未展开的理念"。

海氏也很快意识到将黑格尔的概念做传统逻辑化的理解存在一种危险，所以在后文的阐释中他又说道："如果自然的意识借以表象出被意识者的那种知识被叫做概念，那么，概念性的把握就是把某物作为某物表象出来，这时，概念一词就是在传统逻辑意义上被理解的。相反地，如果我们把在意识中被表象出的真理称为概念，而知识作为我们的对象是从这个概念上得到衡量的，那么，这个概念就是真理的真理性，是现象知识在其中得以达到其本身的那种显现。"③ 海氏从黑格尔的概念论中理解到真理的意谓。这是非常独到的见地。因为黑格尔对于真理与概念的关联同海德格尔真理与语言的关联还具有某种内在的契合。可以说，黑格尔的真理是在概念自身的运动中逐步展开，海德格尔的真理则在语言的澄明中涌现而出。

第三节　内在语词与语言世界经验的生存论意蕴

在考察哲学史上诸多语言观之后，我们有必要直接面对语言的事情本身，来探究语言如何从外在镜式的工具性存在通达内在生命世界和生成的存在的境域。这一转变的核心当然是内在语词问题。尽管当代解释学和分

① ［德］海德格尔：《林中路》，151 页，上海，上海译文出版社，1997。
② ［德］黑格尔：《精神现象学》，上卷，55 页，北京，商务印书馆，1979。
③ ［德］海德格尔：《林中路》，177 页，上海，上海译文出版社，1997。

析哲学的很多论证已经涉及内在语词的存在，但在工具论者看来，它终究属于不可说的形而上的层面，因而将它称为前意识的黑暗黎明而拒绝它的实存。其实内在语词并非只有从生命存在的内在方面才能得到澄明，——当然它是内在语词最为深沉的层面，——而且从外在语词的内推中也可以让它得到显现。以最常见的阅读为例，当我在大声朗读时，我的声音从物理的时空中传到听者的耳中，只要有听觉的人都不会否认我在用语言进行阅读，这种有声的阅读是对文本意义的再现，而当我理解文本的意义而用抑扬顿挫的音调来抒发文中的情感时，我的阅读就已经是对文本的解释和再创造。但无论是机械的复现还是解释性的阅读，因为外在语言的现实出场而使语言的实存得到承认，任何人都会说朗读是通过语言而发生的事件。

一、外在语言向内在语词的深入

当从外在有声的朗读内推到无声的默读，语言此时已经不在物理的时空中显现，阅读已经从一个公共性的事件转化为私人性的事情，那么，默读究竟是不是阅读，它是不是通过语言而发生？笔者认为，有过默读经验的人都不会否定这一点，即我虽然没有出声，但我是运用内在流动的语言在阅读并理解文本的意义。

虽然默读中形成的语言是由文本性文字的激发而成，也就是一种外在语词的内在化，但相比朗读而言，默读是更为真实的语言性事件。因为朗读可能是一种无意义的被动的语言活动之发生，如一位学生被老师命令读一篇他完全不理解其意义的古文，虽然他能够借助拼音将之完整朗读出来，但在语言工具化的使用过程中，因为没有理解的参与，语言、文字、文本的意义和他个人的生命是相互疏离的，他并没有因这次阅读而扩充他的生命体验和语言经验。而默读正因为是私人性的事情，是内在语词的流动，所以默读建立在个人的语言经验和意义理解的基础之上，当一个学生对一篇新的文章从有声的朗读转入无声的默读，就表明他已从纯粹外在语词的跟随进入到文本意义的理解之中，并且将自身内在语言经验参与到阅读之中，在扩充自身生命体验的同时也延伸了文本的意义生命。

外在有声的朗读有利于语词的机械性再现与记忆，内在无声的阅读则使读者进入到文本的意义领域而延展自身的语言经验。二者的区分甚至类似于鹦鹉学舌和人学会一门外语。机灵的鹦鹉经熟悉它的人调教，可以发出简单的音节甚至背出一首诗，从表面看，它似乎会使用一种语言，但我们能否说它已经掌握了这门语言？应该没有人会承认这一点，因为即使鹦鹉背出一首诗，它所发出的仍是与它的生命相互异化的外在语词，它并不能因此而获得任何语言经验，更不可能进入诗的意义世界，也就是说它所熟稔的外在语词在它的心灵中（如果有的话）激不起任何内在语词，尽管它能说出优美而流利的各种方言，我们仍然说它不可能懂得并掌握一门语言。

而学习一门外语却刚好与之相反。如果我是在纯粹说汉语的环境中学习英语，我所使用的教材只是英文书籍和词典，没有任何人与我做口语的交流，虽然这种学习方式是单调而进展缓慢的，但当我通过语法单词的学习而能够看懂英文原文并且可以从事英文写作时，人们却会承认我理解并掌握了这门外语。虽然说出流利的英语对我来说仍是非常困难的事情，但由于自身语言经验的扩充和英语文本意义理解的深入，我是通过内在语词的形式进入了另一门语言的意义世界之中。

默读对于语言经验和内在语词的凸显，已经可以有力地证明外在语词在人的语言世界中属于附庸的地位，尽管语言工具论者认为它就是语言的全部。当然，他们会说，默读的内在语词其实只是外在语词的内在化，外在语词在此仍然具有在先的优越性地位。

表面看来的确如此，当我们默读或自学时，我们其实必须要面对一个外在的文本，而这个文本是由外在语词所构成。而且从发生学上看，婴儿学会说话必须要有一个外在的语言环境，即外在语词的内在化才可能使人形成语言经验和内在语词。如果执着于这种发生学的历史性纠缠，可能要回到神创话语和语言进化论的争论之中。为避免这种无休止的争论，我们只需提出一个问题：认为内在语词是外在语词的内在化是否也要有一个前提，即听话和默读的人能够理解外在语词的根基是什么。这个前提性的追问就将人的语言性和语言经验凸显出来，这二者才是外在语词、内在语词和意义理解的地平线。

如果说默读尚须借助于外在语词的内在化方可得以完成，那当我们回忆一件事情或是思考一个问题时，却距外在语词相差甚远了。黑格尔就认为记忆是纯粹语言性的活动，必须将表象纳入到语言中来，记忆才可进入思维。当我们通过语言记忆一件事情的发生经过时，并没有一个外在语词引导我们怎么想，而是我们自己的理智运用意象的回想—想象的再现—联想—符号的幻想而逐步将表象抽象为内在语言，这种内在语言是理智内在时空的创造性激发，而非外在语词的内在化。

而进入到理智的思维中，内在语词的主导性地位更加突出。前面已经分析过自古希腊开始思与言就是一体交融的事件，柏拉图已将思想规定为心灵的内在对话。黑格尔则断言："企图不用语词去思维……看来是一种丧失理智。"① 这种与思想相交融的语言当然不会是外在的语言，因为有声的话语和有形的文字毕竟是在思想之后发生，是思想的外在表达。既然思想比外在语言具有一种优先地位，那么与思一道发生的内在语词也就获得了优先性，它不是外在语词的内在化，而是生命的精神化。

无论记忆还是思考中所运用的内在语词，都是具有一种语言意识和语言形式的语言，也就是说，当我有所思时，必然是用母语或一种掌握良好的外语在思维，而不可能是用一种根本不存在的语言方式在思考问题。因为在思想中运作的都是经历一种具体的语言所展开的东西，它必然具有一种可表达性，当我将之考虑周全，我即可以用一种语言或文字将之外化出来。

记忆和思考中的内在语词虽然是外在语词的先导，但它必然受某种语言意识和语言形式的约束，而这种语言意识和语言形式可能是以某种客观精神的形式存在于某种文化传统之中，比如语法的结构、书写的方式、意义的理解等等。因而处于这一层次的内在语词仍然具有外在性的约束，而没有通达纯粹的内在精神生命和生存论的境域。

诚然，这种在记忆和思维中发生的语言类似于亚里士多德所说的内心经验的符号，它在口语和文字发生之前就已经存在了。这种内在的符号虽然比表达出来的外在语词少一些肉身化的性质，但它必然符合个人所生活于其中的民族语言形式。也即是说，个人的思维方式和语言风格也不仅仅是纯粹精神化的踪迹，而是带有某种文化传统的生命印记。很多研究都表明，受过语言教育的人与未受过这种教育的人的记忆思维方式有很大的差异。受过语言教育的人经过某个路途时首先记住的是刻有符号的标志牌，在记忆时则通过这些符号附带地回想起当时的表象，而未受过特定文化教育的印第安人经过一条河流时却纯粹用表象来进行记忆，再次经过那条河流时，他们虽然不知道任何标志，却能够通过形象的再现而敏锐地觉察出如何避开河中的礁石，在何处应当拐弯，而与这种记忆方式相对应的思维方式就是黑格尔所批判的非概念式的表象思维，即当他们力图用他们自己的手势和语言方式来表达时，里面充满了感性的细节、丰富的联想和象征

---

① ［德］黑格尔：《精神哲学》，288 页，北京，人民出版社，2006。

式的想象。

表象性的记忆和思维方式给内在语词理论带来了困难，即在人的记忆与思维中，是否必定有语言参与其中。虽然黑格尔曾经很明确地回答了这个问题，但他似乎并没有探究表象性的思维如何是语词的活动。他甚至和很多人一样，将表象思维甚至象形文字都贬低为野蛮文化的产物，而认为概念思维和字母文字表征着人类精神的成果。

其实表象性的记忆和思维方式的存在并不是对内在语词的冲击，而是对其内容的丰富和更深刻的揭示，它使我们从民族性的语言意识、语言形式和语言传统的束缚中超越出来，通达内在语词最深沉的生命根基。或者说，概念思维和表象思维的矛盾交织使内在语词的语言性和语言经验从人的精神生命的深处浮现出来。

在《逻辑研究》中，胡塞尔以现象学的方法对内在语词问题有所探究，他在阐明与现实交往功能的表达所不同的孤独心灵生活中的表达时说道："表达是作为指号在起作用，但是，即使在与自己交流并且不作告知的心灵生活中，表达被赋予一个重要角色，很明显，这个功能的变化并不会改变表达的本质，表达一如既往地具有它们的含义，并且具有与交往话语中同样的含义。只有当我们的兴趣仅仅朝向感性之物，仅仅朝向单独作为声响构成物的语词时，语词才不再是语词。但只要我们生活在对语词的理解中，语词就在进行表达，并且，无论这个语词是否朝向某人，它都表达同一个东西。"① 毋庸置疑，胡塞尔用表达概念的内在性剥离了语词的肉身性而直指它的意义理解，在此意义上，不仅在现实的语言文字之中发生的意义和传诉及接受是语言的表达，在内心的思想中，在心灵的独白中，只要具有意向性的理解活动，就是语言内在发挥表达的功能。但胡塞尔自己对此产生了疑问："难道我们应当说孤独的说者是对自己说，语词对他来说也是符号，即他心理体验的指号，我不相信可以提出这样的见解。"② 为了解决这一困难，他用想象的话语来区分真实的话语。在现实的语言交往中，用于表达的是真实的话语，而在孤独的内心表达中，我们并不需要真实的语词，而只需被表象的语词就够了，在想象中，一个被说出或被印出的语言文字浮现在我们面前，实际上它根本不存在。

---

① ［德］胡塞尔：《逻辑研究》，第2卷第1部分，43页，上海，上海译文出版社，2006。
② 同上书，43~44页。

这里问题的关键在于孤独心灵的内在话语是否真实地存在。胡塞尔似乎让外在的真实话语具有一种优越性，而内在的表达作为想象的语词，只是在一定意义上得到认可，而不具备话语表达的原始优先性。当然，胡塞尔也承认在孤独的话语中，人们在某种意义上也在说，而且他自己将自己理解为说者，甚至将自己理解为对自己的说者，这肯定也是可能的。但他因对真实话语的声音在场性的诉求而贬低了内在语词的原初沉默。因而他只在孤独的心灵话语中看到了它是对声音和文字的想象与再现，而未认识到它可能是直接从生命体验中涌现出来的本真表达。正因为他将内心的独白看作对交往表达的模仿与再现，内在的语言也就不具有独立的主导地位。

但有过思考经验的人都会体验到，只在心里默诵一首诗歌时内心才会出现想象的文字与话语的再现，即在对一个确定的文本的回忆中，内心所出现的东西是外在语言的模仿，而在对一个新的体验进行反思时，我们是运用全部的内在语言经验将之理解表达。只有经过内在理解的东西在表达出来时才会具有意义，而这种理解正是在内在语词中发生的。即便是在与他人的现实交往对话中，要确保对话发生意义并能够持续下去，我们内心的话语要比外在的语言表达处于更为激烈的活动之中。首先我要倾听对方语言，领会其中的意义，当我将对方的话语接受入我的内心时，内在语词便紧密与之勾连起来，予以综合、分解、联想、判断、理解，然后再根据语境选择适合的外在语言反馈给对方。在每一次真实的语言交往中，若没有丰富的内在语词的真实参与，交谈只能在无意义的闲谈中结束。

在个人对某一问题的沉思中，内在语词比外在语言表现得更为真实。即便没有声音与文字的现实在场，我们仍然能够体验到内心话语的真实流动。在内在语词的思考中，精神生命与语言关联如此紧密，以至于它可以穿透复杂问题的关节；而在口头语言和书面文字的表达中，即便是在内心已经构建成熟的思想，也会由于外在表达与自身生命体验的异化而产生表达中的疏异与残缺。《易·系辞上》曰："书不尽言，言不尽意。"此处的意就是内心流动性的话语，它很难在外在语言中发挥殆尽。

二、内在语词之为生命的精神化

对于概念性的思维，内在语词无疑参与其中并充盈理智的时间性流逝，但在表象思维中，是否存在语言的活动或者说它是如何发挥效用呢？

如果只有字母文字的书写，也许很多人（特别是黑格尔）都会否认象征性思维中有语言因素参与，而只承认是无关联的想象性图形充盈于表象思维。但象形文字的真实存在却可以有力地反证出在象征性思维中也有形象化的语言充盈着理智的内在空间，即可以将其称为原文字对生命精神化的扩充。

黑格尔从符号记忆到语言思维的探究已经表明内在时间性的话语与人的思想密不可分，语言和思想一道生成流逝，并在对概念的时间化理解中寻求思想自身的发现。因此学习一种语言乃是一种难以估量的无限的教育手段，它把精神从感性具体的东西引导到更为形式的东西，并且在奠定主体的内在性的基础和使其纯洁性上做出重要的贡献。[①] 即语言使精神更为形式而纯粹，而有利于思想的发生。当然，黑格尔在此指涉了现实的语言即字母文字，他认为字母文字更有利于概念思维的形成与表达。但问题在于，当人们学习、掌握一种现实的语言之前，难道他就不会思想并表达吗？

这一结论无疑是难以让人接受的。虽然说狼孩进入人群之前不能够进行概念性的思维和表达，但在至今仍然存在的某些原始部落中，人们甚至没有自己的书写文字，也没有一套成熟的概念式的语言系统，他们不是借用概念思维，而是用表象思维来进行交流，可是你能够断言他们没有思想吗？

列维·布留尔关于原始思维的研究中就已表明在象征性思维中虽然没有形式概念的表达，却依然有内在语词的思想与外在语言的交流，语言并不一定要以字母内在化的形式来规范精神的形式，对于图像的直观联想也能够形成原初的内在文字的交流，并且在这种原初文字的思维中，人们也能够形成思想并产生感性话语的表达。

原初的语言性思维无疑比概念思维更为具体，伽达默尔曾经举例说，骆驼这一概念在非洲有两百多个原始的语言称谓，它们是根据不同品种、不同形态的骆驼而分别加以指称，这都可表明人的原初思维是具象性的语言思维，而非抽象的概念思维。只有当思维能力具有一定的语言积累的程度，才可能博而返约，从纷繁的直接物象性的语言名称中剥离出概念的总名。

在概念形成之前的原始语言思维中，语言无疑是直接从心灵中的物象

---

① 参见［德］黑格尔：《精神哲学》，285 页，北京，人民出版社，2006。

而来，并非从外在文字的教化而成。这就是亚里士多德所说的心灵的经验是事物的符号。这种最原初的语言形式源于自身的语言经验和语言意识，而非外在的语言规则，因而在作为原文字的象征性思维运动中，发生的是超越于某种民族语言和方言的内在语言活动，这就是由人类普遍的语言性而形成的语言经验的图式。在此前提下，不但操两种不同语言的文明人在一定的生活环境中可以顺利地达成语言交流，而且一个文明人进入没有产生文字书写的原始民族，也能够产生共通的语境而达成思想的沟通，当然，这种沟通方式不会纯然像两个文明人一样用对等的概念直接进行语言翻译，而是语言概念向原初的语言图式的回溯，从而在双方内在的语言经验之中突破外在语言形式的樊篱而达到视域的融合。

从语言概念形式的突破中，我们可以通达超越外在语言肉身化的生命内在语词与语言性的内在经验，在思维中活动的内在语词尚具有某种形式的肉身化性质，如我是用哪一种语言在思维。（这从人的梦呓中可以得到证明，虽然在梦中的人并非有意在说，但往往是用他掌握得最好的语言来说。）在此意义上，洪堡断言掌握一门新的语言就是进入了一种新的世界观。而且毋庸置疑的是，拥有不同外在语言的各个民族之间可以相互交流的事实就表明存在一种超越各个民族的内在语言性，只有在此语言性的基础上，具体的生命才可能轻易地进入一种新的语言文化的世界观。维柯在考察人类精神的历史时就敏锐地觉察到："按照各种人类制度的本性，应有一种通用于一切民族的心头语言，以一致的方式去掌握在人类社会生活中行得通的那些制度的实质，并且按照这些制度在各方面所表现出的许多不同的变化形态，把它们的实质表达出来。一些格言、谚语或凡俗智慧中的公理对此提供了证明，这些格言谚语或公理在意义实质上尽管大致相同，却可以随古今民族数目有多少，就有多少不同的表达方式。"[1] 维柯所说的心头语言其实就是人类普遍的语言性和内在语言经验，在这种内在语言经验中，所有民族性的语言形式回复到最原初的语言生命统一体之中，因而它们是可以完全相通的，如伦理学的金规则"己所不欲，勿施于人"既在中国儒家思想中是基本的行为规则，在基督教中也是道德实践的核心，而且具有几乎相同的语言表述，这就表明普遍的语言性所生成的原初语言经验的统一体才是外在语言形式和语言表达的源泉，"其出如泉，其流成渊"，作为源泉的语言经验统一体在生命的延展中生发出各种民族

---

① ［意］维柯：《新科学》，上卷，109 页，北京，商务印书馆，1989。

语言形式的支流。莱布尼茨认识到纷杂各异的民族语言表达方式的内部有着统一的语言生命，所以他力图用一些简单的符号来构建一门适用于所有民族和学科的世界语言，虽然他的普遍语言的构想并未达成，但他对于普遍语言性和语言经验统一体的探究无疑给后来的解释学和语言学带来诸多的思想启发。

在保持名称的记忆和由概念所充盈的思维中，外在语言形式尚与内在语词发生交互影响，这就是胡塞尔区分真实话语与想象话语的根由，但进入到表象思维和生命的内在语言经验中，情况却发生了倒转，被称为想象话语的内在语词成为最真实的语言性存在，而所谓真实话语的外在语词则只是内在语词的衍生物与附庸。作为生命经验的内在语词随着生命的时空性一道延展，生命内在时间的绵延伸展出原初的话语，而生命的内空间则拓展出原初文字。这已经抛开了外在语言形式的制约而探求语言的生存论根源，而生存论的原初话语与没有歌词的韵律一般是生命自身的绝对绵延，因此，卢梭体认到最初的语言既是音乐也是诗，三者本身即为同源异形。内在语词不是因物质需求而生产出来的工具，而是生命情感的内在勃发，因而它最原初的表现必然是诗与音乐。诗和音乐都是时间性的艺术，是生命的内在时间性绵延的精神化踪迹，作为韵律的音乐是没有历史与民族的限制的，哪怕再古老和已经在世界中消亡的民族的音乐，现代人都可能沉浸其中，这就在于，音乐虽然有其外在表现形式，但它是用生命的时间性节奏和纯粹精神化的音符在表达，它已经与人类的普遍语言性和生命语言经验的原初统一体相契合，因而音乐也是一种语言性的生命存在。其中所蕴含的语言经验固然负载了太多的生命情感因素，但它必然能给人们带来某个民族和具体生命的精神化言说。在欣赏某个时期与某种类型的音乐时，我们其实是在理解它的精神生命和生活世界，并在与之对话的基础上形成新的语言共同体。故而《乐记》言："审声以知音，审音以知乐，审乐以知政"，"郑卫之音，乱世之音也，比于慢矣。桑间濮上之音，亡国之音也，其政散，其民流，诬上行私而不可止也"①。这就是将音乐看作某种生活环境的语言性表达，从中我们可以领会到它的内在精神生命。

音乐的语言性源于它的生命精神化的本质。音乐不是理性的产物，却在语言性中生成，就在于理性致力于将精神的内容克服而获得纯粹的形式概念，语言性则在生命精神化的过程中，将生命的内容纳入到精神之中，

---

① 《四书五经》，上卷，566页，长沙，岳麓书社，1991。

而形成精神性的生命表达。音乐虽然是一种生命表达，但它并没有任何概念形式的约束，而是内在语言经验的自由挥发。在非概念性的语言世界经验这一点上，诗与音乐是相通的，将诗中的语言表达抽象为概念，或者用理性逻辑的方式对诗的内容予以规范，都是对诗意生命的扼杀。音乐与诗当然也都是精神化的踪迹。没有精神化的向度，生命只能如动物一般发出纯粹的声音却不可能产生真正的音乐与诗。但音乐与诗对理性逻辑概念的拒斥在于它们追求本真的生命内容与生命表现，而不是用纯粹的精神形式来扬弃生命的气息。

　　当然，诗与作为纯粹韵律的音乐相比，更具肉身化的形式，这就在于诗在表达的过程中不仅要展现内在的语言世界经验，而且要借助于特定的语言意识与语言形式，因而诗总是如思一样，要以一定的民族语言方式表达出来。但诗的表达与思想的表达不同，它是语言性的直接发挥，并不需要理性概念的参与，因而能够展现最为灵动的语言形式和最为深沉的语言世界经验。

　　语言、诗与音乐的同源还表现于最初的语言表达本身就是诗人配有韵律的吟咏。这在东西方都是如此。在外在文字产生之前，荷马是通过吟咏而使人们领会并记忆他的史诗，诗经在没有文字载入的情况下也是靠有韵律的音乐相合在乡野间广为流传。"仁言，不如仁声之入人深也"也表明原初语言的生命穿透力非概念化的语言所能比拟。

　　诗、音乐作为原语言与概念语言相互区分，类似于内在意念与知性概念的分别，意念作为生命精神化的活动其实也是内在语词的绵延，它和音乐与诗一样在时间性中产生与流动，即在意念中，语言的形式与它的内容是同一的，语言尚没有颠倒事情自身及其表现的工具，如在原始部落中，往往动物的每一个形态都有特定的称谓，这就是意念的直接性表达的结果。而在文明的族群中，只需用一个概念便替代了诸多的称谓，即概念语言已经将事物的特殊性放入一个普遍的共相之中，而形成一种"类"的范畴。

　　在生命精神化的过程中，与意念并行的是意象的发生，意象是想象和表象思维得以发生的源泉，也是空间艺术、雕塑、绘画的内在根基。相对于意念的原初语言性而言，意象则是在生命内空间中的延展，意象作为事情本身在生命中的原初显现，它既可以是直观内容在理智中的潜藏，也可以是想象力对原初意象的再生联想与加工，因而在意象中可以是直观内容的原型持存，可以是一种意境的内化（如中国的山水画），也可以是直观内容精神印迹的象形化（如《易经》的爻画和象形文字）。三种类型的意象虽然出于生命精神化的不同层次，但都是内在原初文字的存在方式，是与内在话语并立的生命精神化的充盈。

意象之象不仅是知识论意义上的事物显现于心灵的图像与想象，而且是生存论层次的内在语词。《易·系辞上》中说："子曰：'书不尽言，言不尽意。'然则圣人之意，其不可见乎？子曰：'圣人立象以尽意……'"这里的书、言、意、象从根本而言都是语言经验的范畴。书写的文字和口头语言是作为外在语言被人使用，意是内在语言生命的语言经验的流动，而象则处于内与外、思与想的超越的层次上。意与象的区分则在于生命内时间与内空间的区分。意作为内在话语形式是生命时间性的绵延，是与内在的思与说相关联的，而象则源于生命的一种内观，它所观看到的既不是事情所显现的形象，也不是柏拉图所说作为事物原型的理念（相），而是生命内观的精神化踪迹，它与作为内在话语的意念的区分在于具有多维度侧显的功能。如在生命体验中对某一事情形成意念，必定在一种内观形式化的关联中遮蔽了体验中更为重要的维度，而在外在化的表达中带来言不尽意的缺憾，而象作为生命体验在内空间中的精神化显现，它可以使人在直观中通达多维的事情本身。这就如老子所谓的"大象无形"，即象作为一种流动的生命意象，没有固定的形式规则，可以在不同的生命情境和语境中表达出不同的意义，这就如中国的山水画，没有写真的场面，只是通过意象式点笔来表达一种意境，而欣赏者根据自身精神境界和生命情境的不同，从中可以得到不同的审美体验。

意象作为原文字也就具有这种艺术性的效果，它同时彰显生命精神化的各个维度，却让人难以达成一种完全的共识，庄子的寓言和禅宗的机锋就是这种意象性的原初文字的表达，它给人铺下峰峦叠嶂的意境，却由于无形式概念的参与而让人只可意会不可言传，庄子也因而批判外在性的语言是得鱼可忘之筌。

相对外在语言的工具性而言，内在语言是一种原初生命的自身激发和生命内在时空的充盈，它在生命精神化与精神生命化的进程中得以形成。如果仅将语言界定为生命自身的激发，那么就会有人说：难道动物也会有语言？对此笔者同意莱布尼茨所言：动物有语词和声音却没有语言，这就在于动物虽然经由生命本能的冲动而对环境产生一种直观的意象或相关的表达，但其不能够体验到意象对于生命的意义，不会产生生命精神化的活动，也就不能够形成语言世界经验，在此意义上，人与动物正是由语言性得到区分。在语言性这个层次上，亚里士多德说"人是有语言的动物"就是对这一问题的界定。但它在很多时候与人的理性纠葛在一起，故而伽达默尔认为语言性就是理性生成的历史意识，也就是说理性在不同的历史环境中生发出不同的语言意识与语言的理解，但是有着根本的语言性和语言世界经验贯穿其中。

原文字与原话语对生命内在时空的充盈，既是外在工具性的语言通向生命存在的境域，也是伽达默尔所说的语言世界经验的生存论根基。在原初语言的生命精神化与精神生命化的进程中，语言世界经验从文本的界域跨越到世界的本文之中，即如伽达默尔所说，世界是一个大的本文，而一切流传物的本质都不过是语言性的书写。文本与历史的本文经由语言世界经验而得到内在的沟通，从而使解释学实现从认识论向生存论的超越。

三、语言世界经验的生存论意蕴

语言世界经验的三个核心概念在伽达默尔的思想中都具有独特的理论背景和解释学的语境，从思想的传承上说，语言从工具论向生存论的超越，并不是伽氏的独创，而是中世纪"道成肉身"的神学语言观延续下来的传统在黑格尔的概念论和海德格尔的道说中的完满展现。海德格尔从生存论话语到大道之道说，将语言的存在从人与人的交流中超拔出来化为存在的言说，使语言距离当下世界经验愈来愈远。伽达默尔承认了语言存在论的度向，但他在哲学解释学中做了一种新的努力，即将被从生活世界中分离出去的语言又拉回到人的世界经验之中，使其从生成的存在转化为生命的存在与生活世界的存在，在此，语言不是存在的道说，而是能够被理解的存在。

在这一点上，伽达默尔已经与海德格尔的语言存在论发生了分歧，而更多地遵从了洪堡的语言世界观。伽达默尔指明语言作为"能够被理解的存在"虽然仍处于语言存在论的范畴，但已经与作为"存在之家"和"大道之道说"的语言相去甚远了。比之上帝之言和黑格尔的概念论在海德格尔晚期存在之言中的显现，伽达默尔更多地吸纳了作为生命意识的内在语言来建构语言与自我及存在的关联，在此意义上，黑格尔的理智的语言、洪堡的语言世界观、施莱尔马赫的思想性的话语及狄尔泰的内在生命体验更多地渗透到伽达默尔的语言世界经验之中。他否认将语言视为交流的工具，但他依然将之看作逻各斯在人的生命体验中的显现，因而语言作为人理解存在的方式，它始终是在人的生命存在中表现出来，而非存在自身向人的言说，当然，存在的显现必须是在人的语言中，人是在语言中理解世界，即语言的边界既是人的边界也是世界的边界，在语言之外，存在是纯粹的虚无，在这一点上，他接受了海德格尔早期的生存论话语，却拒斥了晚期的大道之道说。

伽达默尔认为海德格尔提出是语言说人而非人说语言具有反思性的意义，当他在探讨语言的自我遗忘、无我性和普遍性时，也力图阐发海德格尔的语言存在论之思，但他也只是将语言超出我的控制而将之带入了类生命的表现中，即语言不是我个人的表达工具，而是"我们"的精神生命的客观化，即海德格尔的语言本质的追问被语言如何勾连人与世界所取代。

相对黑格尔的概念论和海德格尔的"大道之道说"而言，洪堡从来没有越出人类的精神结构来探究语言，因而无论他研究内在的语言形式还是外在的语言表达，都是以语言在世界中为研究的前提。在语言中，人们既形成自身的精神世界，也产生观察世界的独特视域。洪堡认为，人们学习一种新的语言，即进入了一种新的世界观。这意味着一个民族的精神世界和文化传统已经在语言、文字、语音、语法结构中最深沉地掩藏。当你进入语言中，并不仅仅掌握着外在的语言形式，而是进入了一个民族的精神世界，是以一个新的生命融入了这个世界的建构之中。

伽达默尔领会到语言自身即是一种独特的精神力量，它并不是哪一个人可随意拿起又放下的工具，而是照亮我们世界的经验媒介，它不是外在有声的话语和无声的文字，而是与我们的生活世界一道生成的精神生命。

伽达默尔又将洪堡的语言世界观和胡塞尔的生活世界理论相对证，以凸显语言世界经验所具有的原初意义，他认为："生活世界原则上是一个直观地给定的世界。""生活世界有着一个有限的、具有不确定的开放边缘域的主观—相对领域的普遍结构。从我们自己有限的生活世界和对古希腊以来定义明确的各种变化的历史回忆出发，限制科学领域的客观超验性，就能揭示具有自身有效性的生活世界。"① 他对生活世界理论批判性的理解，表明他并不把生活世界看作一个先验的存在，而是以语言为媒介所建构的生活共同体，因此前语言的世界对他来说不是世界而是环境，动物因为没有语言，它们虽也拥有自身的生命环境，却不可能拥有自身的生活世界。动物虽然也可以从这一区域向那一区域漫游，但语言经验的缺乏使它

---

① ［德］伽达默尔：《哲学解释学》，194 页，上海，上海译文出版社，2004。

们的游历和理解只是环境的碎片而非整体的世界。

如果用波普尔区分三重世界的理论，那么作为自在的物理世界便属于"环境"的范畴，而主观的和客观的精神世界则通达了真实"世界"的界域，在主观精神世界中，自在的"环境"在人的语言经验中图式化和视界化，世界和人的语言经验及视界是一道生成的，就如一个人每登高到一个新的海拔，就形成更为广阔的视域一般，世界在人的语言经验和视界中拓展，而新的视域融合又生成新的语言意识和语言经验，二者构成了解释学意义的循环。

在客观精神的领域中，伦理、道德、艺术、法等都不过是人的内在精神生命和语言经验的表达，以艺术为例，艺术创作建构了一种与世俗生活相脱离的精神世界，但这个世界只有相对于能够创作、欣赏、理解的人才是存在的，古希腊的神庙在人看来是伟大的艺术作品，但在栖身于其中的鸟类看来只是躲避风雨的处所，而对艺术作品的欣赏与理解就建基于人的语言世界经验之上，它们虽然不像哲学、法律条文那样用外在的文字表达，但它们也是原初语言经验的对象化与客观化。

而世界经验中的经验在伽达默尔看来也非科学实证意义上的知性经验，而是历史意识的一种精神积淀，迄今为止的经验理论的缺点在于：它们完全是从科学出发看问题，因而未注意到经验的内在历史性。胡塞尔虽然在超越科学实证化的基础上给出了一个经验的系谱，以说明经验作为生命世界的经验在它被科学理想化之前就已经存在，不过，伽达默尔认为："他似乎仍被他所批判的片面性所支配。因为就他使知觉作为某种外在的、指向单纯物理现象的东西成为一切连续的经验的基础而言，他总是把精确科学经验的理想化世界投射进原始的世界经验之中。"[1] 即胡塞尔是将对象化世界中的经验又还原到原初世界的发生之中。

在伽达默尔看来，是黑格尔将历史性贯穿于经验之中，从而他成为经验辩证要素的最重要的见证人。黑格尔说："意识对它自身——既对它的知识又对它的对象——所实行的这种辩证的运动，就其替意识产生出新的真实对象这一点而言，恰恰就是人们称之为经验的那种东西。"[2] 他在此是将经验看作一种辩证的运动，它是在否定对象和意识的基础上将二者纳

---

① ［德］伽达默尔：《真理与方法》，上卷，451页，上海，上海译文出版社，2004。
② ［德］黑格尔：《精神现象学》，上卷，60页，北京，商务印书馆，1979。

入到精神之中，使精神展开自身的确实性并在他物中认识自身。经验运动不管是作为一种向内容的多样性的自我扩展，还是作为愈来愈新的精神形式的涌现，在任何情况下它都是意识的倒转。①

海德格尔曾经专门研究《精神现象学》中的经验概念，他认为，黑格尔不是辩证地把握经验，而是根据经验的本质来思辩证法。经验乃是那个作为主体的根据主体性而得到规定的存在者的存在状态。② 从与意识的关联来说，他强调经验乃是一种在场的方式，也即一种存在方式，通过经验显现着意识本身，经验把意识聚集于它的本质聚集之中。

虽然海德格尔将黑格尔的经验做了存在论的解释，但他终究没有将他所思的语言存在论贯入经验概念之中，在这一点上，伽达默尔用语言勾连了经验和世界，使之成为整体的语言世界经验。他首先将经验普遍结构纳入到解释学经验的分析之中，以阐发经验的历史性与语言性，而解释学经验与流传物相关，流传物就是可被我们经验之物，但流传物并非一种我们通过经验所认识和支配的事件，而是语言，也就是说，流传物像一个你那样自行讲话。在此，黑格尔认作经验对象和意识的东西被伽达默尔运用流传物的中转而归入语言的名下。当然，语言自身的精神内在性和对象化的本质使它具有这双重功能，黑格尔就曾经将语言看作自我意识的定在，人类的一切经验只可能在语言中生成。语言自身的思辩性已经涵容了经验的辩证性，经验对于事物的倒转其实是在语言（意谓）对事物的颠倒过程中发生。经验与语言的内在关联通过生命体验得以显现。在解释学的传统，特别是狄尔泰的思想中，体验概念通过反思性和内在存在得以规定，它是理解与经验的根基。狄尔泰通过体验力图达到原初生命和意义的统一体，因而体验构成了对客体的认识论基础。体验作为生命与世界的一种关联方式，它既使具体生命在原初生命统一体中寻求到自身的存在，又使生活世界通过具体的生命活动得到完满的表现。

应该说体验比意识更为接近经验的本质，在意识中，生命与对象是相互对待而出场，而在体验中，我与对象在原初统一体的追溯中进入无区分的状态之中，正因为对象进入到我的生命之中，所以体验后在精神中遗留的印迹就经过语言性的转化而成为我的生命经验和语言经验。

伽达默尔之所以用语言经验来批判狄尔泰的生命体验，就在于生命体

---

① 参见〔德〕伽达默尔：《真理与方法》，上卷，461页，上海，上海译文出版社，2004。
② 参见〔德〕海德格尔：《林中路》，191页，上海，上海译文出版社，1997。

验在向原初统一体的回溯中力图达到摒弃自我的移情，这在伽达默尔看来，既是对历史性的背离，也是语言性的疏异，因为历史视域和当下生命的视域都具有各自的语境，通过体验式的移情对当下视域的封闭，只会带来历史意识的无限循环，因此他用效果历史意识和视域融合为具体生命的理解铺平道路，即在对流传物的理解中，我们是通过语言与流传物达成和解（其实流传物在一定意义上也是语言），是通过语言意识与语言性的参与而从流传物中获得语言经验，在我的语言经验的生成中，视域得到拓展，世界随之生成。

语言、经验和世界因此融合为生成的历史性的生命统一体，这个生命统一体不是像狄尔泰所说的面向曾在，而是通向效果历史的将在，在语言世界经验的统一体中，三者是由生命所贯穿的辩证的统一体，在之中，语言是作为世界的经验而出场，世界是作为语言的经验而不断生成的视界，经验则是在语言中被理解的存在。

语言世界经验的形成是解释学发展中一个历史性的事件，传统解释学中的核心概念——语言、体验、理解、解释、视域、前见都被整合为一条具有生命性的思想脉络。世界作为具体生命的语言经验的视界在主观精神领域中是可行的，在客观精神领域却会产生问题，因为，伽达默尔还是想超越现象学的先验唯我论，承认在我的视界之外仍然有客观世界的存在，但客观世界并非自在的物理世界，而是主观世界的客观化物，也就是说，作为对象的客观世界只有在我的语言经验中才得以显现，它与我产生的是相互理解和相互对话的解释学关联，或者说这个客观世界类似于黑格尔所说的客观精神世界，它终究是我的语言经验的对象化，在此意义上，它依然是语言世界经验的一种表现。

在这个脉络中，语言从古典工具论经由神学语言观的扩充而形成当代语言生存论之思。在工具论的语言观中，世界与人的经验都是逻辑在先的东西，语言是作为世界的外在性表达而出场，如人工语言就有力地说明了这一点，作为工具的人工语言完全由人们之间的相互约定而产生，而离开约定的语境，它就只是一个外在纯粹无意义的符号。这种能指与所指的分离使伽达默尔宣称人工语言实际上并不是真正意义上的语言，因为人的世界经验在其中已经发生了变形与异化。

而作为世界经验的语言，是由理性延伸出的语言性而生成，伽达默尔因此认同亚里士多德的判断：人是有语言的动物。亚氏这一命题其实是一个双关语，它指出人之所以从动物中超拔出来，既在于人拥有理性，也在

于人拥有语言。可以说，语言和理性内在的关联在古希腊的"逻各斯"之
思中就已有非常深刻的表述。赫拉克利特说"逻各斯"既是世界的理性规
则，又是存在于人灵魂中的理性精神。而逻各斯的本义从语言而来，语言
与人自身的理性和世界的理性规则具有某种内在的勾连，伽达默尔的语言
世界经验正是对这种内在勾连的澄明。

　　斯多葛派曾用外在逻各斯与内在逻各斯的区别来界定人自身的理性语
言及世界理性法则，它其实暗示着人的内在语言世界与外在生活世界经由
逻各斯而发生同构，当然，语言虽然是逻各斯的词义本源，但它与作为理
性的逻各斯并不对等，能够与理性发生同构的是语言内在的语言性。伽达
默尔在表达语言世界经验时多次说到语言性。语言性和语言经验、语言意
识、语言形式都不相同，它是后者的根基。语言性是人类一切语言可能发
生的境域，它与原初的类生命一道发生，而与理性产生同构。如果说理性
指向人的永恒的存在本质的话，语言性则指向生成超越的精神生命。理性
通过反思从人的生命体验中抽象出思辩的概念，语言性则将概念激活成具
体的生命表达。

　　语言性始终伴随着生命精神化的过程，而理性则力图克服生命的杂多
而纯化精神的形式；语言性将生命的印记纳入到精神的活动之中，而理性
则力图剔除精神的生命内容。在此意义上，理性是语言性的纯粹精神形
式，而语言性则是理性的精神生命化。正因为语言性不是纯粹的精神形式
而参与了具体生命的建构，所以语言性具有肉身化的性质，即"言成肉
身"。它必然要以具体的生命经验、生命意识和生命形式来表达自身，故
而在此基础上形成各种语言经验、语言意识和各民族及各地的方言。

　　语言经验乃是世界经验的生命化，世界理性法则与我的语言性的同构
已经使我的生命蕴藏了世界的缩影，对自身生命精神化的解释即是通过语
言性的阐明来表达世界经验，在此世界并非客观地显现，而是随着语言经
验的生成而形成流动的视界。

　　语言意识则是历史意识在语言经验中的沉淀。历史意识是人的生命时
间性的展开，它不仅仅是对客观历史的映射，更是生命自身历史性的表
达。语言经验和语言意识都是在语言性的内在语言中发生，并没有产生具
体的与人的思想相应的语言形式的表达。从内在语词的层次看，语言经验
和语言意识是深层次的生命精神化的结构，尚未与具体的语言表达发生
交融。

　　语言形式则是语言经验和语言意识的结晶体。具体生命形式的参与使

语言形式以概念表达或象征性表达的方式存在于人的思维之中，而生命的肉身化本质又使它必然与某种民族的精神特质相符合，即以某种民族语言的形式在思想中流动。

语言经验、语言意识和语言形式构成了完整的语言世界经验。它们使内在的语言世界形成统一的生命精神化的整体。相对于人的主观精神世界而言，语言的世界是更为具体的生命时间化的存在，它通过原初文字和话语使主观精神得到充盈。而客观精神世界既是人的主观精神的对象化，更是内在语言世界的表达，是语言经验、语言意识和语言形式相互统一的生命表现。如果剔除精神世界中语言经验的实存，将只会余下无之无化的逻各斯法则。

在对历史流传物的领会中，语言世界经验的内在因素都可得到显现。流传物总是以文本或本文的形式进入到我们的世界经验之中，同我们形成一个生活的共同体。但语言形式和历史语境的迁移使流传物和我们产生了疏异化的历史间距。在时间间距中通达视域的融合，首先就要求语言形式的共通，即我们要突破当代语言形式的限制（如我们现在用白话文，而"五四"前用文言文）进入能够容纳我与流传物的更为普遍的语言形式之中。突破了语言形式的樊篱后，我的语言意识还必须与流传物（文本）的历史意识相契合，即我们必须能够熟悉在文本中发生的历史事实的延异，而理解到当代生命情境与文本历史性的内在关联。在语言形式与语言意识交融的基础上，我的语言经验与文本中所蕴含的世界经验才有融合的可能，即我没有必要摒弃自我的经验移入到文本的原始的经验之中，而是将文本当作另一个"他我"来与"自我"发生对话，在对文本世界经验的理解中重新发现并创造我自身的语言世界经验。

第二章　书写的文本与历史的本文[*]

　　语言世界经验以客观精神的形式留存下来，就成为可为后人所瞻仰与研究的文本。狭义的文本当然是指以书写文字形式所保存下来的经典书籍；广义地说，文本则是一切能够重新唤醒人们对已经逝去的精神文化的追思与感悟的生命客观化物。此种意义的文本则涉及所有可供理解的有形资料及以历史文物形态所为人珍藏的遗迹，——即使它们没有被刻上某种特殊的铭文，但以各种文化密码的形式承载了关于特定历史文化传统的消息。

第一节　文本之为语言世界经验的生命客观化

　　作为文本的世界是一个客观化的精神世界，它类似于波普尔所说的世界三，即处于纯粹物理世界与人的主观心理世界之外，却又与它们相互交融。文本的世界蕴含了作者的心理意向与生命体验，也表达了他那个时代的历史境遇与精神状况。在文本创生之前，作为内在语词和思想的意向性，它处于作者的私人精神空间，甚或可以说是作者精神上的私有财产，它可以是作者与古人思想的对话，也可以是作者本人内心的独白，甚至作为文本的诗，只是诗人在一种迷狂的状态中对于自然与人生的诗性宣泄。但当文本问世之后，它更多的是在读者那里延伸着精神的生命，作者对于它只拥有创作的部分权利，而不具有完全独断的解释权能。无论一本著作归于哪位作者名下，他其实都只是众多隐形作者中的一位署名者。诚如培

---

　　[*] "text" 一般中译为"文本"和"本文"，二者并没有意义上的区分。而在本书中，"文本"指以文字或其他载体形式流传下来的生命客观化物，如经典的书籍和历史文物、古迹等，而"本文"则指实际性历史事件的发生。"文本"对应"text"，而"本文"则以"event-text"指称。

根所喻，好的作者其实是一只蜜蜂，善于将他人的花粉转化为自己的蜂蜜。一个文本的创作者，已经在众多的文本中选择了自认为是精华的内容并将之有意无意地熔炼到自己的内在语言经验之中，所以在文本中存在的，既有作为冰山一角的众多作者的出场，更有难以数计的作为冰山底层的隐形作者的支撑。这就如一盆盆被分植的芦荟，你去追溯哪颗是散发出如此多花苗的唯一作为渊源的种子已经不太可能也没有意义，问题在于你能否将被分延的芦荟种植得更好而且让它分出更多的枝苗。

在更多的情况下，作者已死，文本长存。文本只在读者那里获得新生，每一个用生命体验来进入文本的读者都是它新的创作者与传承者。读者通过各种形态的语言来解读隐藏在文本中的有关文化传统的消息，每一种文本都蕴含了特定的表达方式，也决定了我们不能用单一的形式来理解文本，而要进入它所书写的语境。对于古典书籍的理解当然建立在对某一时代的文化境遇的同情了解的基础之上，它内在包含了语言、历史和精神生命的维度。

一、文本中蕴藏的语言、历史与精神生命之维

在语言之维上，文字性的表达往往比口语表达更为凝固僵化，当口语已经与当前的生活世界融为一体时，书面语言还会带着某种间距与隔膜。以文字形式流传下来的一切东西对于一切时代都是同时代的。它在给后人留下传统的消息的同时，也给后继的文化烙下了一道道内在的印痕。当经典的话语已随斯人而去后，我们仅能够从留存的文字中寻求作者生命的印记。但文字与思想和生命是否能够达成同构？它是否是传统话语中最经典的精神？庄子曾经对此发出疑问。他借用一个为齐王斫轮的工匠轮扁之口说出惊人之语：古人之书乃圣人之糟粕。当齐王给他下了死亡通牒时，他仍然能娓娓道出自己论断的根据："臣也，以臣之事观之。斫轮，徐则甘而不固，疾则苦而不入，不徐不疾，得之于手而应之于心，口不能言，有数存焉于其间。臣不能以喻臣之子，臣之子亦不能受之于臣，是以行年七十而老斫轮。古之人与其不可传也死矣，然则君之所读者，古人之糟魄已夫"（《庄子·天道》）。这是对经典文字乃至语言的最深刻的抨击。

苏格拉底对于文字也带有思想的偏见，他认为文字只不过是活生生的话语的僵死的影像，它既不知道对什么人该说话，也不知道在何时又该保持沉默。他不断地与人交谈言说，却不留下任何文字的痕迹。关于苏格拉

底思想与生平的文字都只能从色诺芬和柏拉图的记载及后人的文本分析中见到。作者本人的书写本已和生命隔着一层屏障，他人的记载与分析更会导致思想的异化。但为何苏格拉底宁可接受异化的事实也不愿用文字表达自身的心迹？这也许涉及话语逻辑与文字逻辑的分延与勾连的实质。如果按照亚里士多德的观点，文字是口语的符号，口语是内心经验的符号，内心经验是事物自身的符号，那么，文字就是对于事物的第三重和对于个人生命经验的第二重符号。仿佛文字是口头语言的一种描摹与复写。事实却并非如此，在特定的场合下（如谈判桌上的原始记录），文字的确仅仅是口语的复写，但在更多的情况下，文字却并非由口语所决定，而是内在生命体验的直接书写（如诗人和作家的创作）。在这一层次上，文字的逻辑与有声话语的逻辑是平行的，它们是从人的内心经验中发射出的两条射线，闪现着不同的光芒并指向不同的对象。

一般说来，外在有声的话语表达比文字的书写更为丰满地表现了内在的话语。因为在口语的倾泻中，一般具有特定的情境和交流的对象，表达者的整个生命情感都被这种情境激发起来，努力通过思想、言辞、声音、表情和手势尽可能完满地表达自己的观点，使之为对方所理解，在此情境下，对话者也不断用表情和语言来回馈理解的信息，让表达者调整自身的言语方式和内容。在此意义上，我们是卷入而非设计一场谈话，因为对话双方都很难预料交谈的结果，而只会形成语言的效果史。

文字的表达则处于完全不同的语境，除了在现代网络的即时通讯中（这也许算是文字的话语方式，却很难说是文字性的表达），文字的表达者是很难直接面对一个倾诉对象的，而往往是面对一个群体来书写自身的思想和内心的独白。（即便是给一个特定的对象写信，也很难得到即时的言语反馈，因而仍然类似于独白。）在文字的书写中，很少会像运用口语那样挥洒自如，因为手势、表情、内心的情绪很难自然地表露，而必须借助于特定的文字形式。而固化的文字往往也是简化的，很多丰富的内容就在这种凝固与简化中消失殆尽。一篇战国时代的檄文也许令当时的十万将士斗志昂扬，而化为纯粹文字的表达却在我们内心激不起任何波澜。原因就在于文字会磨灭掉许多跌宕起伏的情境，只是用冰冷的文字概念表述了事实的逻辑，许多历史上奇谲壮阔的宫廷政变在平淡的史书记述中很难激发起我们对当时情境的想象与同情，原因也在于此。

文字逻辑对文字的书写有较高的要求，除了语法和资料的基本要求外，还要有坚实而丰富的精神生命。为何在二十五史中独有《史记》被称为史家之绝唱，无韵之离骚？原因就在于司马迁将历史与现实的感触融入到自身的生命体验之中，而现实境遇的惨痛又使他的生命情感发挥到极致。他不仅是以文字在表达历史，而且是用生命挥洒精神中的事实。文字在他那里已经不是表达的工具，而是个人生命的血液。在此情境下，文字的逻辑与生命的逻辑相融合，才会表述出最丰满而真切的历史文本。

因此，语言已经为我们设置了理解文本的第一道障碍，语言就像一道围城，既构建着作者自身生命的边界，又预防着读者的随意入侵。语言自身构建起文本的语境，唯有在字义、语法的基础上进入了文本的语境，才能够从文本中理解作者的生命表达。

在文本的表达中，作者往往涉及了一些历史事实。这些事实以文字的形式表达出来，已经简化浓缩了其真实的场景。为了进入文本的语境，除了对文字语法的理解外，读者还需将这些简化的历史事实予以还原与丰富，方能解释作者运用典故表达思想的意图。在历史的时空间距中，事实的还原只能在想象与资料的空间中进行，而不可能在社会生活中重演；然而，想象与历史资料的循环已然将我们的生命体验赋予历史的意义之中，使历史成为当代史有了前提性的可能。根据前面内在语词时间化的分析，语言中已经包含了生命体验的历史性维度，作者通过语言中直观、记忆和想象的因素，将历史事实凝固化为原文字和原话语的表达，而在文本中以文字的方式加以显现。虽然，显现的只是历史的冰山一角，它却能够在读者的直观与想象的原话语中复现出作者力图表达的原意。在此，区分历史的事件、事实与事情犹有必要。

笔者所说的历史事件是指自在的历史过程，它可以不依靠史书的记载而存在。而历史的事实则是流诸文本中的历史事件的表达。如我们都知道秦始皇于公元前221年统一六国，原来人们往往将它视为一个客观的历史事件，其实这只是一个运用概念所表达的历史事实，即秦始皇、统一、六国是质的概念，它们构成了历史事实表达的主谓宾词，而公元前221年是物理时间的概念，它表达了这个事实在我们所建构的时间概念中的位置，而从历史事件的视角看，这些质与量的概念体系都是不存在的，它仅仅是一个无名的历史过程。

语言概念将自在的历史事件纳入到自为的事实中来，使人们可以在历史中产生记忆与想象，并形成历史事情的判断。历史的事情与事实的区分在于，它将某种价值判断契入了事实之中，使之不但可为人记忆与想象，更成为人们行动的准则。如历史学家在表述秦始皇于前 221 年统一六国后，还会附加表达"六国的统一加强了中国封建的集权统治"。这句话看似也在表达一件事实，其实是在某种价值准则基础上建立起来的对历史事情的判断，它已经不同于前面纯粹知性概念的表述，而是将表述者个人或某个集体的意见带了进来。在事实的表述中，我们无法观照作者的真实情感，而在事情的判断中，作者的整个生命体验和价值准则向我们显现。

文本中任何关于历史的表达都是事件、事实与事情的融合。事件在文本的作者与读者的体验中都是变动不居的存在，过去的事件不会在历史中重演，在内在语词和外在表达中显现的都是经过语言概念加工的事实性内容，但在表达与体验中与事件发生同构的是作者与读者的精神生命。理解文本中的语言和历史事实的目的都在于体验作者的精神生命，它是那个大写的历史事件中的生命单子，由于作者精神生命与历史事件的同构性，他所表达出的事实才具有历史性的意义，如果没有生命的参与，文本中的事实与事情只不过是历史事件的木乃伊。

因此，理解文本就在于从语言和事实的表述中去激活作者的精神生命。一部作品能够以经典文本的形式流传下来，并不因为它是某种历史文化的遗迹，而在于它向后世传达着属于某个历史阶段的精神气质。这种被称为时代精神的东西在经典的思想中得到最完美的体现，就由于文本的作者以自身的生命参与了那个时代的精神建构。黑格尔曾经用历史理性与客观精神的关联对时代精神做了深刻的揭示，他却如克尔凯郭尔所言遗忘了书写绝对理念背后的那个具体生命的独特存在。对于文本的理解最根本的就是要从凝固的文字中激活曾经与大写的历史生命发生循环的独特的生命体验。

阿斯特从书写的文本中分离出的三重维度从根本上是一维的，即语言的脉络贯穿了他所说的语言、历史与精神生命的理解。他所区分的第一维度上的语言是显现于外的外在语词，而作为生命脉络的语言则从外贯穿到内在语词之中，即历史事实和人的精神生命都内在地与人的语言经验发生勾连。

二、历史文本的生命再现

作为生命客观化物的文本除了经典的书籍外，当然还有作为文化流传物的历史文物和遗迹，这些事物都能够传承历史传统中的消息，虽然它们并没有以文字的形式表达出来，却可能负载着更为深厚的精神意蕴。一件商代的古鼎即便没有刻上可供研究的铭文，但它的质料、形状能够向我们传达那个历史时代人们的生活习惯、技术水平及文化形态。它向我们昭示了三千多年前的古人如何冶炼器具、举行祭祀。与有文字的史书相比，它是更为稳定的生命客观化物。因为史书的记载由于意识形态的参与和历史资料的占有而对某个时代的叙述不可能做现实情境的还原，而有许多神话、想象与道听途说的成分。一件真实的古物却通过自身与现实事物的历史间距，打开了曾经存在的社会空间。

相对于古文物而言，历史遗迹往往是一个组合的历史文本，如古长城历经两千多年的沧桑依然雄风浩瀚，一代代的烽烟战火熄而复燃，它上面烙下了道道历史的印痕。在这些古迹面前，任何文字的书写都黯然失色，文字能够复现可能的场景，却很难让读者产生亲临其境的内在体验，而在这些古物与古迹面前，我们虽然也是阅读生命精神化的文本，但由于其质料的现实在场而更直观地面对事情本身。

相对于经典的书本来说，历史遗迹并非纯粹精神的踪迹，在这方面它似乎不能与文字作品相媲美，就如伽达默尔所言："往日生活的残留物、残存的建筑物、工具、墓穴内的供品，所有这些都由于受到时间潮水的冲刷而饱受损害——反之，文字流传物，当它们被理解和阅读时，却如此明显的是纯粹的精神，以至于它们就像是现在对我们陈述着一样。"① 但历史的文本之所以受到时间潮水的冲刷，就在于它具有某种固定的质料形态，正是这些质料形态使它们不像文字作品一样只是精神生命将历史活动敉平后予以表达，向我们展现的只是一个精神化的符号再现。历史遗迹的质料形态虽然在历史的时空中变形风化，但它们直观地向我们显现了历史原初的生命样态，从中我们可以体验到文字表现所达不到的生命再现的效果。

当然，阅读这些无字的历史文本似乎比阅读经典的书籍更为艰难。虽然，似乎每个不识字的人都可以直观地体验到历史的对象物，但若没有对那一段历史背景资料的充盈，你面对古物和遗迹时就会完全将它们只看作无生命的对象物，仅仅供人瞻仰与观赏，却丝毫不能融入它们内在的历史生命中去。经典的书籍总会附带一些背景的知识，你只要能理解它的语言，就可以逐步领会它的内容与精神。而面对古迹，若没有深刻的历史前见的参与，它简直与周遭的事物没有多大区分。在清末以前，刻有甲骨文的龟壳被人当作龙骨入药就充分说明了这一点。甲骨文当然是具有生命的

---

① ［德］伽达默尔：《真理与方法》，上卷，126 页，上海，上海译文出版社，2004。

历史文本，但在不理解它的价值意义的人那里，它就只是一块陈旧的龟壳，它所带来的消息甚至比不上一本时髦的小说；但在理解其意义的人那里，它所负载的殷商文化生命就被完整地阐释出来。

在这一点上，阅读文字文本似乎比直接感受历史遗迹的能力更为重要。伽达默尔说："阅读的能力，即善于理解文字东西的能力，就像一种隐秘的艺术，甚至就像一种消解和吸引我们的魔术一样，在阅读过程中，时间和空间仿佛都被抛弃了。谁能阅读流传下来的文字东西，谁就证实并实现了过去的纯粹现实性。"① 文字文本和历史遗物的理解都是为了唤醒曾经在历史中消逝了的鲜活的生命，但对文字的阅读是为了从表达的事实中再现历史事件的想象。它在赋予人历史记忆的同时需要诸多的内心经验的参与，即对语言表述解释是否到位，对历史事实的表达是否熟悉，对文本作者的精神风格是否理解等，这些因素都决定了你能否进入文字所力图再现的生命中去，能否解释其中所承载的变易之道。而从历史遗物的瞻仰中，我们是直接用生命体验来再现原初的历史事件，如在古长城上，具体的哪一次战争的记载已经不再重要，对此次战争所做的价值判断也可以忘怀，但我们仍然可以从对长城的直观中体验到曾经的烽烟战火和山石崩摧，文字表现的艺术在此失去效度，我们从这些历史文本中，直接进入了内心的原文字和原话语。

因为，历史的文物与遗迹虽然未以书面文字的形式再现，但它们也是历史中某个个体或群体的原文字与原话语的外在表达，它们上面所刻下的古代精神的印迹，并不比历史书籍逊色，甚而更为深刻。毕竟，书写文字在古代是某些特权阶层所垄断的产物，在它们有意或无意忽略的历史片断中，就不会产生真实的文字记录，甚至为了某些目的，书写下来的文字都有虚假的成分。（历代不是有很多皇帝下令篡改史书的事实吗？）但在这些书写文字所忽略的地方，历史文物与遗迹就以原文字的形式填补了重要的空白。可能制作某个古物的匠人并没有任何书写的能力，但他能够将那个时代的技术水平、生活方式、文化形态以个人生命体验的方式熔铸入他所制作的物品中，他虽然没有留下只言片语，却留下了可供后人理解与解释的历史性原文字。在欣赏历史文物的过程中，理解者内心的语言世界经验被激活，历史记忆以生命体验的方式再现，原来被外在文字所抹平的历史空间在此立体化。面对新出土的越王勾践剑，历史学家可以讲述它传承的

---

① ［德］伽达默尔：《真理与方法》，上卷，216 页，上海，上海译文出版社，2004。

历史，考古学家可以追踪它出土的经历，材料学家可以探究先秦青铜工艺的发展史，小说家可以想象它背后叱咤风云的传奇。

通过对历史文本和遗迹的原初生命的激活，文本从文字书写实体的载入进入历史本文的境域。大体可以将三者从概念上区分为书写的文本、历史的文本和历史的本文。在书写的文本中，文字的外在符号形式是必须在场的，否则它不能成为纯粹精神的踪迹，也就不能消融历史的时空间距而留下扁平的精神生命的载体。历史的文本似乎也作为一个符号物在场，但它从根本上说应该是一个象征物，因为它毕竟不像书写的典籍一样是一个纯粹的精神指示，它作为曾经存在的历史生命活动的印记，让已经逝去的历史场面在人的内心体验中复现，在这一点上，它与书写的文本具有同样的功能。但与文字文本最大的不同在于，它又是一种历史事件的象征物与替代品，它能够把遥远的曾经在场的历史经验穿越时空而带到当前。如一颗碎角的传国玉玺，它就能够把曾经显赫的权力和宫廷的争斗活生生地再现给它的研究者，在这一点上，文字缺乏历史替代品的生命。

第二节　文本理解的意义重构与效果历史

读者能否对文本达到完全重演式的客观理解，这一直是解释学历史中聚讼纷纭的主题。柏拉图在对话中自身不出场，就是想通过整体式的移情沉浸到苏格拉底与智者的辩论之中，而遗忘自身的生命存在。但这种遗忘在文本书写中是否可能？解释学家历来有着不同的态度，施莱尔马赫和狄尔泰从心理体验的移情和重构出发，以客观精神和心灵生命的共通感为前提，肯定了摒弃自身先见的重演式理解的可能。而海德格尔、伽达默尔从人的不可还原的前理解与先见出发，论述了这种移情不过是他们内心的一厢情愿，而任何理解与解释都如莱布尼茨的大理石条纹一般烙下读者自身的生命印痕。在此意义上，理解从来就不是客观生命的重构，而是语言与精神的效果史。

一、文本理解中的共通感与移情

那么，为何在解释学内部产生如此大的思想纠葛，甚至在当代仍无一个定论呢？问题在于涉及理解的核心概念"共通感"与"移情"在哲学史上本身就存在争议。施莱尔马赫与狄尔泰所寻求的客观理解奠基于共通感与移情之上。共通感在思想史上其实是与主体间性相关联的问题，它在阿那克萨戈拉的努斯论中已有所阐发，而正式提出的则是近代的维柯。根据伽达默尔的研究，维柯在共同的感觉层面上来阐释共通感，他是为恢复修辞学雄辩的理想而运用这一概念的。他认为共通感是在所有人中存在的一种对于合理事物和公共福利的感觉，而且更多的还是一种通过生活的共同性而获得，并为这种共同性的生活的规章制度和目的所限定的感觉。① 而18 世纪的德国学者则将其理解为一种与道德意识（良心）和趣味并列的理论判断力。②

　　无论二者的理解存在多大的分歧，他们所说的共通感都是能够理解他人及整个社会历史的前提。黑格尔的客观精神作为生命客观化物就成为共通感产生的媒介，而他所说的类意识则是共通感的认识论根源。狄尔泰从客观精神与个体意识的循环中阐发出生命的整体性关联，它是共通感在理解中的生命表现。根据狄尔泰的生命关联，对文本达成客观性的理解是可能的，因为文本是作者生命的客观表现，它一旦表达出来就融入到人的社会历史生命之中，成为其中的一个生命单元，而读者的生命也是大写的生命中的一种具体表现，它潜在地映射了整个生命的脉络关联。因此个体生命对于某一文本的理解只有将其延展到社会历史生命之中，才能从共通的意义脉络和共通的表达方式中寻求到客观的理解。

　　而对主体主义的质疑——在理解文本过程中，我个人的偏见在哪里？——狄尔泰则用体验式的移情来避免这一问题的出现。他在《体验与诗》中以莎士比亚的书写经验为例，即莎士比亚在写《哈姆雷特》时完全遗忘了作为剧作家的莎士比亚的存在，而是完全沉浸到作为王子的哈姆雷特的生命体验之中（这种体验在很多伟大作家的书写经验中都出现过）。这种移情即摒弃了作者的先见与情感，完全投射到文本自身的建构之中。同理，读者对于文本的理解也完全可以进入移情的状态，完全以文本之思为思，以文本之情为情，此即施莱尔马赫所言："解释学的重要前提是，我们必须自觉地脱离自己的意识而进入作者的意识。"③ 他的理解与解释的理想情境就是，自我意识在文本中消失。"我"与文本进入到一个更大的类意识的共同体之中，甚至进入到纯粹文本的意识中，才能对其达到最

---

① 参见［德］伽达默尔：《真理与方法》，上卷，27 页，上海，上海译文出版社，2004。
② 参见上书，34 页。
③ 洪汉鼎主编：《理解与解释——诠释学经典文选》，23 页，北京，东方出版社，2001。

有效的理解。

狄尔泰则通过他的生命哲学将移情从自我意识的摒弃中提升到类生命的循环。他说道："高级理解对其对象所采取的态度，是由它在所与物中寻求生命关系这一任务来决定的。只有当存在于自己的体验中而又在无数情况中被经验到的那种生命关系连同存在于这种关系中的一切可能性都始终在场并已有所准备时，上述情况才是可能的。我们将存在于理解任务中的这种状态称为移入，可能是移入一个人，也可能是移入一部作品。因此，每一行诗都通过那使诗得以产生的体验的内部关系被复原为生命。存在于精神中的诸多可能性，通过基本理解活动所理解的外部言语被呼唤出来。"① 这种生命体验的移入成为真正理解一部作品的前提，它与美学中的移情有非常大的类似之处。在艺术的创作与欣赏中，移情是一个先决的条件，画家如不能沉入到所画的对象中，音乐家若不能沉入到所演奏的节律中，便不会产生经典的艺术创作。而戏剧的表演者若不摒弃自己生活中的话语和行为方式，而进入到剧中人的心理情感世界，也不可能牵动观众的情绪。这里所内蕴的是生命的共通感和物我的同一性。如濠梁之辩中，庄子能够将生命感觉移入到游鱼的活动中，故感慨从容鱼之乐也，惠施无法与之会通，故质问庄子："子非鱼，安知鱼之乐？"（《庄子·秋水》）

固然作者与读者、事物与文本因于生命的共通感而能够产生理解的移情，但又必须注意到，文本创作者对于事物的移情与读者对于文本的移情有着内在的区分。这就引发了对于移情的两种截然不同的理解。一种是将自我的先见与意识摒弃而达到对事物的移入，而另一种是自我生命、情感对事物的统摄与笼罩。这在艺术的创作与欣赏中也是常见的现象。如西晋的嵇康反对《乐记》中音乐是人的内心情感的复现的思想，而提出"声无哀乐论"，他指出一般所谓"音乐中已内蕴了作者的某种情感，当音乐弹奏时，这种情感就会再现出来，使听者也随音乐产生相同的情感体验"只是一种情感的虚构，实际上音乐表现的只是声音节奏的变化，根本无任何情感赋予其中，所谓听音者产生的情感波动，只是主观人的心理对音乐所附加的内容而已，它根本不是音乐自身所内含的客观的情感存在。他在这里否定第一种移情的同时，其实指明了第二种移情即人的主观生命情感对客观作品的笼罩与投射，以人的想象使无生命的东西具有生命。

---

① 洪汉鼎主编：《理解与解释——诠释学经典文选》，102～103 页，北京，东方出版社，2001。

　　不可否认，两种移情在艺术的创作与文本的阅读中有同等的分量。以欣赏戏剧为例，当好的剧情与表演完全攫取了你的情感，使你沉入其中不可自拔时，你完全以剧中人的喜悦为喜悦、悲伤为悲伤，可能会将自己的现实生活遭遇遗忘得一干二净。但另一部同样感人的戏剧，让你为之悲痛欲绝，却不是因为你沉入其中忘却自我，而是剧情勾起了你一段伤心的往事，你已经将自己被勾起的生命情感投射到剧中人身上，将之幻化为你那场遭遇中某个特定的对象，并对演员的表演大加想象发挥，甚至以内心的剧作改变舞台上的情节。

　　戏剧欣赏中所表现出来的两种移情在文本的理解中都会出现，施莱尔马赫与狄尔泰抓住了前者，所以他们强调摒弃自我的理解与生命的沉入，海德格尔与伽达默尔抓住了后者，所以他们强调理解的视域与前结构。但二者孰为更根本的解释学情境呢？

二、海德格尔、伽达默尔对于移情与重构说的批判

　　在伽达默尔看来，摒弃自我直接进入文本的理解是一种心理学的理想膨胀。作为合法偏见的先见是人的一种存在的视域，人不能不带任何先见来理解文本，就如人不可能在无视域的情况下观察事物。即便是对事物最为原初的生命体验中，也存在体验可能发生的先在的视域。伽达默尔对体验的词源学和思想脉络的研究表明，正是狄尔泰进入古典作家的内心经验来理解他们的作品而将体验确立为解释学的重要概念，他用此概念想要表达的是："我们在精神科学中所遇到的意义构成物——尽管还是如此陌生和不可理解地与我们对峙着——可能被追溯到意识中所与物的原始统一体，这个统一体不再包含陌生性的、对象性的和需要解释的东西。这就是体验统一体，这种统一体本身就是意义统一体。"[①] 即在体验中，作者对事情本身、读者对文本所产生的移情是还原到一个原初的生命统一体，在此统一体中，作者与事情、读者与文本不是僵硬的对立者，而是精神的相通者（类似于审美状态中的物我同一），它是"人们从本己的自我向某种生命表现之总体的转移"[②]。因此狄尔泰由体验进入重新体验，它使我们沿着事件的路线进行创造，与一个发生在遥远的国度的事件并行，或与我们周围的一个人的心灵中发生的事情并行。

---

　　①　转引自［德］伽达默尔：《真理与方法》，上卷，84 页，上海，上海译文出版社，2004。
　　②　洪汉鼎主编：《理解与解释——诠释学经典文选》，103 页，北京，东方出版社，2001。

重新体验无疑是更深层次的移情。它不仅是读者对作品的同情与移入，而且是运用自身整个生命体验对作品的各个片段加以想象和精神性的把握。这种想象与体验中已经逝去的只能在客观化的文本中表现的精神事件中被重新激活，逝去的历史世界重新在生命的脉络中复活。例如对于《史记》中《列传》的阅读，我们不是孤立地观看单个历史人物的生活境遇，而是通过文本的内容体验先秦及汉初所发生的动荡风云，一次次的战火烽烟，一个个的权谋诡诈，向我们显现的不是文字与生命的隔膜，而是现实生活世界的扩充，它将我们原本封闭的内心经验向更为原初的生命统一体延伸。

海德格尔在生存论的视域中对于重新体验式的移情持批判的态度，他认为："移情正如一般认识一样绝不是源始的生存论现象；但这并不是说，根本没有关乎移情的问题。移情特有的解释学将不得不显示：此在本身的各种不同的存在可能性如何把共在及其自我认识引入歧途，并设置了重重障碍，以致真正的领会受到压制而此在却逃避到代用品中去了。"① 伽达默尔则从狄尔泰对体验的阐发中敏锐地意识到体验虽然是生命的扩充，但在体验概念中也存在生命和概念的对立②，即在体验中，生命总是力图突破概念的限制，去寻求自身意义的充盈。

伽达默尔由此从狄尔泰的重新体验进入到海德格尔的生存理解。狄尔泰的重新体验将无我的生命统一体视为理解的最高境界，而海德格尔则将个体生命的体验转换为本真此在的领会。二者的相通之处在于都将原初的统一体视为理解的源泉，但狄尔泰将它看作原初生命的相互关联，而海德格尔则将之称作此在从之而出的存在境域、生命向此在的跨越、体验向理解的提升，表明生存解释学从生命的自我表现通达了生成的存在的涌现与澄明。如果说狄尔泰所体验的是从书写文本向生命与历史本文的延展，海德格尔则将之扩充到存在之本文的生成与超越，他将生命与历史置入存在时间化的境域中予以表达，从而使原初的生活世界问题从生命的表现中呈现出来。

原初生活世界是此在被抛于世的渊源，也是此在领会存在的基底，此在的先见、先有、先把握都已在生活世界中蕴含，事情本身更是在生活世界中与此在相遭遇并为此在所理解。此在阅读文本，并非寻求一种书写的

① Martin Heidegger, *Being and Time*, Basil Blakwell, The Camelot Press Ltd., 1962, p. 163.

② 参见［德］伽达默尔：《真理与方法》，上卷，86 页，上海，上海译文出版社，2004。

印迹，也不是为重新移入作者的内心世界，而是在文本中展开自身的前理解来直观世界的事情本身。在此意义上，海德格尔的理解是走着一条捷径，他想彻底扬弃文本世界、事情本身与此在的僵硬对立，而通过直指内心的方式刹那间领会存在。当然，存在已经不是整全的单子，而是在万事万物中分有，但科学式的格物致知能够拼凑出存在吗？格物致知只能造成存在的遗忘，虽然万事万物中皆有存在的身影，但毕竟只有此在能够追问并理解存在，理解不是分析，而是领会，是通过去蔽与澄明解开此在被世俗所套上的枷锁，而通达生存的境界。

文本的解读是非本真的常人孜孜不倦的爱好，此在则凝目注视事情本身，从中领会到自身原初的生命情境，常人欲通过摒弃自我的移情来寻求文本的原意，此在则运用自身的前理解来映射生存的本文。语言在常人那里既是生活交流的工具，更是思想与生命的定在，而在此在那里，语言是存在的家，是大道的道说，是生成的存在对于此在的召唤。

伽达默尔在理解海德格尔的此在对常人的超越后，在一定意义上又将此在恢复到常人的境界，以思解释学中的存在论问题。这一点上，狄尔泰、海德格尔与伽达默尔之间的关联有些类似于苏格拉底、柏拉图与亚里士多德，即狄尔泰对于生命的追问在海德格尔那里提升为存在论问题，并转化为原初生活世界的主题，而伽达默尔对二者做了一次综合，他是在存在论视域的前提下，以生命为出发点探讨具体的理解与语言问题，所以他放弃了海德格尔自动理解的捷径，而宁愿在哲学解释学的范畴内进行理解与语言的批判性研究，这也如他所言：海德格尔的批判对象是尼采，而我的批判对象是狄尔泰。

在理解问题上，伽达默尔与海德格尔保持同样的生存论视域，将理解视为人的存在方式而非认识方式，但他又将海德格尔本真的此在还原为生命的存在，因之自动的理解与去蔽的解释在他这里有了向常人状态的回返，即我们是以常人的方式寓居于世，而非以此在的方式孤独地面对生存，常人的理解是在语言的交流与对话中达成，而非此在倾听存在的道说与良知的独白，实践问题也因此在实践理性与实践智慧的层面得到阐释，而非海德格尔的操心与筹划。他对实践智慧的理解既是对亚里士多德的实践传统的追溯，也是对当代交往理性问题的回应，更是将生存论的良知面向当下生活世界的敞开。如果说海德格尔的生存解释学是对原初的生成的存在（时间性与历史性）、生命的存在和生活世界的澄明，那么伽达默尔的解释学则是对现实的生成的存在（文化传统与效果历史）、生命的存在与生活世界的阐释。

三、文本理解的同化、异化与视域融合

通过文本与他人发生的交往无疑是一种生命精神化的交往。他人的生命与意识已经在文本中凝固为外在的语言与文字，而我又要将通过自身的生命体验与语言经验将封闭于文本中的生命予以激活，使之在具体的历史理解中形成新的效果意识。

文本性生命交往的媒介是语言。但这并不意味着语言是交往的工具，而应该说语言是交往得以发生的境域。文本作为特定的语言经验的存在，它超越了历史时空的间距，使一个不可在场的生命以文字流传物的形式重新在场，而与诸多具体生命相与交接。而我们之所以能够通过文本来理解生命，就在于我与文本中所蕴藏的生命具有共通的语言世界经验。即便文本中的表达方式是我所不熟悉的语言形式，我也能够通过从外在语言向内在语言的转换来达到对于他人生命表现的理解。

由于摆脱了具体的行为情境与外在功利的干扰，自我与他人通过文本的交流能够达到一种纯粹的语言性交往。文本中的生命表现由于自身的肉身化特质而只留下纯粹文字性的精神踪迹，许多微妙的生命情境都已简化为约略的文字表达。这就要求自我在文本的理解中必须通过自身的生命体验与语言经验来建构起丰富的语境，从而能够在与文本生命的交往中阐发出深刻的意义。

当然，对于文本中所蕴含的生命意义的解释并不意味着要通过移情和自身置入来重构文本中已经逝去的生命维度，而是要在自身语言经验的界域中与文本的意义发生视域的融合。虽然，自我与他人具有共通的语言世界经验，但每个人自身的前见以及理解世界的方式却导致有多少生命就有多少不同的视域；即便是同一个人，当他对自身生命与世界的关联有了新的体验时，他自身的视域也随之扩充。因而，文本作为作者的生命表现，其实是语言经验在某个特定视域中的敞开，而语言经验的普遍性与视域的独特性也就决定了文本既具有有限的封闭性原意，也能够在具体的生命情境中展现无限的精神意蕴。

正因为文本只是他人生命的特定视域的一种具体敞开，因而自我通过文本与他人发生的交往并非两个生命通过语言所发生的同构，而是运用新的视域来对蕴藏于文本中的生命加以观照与对话，在这种观照与对话中，他人并非僵硬的文字木乃伊，也不是垄断文本意义的精神主宰，而是被我的语言经验与理解的视域所激活的新的生命表现。

在我的语言经验中被激活的他人生命表现具有超越历史时空间距的意义。我们除了通过文本并没有其他的方式与已经消逝的古代生命发生内在的精神交往。固然时空间距使古代世界与现代世界有着巨大的文化差异，我们事实上不可能在生活世界中还原前人的生活方式与生命情境，但是传统的生命在语言世界中的积淀却使我们对于古代世界并不完全陌生，甚至通过一种时空的过滤，原本模糊不清的事实却在语言性的理解与解释中逐渐显现出来。如苏格拉底时代的雅典人并未完全认识到苏格拉底思想所具有的时代意义，而经过柏拉图、色诺芬的叙述及其后哲学家的研究，苏格拉底的生命却更为鲜活地向各个时代的人所展现。正是在此意义上，伽达默尔认为："一件事情所包含的东西，即居于事情本身中的内容，只有当它脱离了那种由当时环境而产生的现实性时才显现出来。一个历史事件的可综览性、相对的封闭性，它与充实着当代的各种意见的距离——在某种意义上都是历史理解的真正积极的条件。"① 即任何一个时代的人由于受自身视域的遮蔽，并不能真正地理解与自己同时出现的但具有超越时代意义的思想价值，反而这些思想在另一个历史时空中会脱颖而出，而形成新的传统。如哲学史上诸多大家在其生前默默无闻，而在后世备受尊崇，就在于他们的超时代思想只有经过历史时空的过滤之后才能真正与他人的生命发生内在交往。

传统在语言经验中的积淀使我们可以通过文本对古代生命产生内在理解，但也必须注意到，即便文本是作为完整的生命表现得以传承，但他人的生命却仍然与文本之间有一定的距离，甚而有异化现象的发生。因为文本必须要以文字符号的形式来展现自身的生命体验与语言经验，文字固然是语言经验最为形象的表现方式，但它毕竟是语言经验的一种疏异化存在。"书不尽言，言不尽意"，对于内在经验的不尽之意就使文本中的生命有遭受异化的可能。庄子体验到这种文本异化的实质，所以他借老子之口说道："夫六经，先王之陈迹也……今子之所言，犹迹也。夫迹，履之所出，而迹岂履哉！"（《庄子·天运》）迹履之别，就是文本所承载的生命表达与原初生命体验之间的区分，我们通过文本与古人的精神生命相交接在很大程度上就是用生命的遗迹来揣测生命之履的原初之状。但已经逝去的精神生命不会在一种同情或重新体验中完全重现，我们其实是通过自身的前见与文本中的生命意义相融合，而形成历史性

---

① ［德］伽达默尔：《真理与方法》，上卷，385 页，上海，上海译文出版社，2004。

的理解与效果历史意识。

毋庸置疑，文本中生命表现的异化是生命的自身置入和重新体验对文本的客观理解的现实屏障，既然文本的作者都无法使其生命体验与作品形成同构，我们又如何能够通过疏异化的文本来重现古人内在的生命情境。固然共通的语言世界经验使我们能够超越语言形式的束缚对他人的生命表现有着内在的理解，但生命体验的差异性、理解前见的境域化都使自我与他人在文本中的交往并非着力于客观精神的重演，而是内在生命意义的激发，即通过自我的理解方式与独特的视域将封闭于文本中的生命予以激活，并使之融入到新的时代思想脉络的创构之中。

对于文本理解也就使自我与他人处于一种类似于教化性的"异化"与"同化"的关联之中，所谓异化当然是指文本的作者生命与文本表达之间的疏异性及自我与他人之间的异在性。这种异在性即便在共通的语言经验中依然存在，而且无法完全克服。施莱尔马赫敏锐地觉察到这种异化现象，所以他认为："一部艺术作品也是真正扎根于它的根底和基础中，扎根于它的周围环境中。当艺术作品从这种周围环境中脱离出来并转入到交往时，它就失去了它的意义。它就像某种从火中救出来但具有烧伤痕迹的东西一样。"[①] 他这里所说的艺术作品即是一种文本化的生命表现，它是文本作者对于其所处的生活世界的体验性表达，它在其所创生的那个环境中当然具有原初的意义。然而经过历史间距的转换，它却会在新的生命交往中受到某种程度的异化与遮蔽。当然，施莱尔马赫说文本在历史传承中类似于某种烧伤痕迹的东西时他是正确的，因为任何一种生命表现在新的交往过程中都不会完整地展现其原初的样态，但他从文本意义的重构出发来断定作品在新的环境中会失去它的意义，却是因为没有在生存论的层次上区分意义与意蕴。因为即便由于作品的原初环境的缺席导致其原意无法被重构，但是它仍然会在新的历史理解中形成新的意义与意蕴。

如果说，文本的原初意义无法还原是生命表现在历史间距中异化的必然结果，那么文本在新的历史理解中意义的展现与创生则是文本中所表现的生命交往的同化过程。同化并非作品对于读者或读者对于作品的独断性的统摄，而是两种生命视域的异质融合。即便文本的原意在历史传承中被

---

① 转引自［德］伽达默尔：《真理与方法》，上卷，219 页，上海，上海译文出版社，2004。

风化变形，但它之所以能够流传下来，就因为其中所蕴藏的生命体验在每一个时代中都能够得到新的理解，而这种同化性的理解就是一种生命的异质融合。而如果文本与读者的生命完全同质，那么也无须任何理解活动的发生，它们已然可以同构。通过语言而发生的理解性的同化的前提就是自我与他人的生命表现具有共通的语言经验和不同的生命体验。但我们能够通过对他人文本的理解将异在性的生命体验转化为我的生命中的一部分，他人的体验对我来说不再是一个外在的东西，而在相反的意义上，我通过对他人生命表现的体认而受到它的同化。在此同化的基础上，自我与他人的生命能够在更为宽广的境域中达到内在的生命交往。

文本理解的同化可以在诗歌的创作中得到充分体现。一个处身于现代世界的诗人对于古体诗的阅读当然具有一定的生命异在性，但他在阅读李白的诗歌时可以具有一种内在的生命体验。他在创作现代诗歌时使用的是白话文的形式，却又可能融入了李白诗歌的豪放的风格与意境。在此意义上，他在与李白的作品交往中形成了一种同化：就他以新的形式展现李白的风格而言，是他对于古人生命的同化；但就李白诗作的意境在他的作品中展现而言，又是古代作品意境对于他的生命的同化。而从根本而言，这种同化与异化的发生即是文本理解中视域的融合。

第三节　历史本文的生存论澄明

相对于书写的文本和历史的文本，历史的本文当然包含更多的内容，在一定意义上，它可以被称为存在的本文和生活世界的本文。它是一切历史事件的总体，在其中，书写的文本和历史的文本都是作为特定的本文片段和字符而出场——文字书写类似于精神的字符，而历史的文本类似于历史事件的象征化字符。由文本所编缀成的历史本文在思想家那里有太多的隐喻性表达，如马克思说："**工业**的历史和工业的已经生成的**对象性的**存在，是一本**打开了的**关于人的**本质力量**的书，是感性地摆在我们面前的人的**心理学**"[①]。雅斯贝斯说："世界是他者的手稿，一般的阅读难于理解，只有存在方能破译。"[②]

---

①　[德] 马克思：《1844 年经济学哲学手稿》，88 页，北京，人民出版社，2000。
②　转引自 [法] 德里达：《论文字学》，21 页，上海，上海译文出版社，1999。

一、历史本文的意义理解

如果说，作为书写文本的文字与作为历史文本的古迹都已经是凝固了的生命存在，那么，在历史的本文中，生命永远没有凝固，而是不断地生成超越。虽然，曾经的历史人物、朝代与事件都已经随物理时空的消逝而消散，但它们如生命的单子般，潜存入新的历史事件之中。生命和语言也许是贯穿历史本文的生生不息的脉络。个体小写的生命与大写的历史本文构成一道生成性的生命关联，在这一关联中，每一个具体生命的表现——理解、体验与表达都不是独立的思想的活动，而是历史性的事件，即具体生命的行为契入到历史本文的书写之中，而成为本文中的一个环节。

历史本文的理解、体验与表达都在语言中进行，语言构成了历史生命的流传物，任何本文只有在语言经验中才能得到传承。当然，表达着历史本文的语言已经不是外在的语言形式，而是内在的生存论语词。它在生命的根基处随时间性一道展开，作为生命对象化的历史事件也是生存的语词表现的样态，语言在其中已经随时间性一道与历史的本文密不可分。

在此意义上，对每个历史流传物的考察与体验都在于从中找到我与历史本文的语言经验的交融，即从特殊的生命客观化物中激发出普遍的语言生命的原初统一体，这种激发既是对历史本文意义的当下领会，也是对其原意的移入与意蕴的展开。

对于书写文本中分析出的原意、意义与意蕴运用于历史的本文同样有效，甚至更为确切，因为在本文中，三者契入了生存论时间性的本真样态。对曾在、现在与将在的分析在此不需赘述，需要加以解释的是历史本文的原意不是某个作者的书写意图，不是维柯的天意与黑格尔的理性狡计，而是生成的历史生命的原初语言性的激发。作为历史生命激发的原初语言性并非生命无序的涌现，而是有规则的语言精神化的展开，逻各斯自身具有的理性与语言的双关意义就表明语言性在原初生命中的存在。这一点用生命的精神化与精神的生命化可以得到较好的解释，即生命总趋于某种精神性的表达，而精神又必须由生命来充盈自身。生命的精神化既是历史生命自身的原初语言性激发，它所趋向的历史语言经验即是历史本文的原意。

封闭于生命中的精神类似于土里的种子，它可能展现一切却又什么都不"是"（存在）。它必须在生命的对象化、语言化中展开自身。建构于历史生命之内的原初语言世界经验既是历史本文的精神单子，也是本文的原意。在社会历史中展开的历史事件就是历史生命的内在语言经验的表达，它们既表现了历史本文的原意，也疏异了其原意。就如我们借助于外在的音响文字表达我们的内在语词必然会带来异化一般，展现出来的历史事实与历史意义其实是历史原初生命的一种异化，在每一个书写的文本和历史的文本上，这种异化都如此真实地发生，可以说没有历史本文的异化，我们就不能确定任何历史的事实，也不能够理解、表达任何历史的意义。毕竟，我们是用知性的概念去表达历史事件的内容，用经验的价值判断去裁定历史本文的意义。

在历史本文的异化中，我们就已经和历史本文产生无法弥补的裂隙。在此我们必须意识到，理解历史的人依然是历史中的一个生命单子，即他已经原初地和历史发生了内在的生命关联。历史是原初类生命的现实展开，而我的生命也展现为个人的体验与行为，虽然，展现为历史事件的生命进入到个人的理解时必然发生双重异化，即历史本文的异化与自我表达的异化，但历史生命与具体生命的同构决定了我既在异化状态中了解并说明历史文本，也能够在本真的生命状态中理解与解释历史的本文。

这一点必须从生命的精神化与精神的生命化得到理解。作为展开的类生命的历史本文是一种精神化的活动，而前面的分析已经表明，生命精神化的定在就是原初的语言，即历史的本文必须在时间化中表达为外在的历史文本。历史本文的语言不是哪一个具体生命发出的声音和书写的文字，而是生存的言说与书写，它在中世纪表现为"言成肉身"，在黑格尔那里表现为绝对精神的概念之为存在物的本质，在海德格尔那里是大道的道说。伽达默尔则认为，历史本文的语言是一种原初世界语言经验，一切历史的流传物因而都是语言的表达，它们能够在各种语境之下与"我"发生对话，从而形成效果历史意识。他说道："解释学经验与流传物有关，流传物就是可被我们经验之物，但流传物并不只是我们通过经验所认识和支配的事件，而是语言，也就是说，流传物像一个'你'那样自行讲话。一个'你'不是对象，而是与我们发生关系。"①

二、历史本文的语言性与时间性

伽达默尔无疑是将历史本文客观精神化才得出流传物即是语言的结

---

① ［德］伽达默尔：《真理与方法》，上卷，465 页，上海，上海译文出版社，2004。

论。他的这一观点吸收了黑格尔、狄尔泰生命精神化与精神生命化的思想。在黑格尔那里，历史首先是精神的生命客观化，精神是历史的原点，精神的生命化使纯粹的精神在各种具体的环境中被充盈，而生成了具体的历史世界，但历史的目的是要复归于纯粹的精神。狄尔泰则使精神的逻辑发生倒转，即历史的原点首先是生命，在生命精神化的过程中形成具体的生命表现和精神的客观化物。而客观精神就是生命客观化的结果，一切历史的流传物，包括各种客观化的思想，如哲学、宗教、艺术、法律和道德都属于客观精神的范畴。伽达默尔在此基础上将客观精神视为世界经验的语言性，即语言就是精神化的生命，在此意义上才能理解"能够被理解的存在是语言"。

语言作为精神化的生命已经充盈于历史本文的展开之中，即历史本文的原意和展现出来的意义都是语言的构成物；没有语言的存在，历史的本文就缺失了精神的维度，而成为无序生命冲动的偶合体，作为纯粹精神文字的书本就只是空洞的符号，而承载历史生命的文本（文物与遗迹）就只是无精神的实存。

个体生命拥有语言，就不再是生命的偶然，而是历史性的精神事件。威廉·洪堡与乔姆斯基的研究都表明，人类具有一种先天的语言本性（语觉和先天语言结构），在此基础上，人们才能习得并理解各个民族的外在语言。他们都将个体的语言和民族的语言交往指向了最深沉的类生命的原语言，即如洪堡所言，从外在性看，每个人都拥有一种语言，从内在性看，全世界拥有共同的语言。

类生命的原初语言性无疑是历史本文的根基，它也是每一个体能够从生命体验中形成语言经验并领会历史性的根基，个体、社会和历史在语言世界经验中发生生命性的同构。历史本文的事件在历史学的描述与思想的界定中成为书写的文本与历史的事实，而这都奠定于人的语言世界经验之中。

按照伽达默尔的理解，本文与文本的概念只与解释有关，并且从解释的角度它是将要被理解的真正给定之物。这即是说作为历史的本文与文本，都要进入理解与解释之中，才能显现其自身的意义。而在解释学的传统中，理解与解释是两个不同的过程，即理解是对文本原意的把握，解释是对理解到的意义的表达。当狄尔泰将理解的最高层次界定为体验表达时，其实已经将理解与解释的界限打破，即体验性表达的解释已经是理解的一个部分。海德格尔从生存论的视域更为深刻地阐明这一点，他说：

"我们把领会使自己成形的东西称为解释……在生存论上，解释植根于领会，而不是领会生自解释。解释并非要对被领会的东西有所认知，而是把领会中所筹划的可能性整理出来。"① 他将理解视为解释的根基而解释则是理解之完成。（这有些类似于王阳明的"知是行之始，行是知之成"。）伽达默尔在这一点上是追随海德格尔的。但是，必须注意的是，理解与解释的融合必然建立在区分的基础上。如果在一种无边界的理解与解释的循环中，失去对二者区分的把握，将会遮蔽二者一体共在的本质。

特别是在对历史本文的理解与解释中，必须将二者区分开来。作为内生性的解释是让某物自身涌现，而不是给其贴上价值标签，在此意义上，解释与历史生命语言的自身激发结合在一起，即历史本文的解释首先是生命的精神化，它是历史生命以原话语敞开自身的表达。当然，处于历史事件中的原语言也可以说是一种语言性或历史流传物的精神印迹。作为自身显现的历史本文的解释是将历史生命提升到历史精神的维度，所以在黑格尔称作历史狡计的背后，闪动的是历史精神的踪迹。历史本文的自身解释展现的就是历史事件的原意，它必须在生命的流变中寻求理解才能进入历史事实与历史文本。历史学家或具体生命对历史本文的理解则走着与解释相反的道路，即在理解中发生的事件是精神的生命化，这里所说的精神当然是历史精神和黑格尔、狄尔泰所说的客观精神，如艺术、哲学、宗教、法与道德都属于这一精神范畴。它们是历史生命客观化与精神化的结果，而对历史的理解其实寓于对这些生命精神化的理解之中。这些生命客观化物，虽然散落于各个时代、各个地方、各个领域，但精神化的语言世界经验成为贯穿它们的脉络。以伦理法则为例，任何时代的伦理法则都具有命令与对话的维度，命令是指你应该如何，对话则是在某种道德情境下你能够如何做；而任何命令与对话都以内在的语言世界经验为根基，即无论是言教还是不言之教，你都必须运用内在的语言经验来理解法则的意义，才能够在实践中身体力行，这种对于伦理法则的理解即是精神生命化的过程，因为伦理法则最初都是基于生命流变的规则与生命体验才通过语言经验表达出来，它所表达的是一种精神化的效应，即确立这一法则的生命情境与体验已经不在场了，而只留下一个纯粹的精神踪迹，却要他人无条件地服从。生命情境的退场使伦理法则在历史的发展中越发空洞，最后只剩

---

① Martin Heidegger, *Being and Time*, Basil Blakwell, The Camelot Press Ltd., 1962, p. 190.

下一个铁定的律条，人们都遵照法则而行却不知为何要遵照这个法则。这就是"百姓日用而不知"的状态了。这种状态当然谈不上内在的理解，而只是外在的服从。对于伦理法则的理解必须将纯粹精神踪迹的条文重新进行生命情境的还原，即精神的生命化，才能深入法则的本质之中。

在思想文本的理解与解释中也是如此，经典文本的书写都有着它独特的生命情境与生存体验，而展现为精神化的表达。对于经典文本的理解不能只做字句的训诂，而关键在于生命情境的还原，庄子的"迹履之论"就是对人们执着于精神踪迹而忽略生命情境的批判，而王阳明则批驳注经者流死守藏宝图而不知直面事情本身。

对客观精神的生命情境的还原就使具体生命的理解融入到历史的大生命之中，人们对历史本文的理解与解释就能够与历史本文形成有效的视域融合，这里的解释是与理解一道发生，并且是理解的完成，但理解完成后的解释必须要有所表达，否则它只是内在语言经验的流动之物，而无法与他人的精神生命发生交融，形成对话。外在表达是内生性解释的延续，它又是一个生命精神化的过程，即自我的内在生命体验能够以精神化的语言展现出来，这种表达既是对历史本文与客观精神的解释，也成为新的历史文本与客观精神的定在。

在具体生命的理解与解释中，历史本文的意义从具体的语言经验中生发出来，如果说历史的原意是封闭于历史生命自身中的无名的原初性语言性事件，那么进入理解与解释的历史本文就成为接受语言的光照而呈现的历史事实。伽达默尔曾多次谈到语言的光照，即语言是照亮我的生命与世界关联的媒介。而在历史本文意义的展现中，语言作为媒介既澄明又处于自我遗忘之中。

语言的澄明是生命对原初语言世界经验的置入，即理解历史的人从外在语言中了解了历史本文的精神化踪迹，又因之置身入历史的原初生命情境中去，这种小写的生命向大写的生命统一体的融入即是个体的内在语言向原初语言性的移入，即原初生命所容纳的语言性正是生命精神化的根基。如《战国策》虽然以文字的方式记录了纵横家的言论，但纵横之士当时论辩的激情、策略、利害分析等生命情境都以语言性的方式隐入了《战国策》的书写之中。如果我们仅仅将其作为文学作品来欣赏，只要关注其外在的语言方式就可以了，但如果我们要研究当时所发生的历史事件，并探究纵横家的思想，就必须从外在语言深入到语言性之中，还原当时的生命情境。当然，这种还原始终以我们生命体验中的语言性为根基，不可能摒弃自我移入到另一个逝去的生命维度之中。但是，原初的生命统一体的语言性却为这种视域融合式的生命移入带来可能，即我们可以在一个共同的语言世界经验中理解历史本文的意义。

历史本文意义的彰显是历史生命在当下时间性中的展开，它既包含了历史在时间性化的"曾在"，也内含着"将在"①；狄尔泰在相同的意义上说："现在不仅充满了过去，而且，本身也包含着未来。就各种精神科学研究而言，这就是'发展'这个语词所具有的意义。"② 他因此认为历史意义只有在个体生命与整体生命的关联循环中才可能得以展现。"因为只有通过存在于整体和它的各个部分之间的特殊关系，人们才可能发现生命；而且，如果我们把这些关系都抽象成为范畴，那么，我们就会发现，我们不仅根本无法确定这些范畴的数量，而且把它们相互之间的各种关系还原成为某种逻辑公式。意义、价值、意图、发展，以及理想，都是这样一些范畴。但是，它们都取决于下列事实，即只有通过个别组成部分对于理解这种整体来说所具有的意义，人们才能理解某种生命所具有的联系状态，而且，人们只有通过同样的方式，才能对人类生命的某一个部分加以理解。意义就是这样一种与领悟有关的范畴——通过这种范畴，生命就会变成可以理解的东西。"③ 狄尔泰无疑是在生命的关联中理解历史本文的意义，而且它的意义也只有在具体的生命理解中才可能显现。无论是对某个历史事件还是对某个人物的理解，都不能脱离其所处的历史背景。在这种常见的观点中还包含另一层意思，即对历史本文意义的理解其实是自我生命表达的一种方式，在历史本文意义的显现中，同时被照亮的是自我的精神生命。

与历史文本发生同构的自我无疑是一个意义的深渊，而向我直接敞开的历史本文则是我所处的当下生活世界。这个世界既隐藏了曾在的历史事件，也蕴含着将在的历史精神。当下的自我并非一个孤零零的精神单子，而是总体性的生命表现。从潜在性来说，文化传统已经将历史经验以记忆密码的方式微缩入我的心灵；从现实性来说，生活交往实践已经将我与他人的生命关联为一个整体，我所缺失的历史维度总能够在他人那里得到补

---

① 事实上历史的时间性与它的语言性是同在的，此处的历史不是指历史学家所掌握的历史（history/historie），而是指历史事件的总体（Geschichte），它是时间性的时间化，海德格尔在《存在与时间》中对此即有所区分。

② ［德］狄尔泰：《历史中的意义》，57 页，北京，中国城市出版社，2002。

③ 同上书，56～57 页。

偿。总体性的生命使我能够通过内外的寻视而阐发历史本文的意义。

　　而在我的理解中所呈现的历史本文的意义正是语言世界经验与生命精神化的结果。被封闭于某个历史片段、历史书本和具体生命体验内的意义无疑是黑暗的深渊。固然"此中有真意，欲辨已忘言"（陶渊明《饮酒》五），但历史本文的意义一定要在语言经验中得到表达。历史学家说秦始皇统一中国具有跨时代的历史意义，这是一句无效的表达，要使这一表达有效，就必须在语言中使这种历史意义得到具体的表现。历史本文的意义也正是如此，它一定要通过语言经验表现自身，否则，它只是无意义的深渊。

　　这里产生的问题是在内在语言经验中产生的历史本文的意义如何是敞亮的而非无知的黑幕，因为语言工具论者从来不认为内在语言是有效的表达，而将其视为前语言的黑暗黎明。

　　在这一点上必须与前面的生存论语言分析紧密相联，而不能陷入外在语词的泥沼。内在语言经验不是世界的图式，而是生命精神化的自我生成。生命与世界的同构决定了世界与语言经验在时间化中生成，在此意义上，语言的边界就是生命的边界，也是世界的边界，而历史本文的意义正是随着语言经验的延伸而不断扩充。

　　随着语言经验时间化的绵延，历史本文的意义也不是一成不变的躯壳，而是类似地平线的延伸。如此就从曾在的原意、现在的意义中生发出面向将在的意蕴。原意是一个初步的图形，它有待在时间化中伸展，意义是当下理解中生发的生命表现，而意蕴则是面向将在的一种能在的视域。

　　历史本文意义的三维与生命、时间、语言的三维密切关联。内在语言经验的语言性是历史原意合理性存在的根基，类生命的语言性看似一种预设，其实是生命表现得以可能的必然原点。就如前面所分析的，没有原初语言性的存在，不仅今人理解不了古人的思想，即便是朝夕相处的两个人也无法达成共识。（甚至个体生命的人格同一性也无法得到保证，因为若没有同自己内心的对话，谁能够确定昨日之我就是当下之我呢？）由历史生命的原初语言性所生发的历史原意是统贯历史意义前后相续的生命之链。没有原意的统摄，历史不会成为具有生命脉络的系统，而只会是一个无序的碎片，不可能形成我们所谓的历史传统，能够使具体生命与历史本文的理解产生视域融合的总体性基础也就不复存在。

　　当然，原初生命的语言性与历史本文的原意都是黑暗的生命深渊，只有进入语言经验与历史本文理解的意义之中，它们才可能得以照亮。在此意义上，语言从来不是具体事物的镜像与摹写，而是生成的历史与具体生命的生存境域，唯在此境域中，历史本文才由无名的事件进入到事实之中，冲动的历史生命才通达了理性的历史精神。对于本文的理解也就不再是人的一种行为方式，而是对自身生命与生成的存在之间关联的生存论澄明。

第三章 理解的四重境域：从知性的理解到生存的理解

虽然理解是在现代生存论与解释学的转向中才成为一个存在论概念，但在哲学史中，理解作为认识的一种方式或层次，一直与理性、理智、观念、概念、语言相互纠缠。海德格尔将理解从人的认识方式提升为人的存在方式，无疑赋予理解更为深远的生存论意蕴。但就如任何一个哲学概念的兴起都有其独特的思想渊源，海德格尔的理解生存论之思，并非纯粹的理论虚构，而是前人思想经验的绽出；这就使我们有必要在进入生存论理解之前，先分清理解概念的各个层次并追溯其自身的历史根源。

第一节 理解概念的哲学史溯源：理解与理性（logos）、理智（nous）的生存论关联

虽然，在词源学上，理解作为哲学概念只是在亚里士多德的伦理学中才独立出现，但从思想的脉络来说，它与理性、理智及灵魂等概念几乎一体相依。逻各斯诸义中虽并没有理解的外在含义，但外在逻各斯与内在逻各斯的生成交融，理性、语言、规则、尺度的生成流变，却已然是实质性的理解活动。这种理解是以人的语言世界经验为媒介。而理性与理智的另一个词源"nous"（罗斯曾将亚里士多德的伦理学中的"nous"解释为"直觉理性"）则将外在的认识与内生性的理解区分开来。在阿那克萨戈拉看来，"nous"是所有事物中最精纯的部分，它也指向了原初生命的心灵的和人的精神生命的理智灵魂，它与外在性的事物相互区分，却又能够穿透生命成为自身的主宰。相对于"logos"而言，"nous"更具有生命的气息，它不是纯粹的理性与客观的规则，而是生命的一种自我理解与发挥。在此意义上，邓晓芒先生认为"logos"与"nous"代表了古希腊

哲学中语言学与生存论的两个向度，是一种明智的见解。在笔者看来，"logos"与"nous"既具有相互独立的指向，而它们在生命精神化与精神生命化的理解活动中又相互交融，构成生存解释学的语言世界经验与生存的理解。

受阿那克萨戈拉的影响，苏格拉底所尊崇的理性重心无疑从"logos"偏向了"nous"，因而他更为看重的是人的生命理性的自我超越。他将阿波罗的神谕"认识你自己"作为自身思想的基点。他借此想表达的"认识"并非知识论意义上的分析与说明，而是对自身生命的理解与解释。黑格尔对此领会到："认识你自己这个绝对诚命的含义，无论从它本身来看，或就其在历史上被宣告出来时的情况来看，都不只是一种对于个人的特殊的能力、性格、倾向和弱点的自我知识，而是对于人的真实方面——自在自为的真实方面，即对于人作为精神的本质的自身的知识。"① 虽然黑格尔用"作为精神的本质的自身的知识"来解释苏格拉底的思想并非完全到位，但他毕竟体认到这一命题超越了心理学、认识论的诸多向度，而指向了人的生命的理解与精神的解释。苏格拉底自命为"精神助产师"是与"认识你自己"这一诚命相对应的。他认为人的精神生命中已经有完全自足的内容，不过受外在的物相和自身理性的幻相所蒙蔽，而得不到一种本真的理解。他除了在沉思中理解自身的生命之外，也通过精神生命化的言谈来破除青年人心头的幻相，使之通达自身本真的生命理解。

当然，苏格拉底对于生命存在的关注使他对生命理性的本真理解更具有德性的维度，毕竟"nous"相对于"logos"而言，更指向了纯净而至善的德性心灵，他因此提出了"德性即理性""美德即知识"的命题，这就为生命的理解开出了德性实践的维度。在德性实践中，知道什么是合乎德性的却不从事这一道德行为，并非对于德性的本真理解，而必须在道德践履中将德性之知予以实现，才通达了生命理解的境域。

虽然苏格拉底的思想是在柏拉图的书写中得以复现，这导致二人的思想相互纠葛难以区分，但根据柏拉图笔下苏格拉底的逐渐隐退及二人关注点的偏移，二人在理性与理解上还是有很大的分歧。相对苏格拉底而言，柏拉图更为关注"理念"及"世界"的存在而非具体的生命存在。他思想中的核心范畴"理念"可以说是一种理性精神化的存在，即整全的"logos"作为无限的理性而被万事万物所分有，但每一事物之所以分有

---

① ［德］黑格尔：《精神哲学》，1 页，北京，人民出版社，2006。

"logos"，就在于它们自身有一种具体的共相，即事物本身的理念，如桌子有桌子的理念，美有美的理念，这些理念构成了一种最为原初也最为真实的世界，而日常生活世界只是理念世界的映射。因而，理解在他这里就不是对现成事物的认识——那只能认识到外物的幻相——而只能是对理念世界的分有与回忆，因为人自身的心灵也是理念世界的生命单子，但被世俗世界所污染蒙蔽，因而只有通过祛除心头幻相的遮蔽的本真生命的回忆才能达致对理念世界的理解。柏拉图这一回忆论的理解观当然招致亚里士多德的批判，亚氏以经验论的方式对理性、理智与理解做了深入的探究，从而为西方近代知性理解规定了基本范畴。在他的思想中，"logos"与"nous"被区分为知性的理性与生命的理智，即"logos"是与科学性的认知相关联，而"nous"则超越于人的经验知识的范畴，而通向了一种直觉性的理解。因此在亚氏的著作中，"logos"一般被译为理性，而"nous"被译为心灵与理智，他将"logos"作为区分人和动物的本质规定，即人是有"logos"的生物，但他又认为，人的灵魂有两个部分，一部分是有逻各斯的，另一部分是无逻各斯的，而有逻各斯的部分也可一分为二：一部分是考察那些具有不变本原的存在物，另一部分是考察那些具有可变本原的存在物；而且还可以把有逻各斯的一部分称为认知的，把另一部分称为推理的，推理与考虑是同一回事。① 他因于理性的认知与考虑（权衡）的分工而区分了理论理性与实践理性，理论理性从事于永恒事物的思辩，实践理性对于变化的事情加以权衡。在科学的研究中，理论理性对于普遍的和出于必然的事物加以把握，而在道德的实践中，实践理性表现为实践智慧，它使人在各种情境下都能把握中道而实现自身的德性。

在对德性的探究中，亚里士多德似乎将"nous"看作了理性的一种理解样式，他因之将"nous"与科学、理论智慧、实践智慧及创制相并列，作为灵魂获取真理的一种方式。根据罗斯的理解，"nous"是我们掌握科学起点的最终前提所凭借的理性，它通过归纳法掌握最初原则。不要把这种归纳法理解为现代逻辑学意义上的完全归纳法，因为后者不能导致真正普遍的认识，也不要理解为不完全归纳法，因为后者仅得出可能性的结论，而要将其理解为一个过程，在体验着若干特殊情况之后，心灵抓住普

---

① 参见［古希腊］亚里士多德：《尼各马可伦理学》，165～167 页，北京，商务印书馆，2003。

遍的真理，这在当时或以后可以看到是自明的，归纳在这种意义上是"直觉理性"的活动。① 亚氏认为理智是关于思想的东西和存在物的本原的。因为知识关涉的是能够证明的东西，但本原是不可证明的，所以关于本原的不应是知识，而是"nous"。这就将"nous"与"logos"区分开来，从"logos"中生发出来的逻辑学就是这一思想显现的外在形式。而"nous"是无法用逻辑来规定的，它包含了生命对于本原的直觉性理解，即超越了知性理性的维度，而通达对存在自身的形上领会。在此基础上，亚氏认为关于哲学形上学的理论智慧不是单凭"logos"就能达到，它是科学之知与"努斯"（nous）的结合。

与理论智慧对形而上学的把握相比，实践智慧则是在世俗的生活中从容中道的德性品质。亚氏认为理解与实践智慧更为相关，因为理解不以那些永恒不动的东西为对象，也不以任何一种生成的东西为对象，而是关于那些引起困惑、须加考虑的东西。所以理解的对象和实践智慧相同，虽然它们并不是一回事，实践智慧是指令性的，理解则只是判别性的。理解既不是具有实践智慧，也不是取得实践智慧，而是如同在科学知识的运用上我们把习知称为理解，所以，理解也可以运用意见于明智的对象，以判别他人之所思，由此产生了理解这个名称。②

在此，亚氏显然将理解与科学认知区分开来，而它们的分延又与理论理性和实践理性的区分相关联。科学认知是面向永恒之物与生成之物的，如数学、物理学和生物学，而理解面对的是现实的生活，即如何在一种生活情境中做出良好的判断。因而理解是一种精神生命的活动，它需要一种超越形式逻辑的直觉性的理智参与其中，才能当机立断地排除对一切东西的犹疑，确定它们是如何或者不是如何。

柏拉图与亚里士多德对于理解的不同倾向实际在中世纪给出两种相反的理解观念，即神性的直观理解与经验性的表象认知。以奥古斯丁为代表的神性理解是对基督教教义与柏拉图回忆说的一种综合。奥古斯丁认为上帝能在一瞥中领会万有，而人却不能通过外在的看而理解万物，只能反观内心，寻求对于上帝的记忆，而这种记忆必须与内在的信仰相合，即"你若不信，便不能理解"。奥古斯丁所说的理解并不是单纯知性的了解，而指

---

① 参见［英］罗斯：《亚里士多德》，239 页，北京，商务印书馆，1997。
② 参见［古希腊］亚里士多德：《尼各马可伦理学》，183～184 页，北京，商务印书馆，2003。

向了生命内在的切身体验，即在理解中亲证上帝的存在与我的生存同在。

奥古斯丁之后的托马斯在神性理解的基础上，附加了经验性的发生学范畴。他认为理解作为人的理智活动，总要从最模糊的感官印象开始，经过心灵的认知而逐步形成表象与概念，最终达到对于事物的本质理解。相对而言，奥古斯丁的神性直观理解在神学的光环下具有一种存在论的维度。他实际上也认为理解并非人的一种行为方式，而是一种存在方式，即人已经先天地处于对上帝的记忆与理解之中，关键在于你能否在理解中获得对上帝最为真切的体悟。而托马斯则开了近代知识论理解的先河，他的基本思想在洛克、休谟的观念论中得到发挥。

第二节　知性的理解：经验论与先验论之争

近代理解问题成为认识论的中心，它与理智、理性、知性概念密切关联在一起。在康德的纯粹理性批判之前，洛克、莱布尼茨和休谟围绕知识何以可能的探究是以理智的理解活动为出发点的，他们之间的争论可以说是回忆论与经验论之争的复现。洛克首先将人的理解能力限定于知性的层次，认为观念只不过是心灵通过感觉与反省而来，经由想象和思维而由简单观念发展为复杂观念，但他的"白板论"所潜藏的问题是"无中何能生有"，即心灵怎可能如镜子一般映现对象物而无丝毫的前见参与其中。莱布尼茨由这一问题提出"大理石条纹"是对回忆说的一种先验加工，即任何理解已经有理解的前见参与其中。

休谟对于二者的争论持一种经验论的怀疑。他既否定人的心灵具有前在的形式内容，也不承认事物自身具有因果的规律，在他看来，人们所谓的理解只是习惯与想象的结果，而非理性的运用，即"因果之被人发现不是凭借于理性，乃是凭借于经验"①。

虽然是休谟的怀疑论打破了康德独断论的迷梦，但康德实际还是循着莱布尼茨的前见来建构他的先验统觉。他的纯粹知性概念对于直观内容的综合是想对知性理解活动加以阐明。在他看来，处于经验论所说的直观阶段，内在心灵对于事物还谈不上有任何实质性的理解，而只是物自身的直接映现。在这一阶段，既没有发生知性的理解，也没有产生任何知识，理

---

①　[英]休谟：《人类理解研究》，28页，北京，商务印书馆，1957。

解只可能在先验综合中发生，而知识就是在直观中领会的综合—想象中再生的综合—概念中认定的综合的理解运动中形成。

　　直观中领会的综合可谓是理解的预备阶段，它也可以说是在心灵的内在时空中发生的感性的综合，即"每一个直观里面都包含一种杂多，但如果内心没有在诸印象的一个接一个的次序中对时间加以区分的话，这种杂多却并不会被表象为杂多：因为每个表象作为包含在一瞬间中的东西，永远不能是别的东西，只能是绝对的统一性。现在，为了从这种杂多中形成直观的统一性（如在空间的表象中那样），就有必要首先将这杂多性贯通起来，然后对之加以总括"①。康德将这种行动称为领会的综合。因为时空的表象不可能先天地在心灵中存在，它们只能在直观杂多中产生，所以在这一阶段中，我们拥有理解的一种纯粹综合。

　　但是作为纯粹的直观中领会的综合只能对当下的直观内容予以表象，而原来的表象则逝而不见，这就必须运用先验的想象力将不在当前显现的表象与当下的表象联结起来，使之成为一个表象系列，否则单纯的直观在思想中只是一个孤立的原点，不但不会形成知识，就连时空这两个基本的表象也不可能产生。因此康德认为："领会的综合是与再生的综合不可分割地联结着的。而既然前者构成所有一般知识（不仅是经验性的知识，而且也有纯粹先天知识）的可能性的先验根据，那么想像力的再生的综合就是属于内心的先验活动的，而考虑到这一点，我们愿意把这种能力也称之为想像力的先验能力。"② 直观的领会与再生的综合是知性理解的前提，却不是充分的条件。因为如果没有纯粹知性概念的参与，完整的表象系列在心灵中只是一种疏异化的存在，既不能为我所理解，也不能形成知识。先验统觉作为心灵自身的前见，将理性的法规赋予了直观与想象的表象，使其在因果性范畴中成为人们可以理解的知识。理解实际是在概念的综合中发生，即纯粹知性概念将表象条理化为可以诉诸表达的经验性概念。

　　康德所阐明的理解过程其实是心灵对于直观内容的接纳与规整，即如何使一个外在于我的先验对象成为我可以把握的现象。而统觉的先验结构表明，康德接纳了莱布尼茨的前见说并将其纯粹形式化，而他又为海德格尔的前理解与伽达默尔的前见打下了思想的根基。

----

　　① ［德］康德：《纯粹理性批判》，115 页，北京，人民出版社，2004。
　　② 同上书，116～117 页。

　　黑格尔则将理解置于理智思维的最高层面。他延续了康德理性与知性的区分，认为知性是思维的较低层面，它仅仅将事情的形式与它的内容剥裂开来，即"对于知性来说，对象则相反地分裂为形式和内容，普遍的东西和特殊的东西，一个空洞的自在和从外面来到这个自在上的规定性，因而在知性的思维里，内容对它的形式是漠不相干的。而在理性的或用概念进行的认识里，内容则从它自己本身产生出它的形式"①。

　　在此意义上，知性是一种分析或分解的理智，它将进入思维中的具体的总体性的定在拆解为关于形式与内容、特殊属性、状态、普遍性等诸多范畴的零件。虽然知性只负责这种拆分，而不负责其综合，但在黑格尔看来，这一认识过程却是必不可少的。通过分解，我们才可能进入到事情的内部中去，而不是如艺术家一样仅仅是对它的外在表象做一种感性的直观。

　　当然，经过分解的事情的各个范畴必须经过一种理智的综合，这在康德看来是先验统觉的任务，而在黑格尔看来却是理智判断的过程。这一过程被前人误以为就是对事物本质的理解，即理智必然首先进展到把对象同这些普遍的思想规定联合起来，因而把对象看作关系，看作一种客观的联系，看作一个总体。

　　从表面上看，在这个环节中知性所分解的范畴被综合到一个总体性之中，事情的本质已然得到理解。但是黑格尔把它看作洛克主客同一性式的理解，即内在的观念由外在的对象而来，而内在观念的总体性与统一性依赖于外在对象的统一性实存。这样，思维并不是存在，而是被给予和被映射的主观镜像，而作为事情本质的概念就在思维中没有容身之所，只是以"无概念的必然性形式"出现，或者仅仅是内在观念的一个附庸。

　　黑格尔认为这种理解形式是对理智、思维和理解的降格，即把理智降格为认识的工具，把思维降格为对象物的镜像，把理解降格为对简单观念的联结与综合。而在黑格尔看来，理智作为绝对精神在人的思辩领域中的定在，它本身就是内在化的精神存在。而"理智的产物，即思想，就是事情或实质；即主观的东西和客观东西的简单的同一；是自为的；理智知道，凡被思维的，都存在；而且凡存在的，只有就它是思想而言才存在"②。这种思维与存在同一的新的理解使他从洛克的观念论和康德的概念论中超拔出来，而通过认识论的存在化，即以概念存在论为核心对事情

───────────────

① ［德］黑格尔：《精神哲学》，294 页，北京，人民出版社，2006。

② 同上书，292 页。

本质的理解是一种具有存在论意义的事件。

前面已经分析过黑格尔的概念存在论与康德先验概念论的区分，黑格尔所说的理智的理解就奠基于二者的区分之上。在他看来，理解虽然是一种认识行为方式，但它不是一般意义上的观念论的分解与综合，而是理智思维的最高层次，是对作为事物本质的概念自身的融入，即"在这里普遍东西被认识到是自己本身特殊化和从特殊化聚集自己本身为个别性，或者说，——这是一样的，——使特殊东西离开其独立性而降低为概念的一个环节。因此，在这里普遍东西不再是一个外在于内容的形式，而是真正的、从自己本身产生出内容的形式，即事情的自己本身发展着的概念"①。

在黑格尔概念论的分析中表明，他所说的概念不但是事情的本质，更是绝对精神的定在，也就是说，这里作为普遍逻各斯的东西已经渗透入人的思维之中，而它也只是与特殊化的定在纠缠在一起。由于理智的内在语言参与其中，它在形上的概念之言中发现了自身，对象的肉身被化解复原为道与言，理智的理解达到了与概念的内在相通，思维也由此对客体获得了一种完全自由的关系。

虽然近代哲学对于人的理解活动做了深入细致的分析，但如伽达默尔所言，他们只是将理解视作人的一种行为方式而非存在方式。唯理论的心灵的条纹与先验统觉都力图阐明理解不是一个纯粹机械的认知活动，而是人的理智能动的激发，但他们并没有将理解作为一个核心的哲学范畴提炼出来，而是将之视为理性、理智运作中的一个附庸过程。黑格尔在此基础上区别了理解与知性的了解及判断，但依然没有通达理解的生存论境域。

知性理解在一定意义上就是理性与理智的衍生物。它作为知性的一种表现方式而为近代哲学家所探究。在英文中，理解与知性、理解能力（理智）是由同一个词在不同的语境下表达不同的意义，在这种理解方式中，理性与理智的相互纠葛以观念—概念—理念的方式表现出来，也展现了知识论的内在语言的经验维度。虽然洛克只将语言作为理解的外在表达工具而加以轻视，但他看作理解的内在结果的"观念"其实是一种意象性的内在语言形式，它是在人的理解过程中形成的最为深沉的语言世界经验。而洛克称之为思想工具的语言仅仅是观念外在的物理显现。他所区分的简单观念与复杂观念是由心灵对物的直观与接纳所形成，简单观念是不可分的直观意象，复杂观念是由单纯意象的联合以及人的想象力所导致，在原语

① ［德］黑格尔：《精神哲学》，295 页，北京，人民出版社，2006。

言与原文字的理路中，他所说的简单观念首先是一个纯粹意象性的原文字，它只能经过人的内在反省才能形成某一名称性的原语言。而由想象力加以联结的再生的复杂观念也必然要经历原文字与原话语的分离与融合才能够由简单的具象提升为普遍的类概念。

对洛克的观念论做内在语言的解释，即可明了知性理解活动也是由人的语言世界经验贯通而成，而非像一般人所认为是摒弃语言的纯粹知性活动。即便是将观念论加以先验构造的康德，在他所建构的先验概念中，仍然带有内在语词的痕迹，虽然康德从来不将纯粹知性概念和掺杂了直观内容的事实性概念看作语言，而认为它们是语言表达的前提和前语言的先验阶段，但他的纯粹知性概念作为理解的前提已经是内在语言的形式，它必待意象性直观内容的充盈而形成现实的内在语词。纯粹知性概念作为综合性的概念，可说是内在语言性的扩充的不同阶段，理性与语言性的同源即决定了知性的理解活动不能抛弃语言而独自存在。

黑格尔所谓的理解作为思想通过概念对精神自身的发现与复归，是将语言的思辩活动融入到概念—理念的形成之中。他所说的概念范畴具有存在论意谓并通向了基督教的"言成肉身"之"言"。概念作为形而上的语言是理解所能达到的最高层次，而理解的过程即思想形成的过程又为具体形而下的语言所充盈。因而在他对理解的阐明中，理解与语言一道发生得到最为深刻的解释，即理解作为知性的分析与判断的综合是在人的语言经验中得以发生，它是通过对形而上语言的探求而解除精神自身的遮蔽。

知性的理解在黑格尔的概念论中虽已经在生存论的门前徘徊，但他对于理性与理智的尊崇而遮蔽了对实践与生命的理解，而这正是黑格尔哲学在近代遭受批判的原因。

第三节　实践的理解：知与行的合一

实践的理解在思想形态上当然是作为知性理解的反拨而出现，它的现实表现是马克思实践观的宣言："全部社会生活在本质上是**实践的**。凡是把理论引向神秘主义的神秘东西，都能在人的实践中以及对这个实践的理解中得到合理的解决。"① 马克思在此所说的实践的理解不是实践活动的衍

---

① 《马克思恩格斯选集》，2 版，第 1 卷，56 页，北京，人民出版社，1995。

生物，而是实践自身的一种实现方式，它包含了三层意思：一是对于实践的前理解，二是实践经验的理解，三是实践性的理解。

一、实践的前理解

　　实践的前理解区分于知性的理解，首先在于它不是用一个先验的范畴去构造经验的内容而得到普遍性的知识，而是随着实践活动的展开不断调整自身的判断，并根据判断来进行合理的实践选择。在道德领域中，每一种道德实践行为都会面临新的实践情境，它迫使行为者要根据情境的变动来调整自身的价值判断并因之选择合乎中道的行为。而在生产领域中，生产实践的设计者与执行者必定在活动之前预设了一定的计划与目的，它们即是实践的"前理解"。如马克思曾明言："蜘蛛的活动与织工的活动相似，蜜蜂建筑蜂房的本领使人间的许多建筑师感到惭愧。但是，最蹩脚的建筑师从一开始就比最灵巧的蜜蜂高明的地方，是他在用蜂蜡建筑蜂房以前，已经在自己的头脑中把它建成了。"① 实践的前理解使人的实践活动区别于动物出自本能的生命活动，即动物在生命活动中与对象物直接为一，而人通过意识将其区分开来，这种区分是一种对象性的区分，即将现实的实践活动与在意识中的前瞻性的对于实践目的的理论设计加以区别，其意义在于，人对实践的前理解可以作为实践活动的筹划，而不断地将现实实践过程中的具体情境加以判断，并根据整体的结构对实践的目的或过程加以调整。在道德领域内，若没有实践前理解的参与，将会缺少根本的伦理规则，而每个人都只会根据自身的利益来确立行为准则；在生产领域内，实践的前理解能够使生产者、生产工具和物质资料处于相互协调的处境中，使实践行为向预定的目的推进。

　　当然，实践的前理解往往被认为是一种纯粹的理论形态与实践行为相互对立，有学者区分了理论思维与工程思维，认为二者不能相互僭越。② 其实亚里士多德就已经做了这种区分，即理论智慧面向永恒事物而实践智慧面向变动不居的经验世界。问题在于，实践的前理解并非一劳永逸的理论筹划，而是实践活动的一个前瞻性部分，如果没有前理解的存在，任何人类的行为都很难以实践名之。这一点可用王阳明的"知行合一"（知是

---

　　① 《马克思恩格斯全集》，中文1版，第23卷，202页，北京，人民出版社，1972。

　　② 参见徐长福：《理论思维与工程思维——两种思维方式的僭越与划界》，上海，上海人民出版社，2002。

行之始，行是知之成）得到解释，即人与动物的生命活动相区分的实践本身已经先行包含了知的成分，只有对于实践之知的前理解的参与，人的活动才契入了实践的范畴。（如一个人在醉酒状态下摔东西，我们就不能以实践名之。）实践的前理解是实践活动的真实开端，而非形而上的理论筹划。如柏拉图的理想国的设计，以今日民主政治的实际情况视之，它只是属于纯粹的理论建构，但从人类政治实践的历史来看，虽然其中有诸多不合时宜的成分，但它仍然是对于共和政治实践的前理解，即一种政治实践行为的开端。

实践活动变动不居的本性使任何实践的过程与后果都不会与实践的前理解若合符节，而是会产生一些微小甚至巨大的偏差。但实践结果对于前理解的偏离并不表明实践活动与前理解相互矛盾，而是说明实践之知本身就不是如数学一般诉诸普遍性的公理，它必须在实践的过程中完成自身。虽然王阳明的"知是行之始，行是知之成"最初是针对道德实践而言，但它也可应用于其他的实践领域，即作为前理解的实践之知尚是缺乏具体实践内容充盈的理解构架，它作为实践的开端，能够使行动者不至于依靠自身的本能冲动来展现自身的本质力量，而是依循于一定的规则、计划与目的来从事某一具体的活动。而具体的实践过程即是对于前理解的扩充与应用，而对于前理解的扩充使实践之知的框架在具体的情境中得到调整与完善。

与知性的理解相比，实践的前理解具有一些独特的功能。知性的理解要在具体的物象中演绎出最普遍的概念，形成放之四海而皆准的知识。而实践的前理解是依据知识论和价值论所做的筹划，它并不探求最永恒的规律，而是根据具体的情境来设定可行的计划与规则。

二者相区分的根源在于知性理解是理智的运用，而实践的前理解更多的是意志的发挥。如黑格尔区分理论精神与实践精神时就将理智与意志作为二者的中心范畴加以阐明，他认为意志本身就是理智进一步走进自身，即"纯粹思维起初是一种无偏见的，沉没到事情中去的行为。但这种行动也必然成为对自己本身对象性的。由于用概念进行的认识在对象中绝对地在自己本身中，所以它必然认识到，它的规定都是事情的规定，而反过来，客观有效的、存在着的规定都是它的规定。通过这种回想，即通过理智的这种走进自己，理智就成为意志"①。知性理解是纯粹思维的活动，

---

① ［德］黑格尔：《精神哲学》，296 页，北京，人民出版社，2006。

而实践意志必须以思维作为自身决断的前提，也就是说，实践的前理解并不完全拒斥知性的理解，甚至将其作为实践筹划的一部分，如在制定施政纲领的过程中，必然要将关涉到世界经济格局、本国科技水平等的客观知性内容纳入进来作为具体施政策略的前提性条件，在实施中将之转变为决策者的意志而体现于实践的前理解之中。

理智与意志的关联使知性理解并不完全与实践相对立，即理论之知并非与实践之知互不关涉或背道而驰，而是通过理解在一定程度上相互交融。对此，马克思敏锐地觉察到："从**拜物教**就可看出，理论之谜的解答在何种程度上是实践的任务并以实践为中介，真正的实践在何种程度上是现实的和实证的理论的条件。"① 正是在此意义上，亚里士多德区分理论之知、实践之知与创制之知后，又认为理论智慧与实践智慧有着内在的关联。

二、实践经验的理解

亚里士多德所做的区分在实践的前理解中并未能得到很好的说明，而在实践经验的理解中则凸显出来。因为在实践过程中，对于共相的把握只是一个理论的范畴，而真正起作用的是变动不居的语境和经验。正如没有两条完全相同的河流一样，任何一次行为的情境都不会重演，而只会产生更为复杂多变的处境。普遍性的理论之知在变易的实践情境中往往会圆凿方枘，令人无所适从。如在具体的道德实践中，我们固然已有自身的良知和道德信念，并且知道很多伦理规则，但是每一次道德行为的情境的相异性都会使行为者产生新的选择。如孔子想教人普遍的"仁"，但当学生问他仁为何物时，他却每次回答都不相同。这就在于他不想给人一个普遍的伦理教条，而要让人在不同的道德情境中择善而处。

道德践履的经验性要求使纯粹的理论之知在此失去效度，而必须寻求一种适于中道的实践之知。这种实践之知就是道德行为过程中的理解，虽然它曾经被黑格尔斥为缺乏思辩的维度，但它却是在实践过程中真正发挥作用的知识。

经验性的实践之知与概念性的理论之知相比，的确具有形而下的意谓，它是针对每一种物象和情境而形成的知与行相迁移，在实际的行动中，一切与行为不相契合的知都不能产生真实的效果，而唯有经验才能使

① ［德］马克思：《1844 年经济学哲学手稿》，127 页，北京，人民出版社，2000。

行为与情境相协和。

此处所说的经验就是实践过程中的理解，虽然亚里士多德在《形而上学》中认为经验属于个别性的知识，它比技术知识和理解要低一个层次，但在伦理学中，他实际又将经验置于实践哲学的核心地位，即实践智慧是由道德经验的凝练而成，而非对伦理概念的理论把握。一个年轻人可以因其天赋的理论智慧而成为物理学家和数学家，但在道德领域却很难超过经验丰富的老人。如孔子所言"三十而立，四十而不惑，五十而知天命，六十而耳顺，七十而从心所欲，不逾矩"（《论语·为政》）也表明人生经验的积淀方才成就实践理解的卓越。

道德经验、政治经验、生产经验和艺术经验构成了实践活动中理解的基本范畴。在数学领域中，即便没有实际经验的参与，单凭对已有公理的演绎和抽象也可以获得更为深刻的知性理解，但在道德、政治、生产和艺术等领域中离开了实践主体自身经验的契入，则很难产生良好的行为结果。相对于知性理解而言，这些领域的实践经验只能在行为过程中产生，而不能单纯凭借前定的逻辑规则。这就如黑格尔所说，要求"在人认识之前，他应该认识那认识能力。这和一个人在跳下水游泳之前，就想要先学习游泳是同样的〔可笑〕"①。

实践经验并非如知识论者所认为的仅是记忆的积累，而不需理智的参与。亚里士多德对实践智慧的探究实际表明直觉理性的参与乃是道德经验形成的前提，在一些复杂的道德情境中，单凭道德的习惯和伦理的教化并不能选择中庸之道，而必须依靠超越于逻辑的直觉来为自己的行为做出抉择。

如在道德与法两难的伦理困境中（如舜父杀人，舜是依法处置还是负父而逃），任何人都难以通过现成的伦理规则来做出判断，而必须基于自身的良知、信念等直觉性的道德经验来做出相应的行为选择。

甚至在技术性的活动中，由生产经验积淀成的当下习惯性的行为都涵括了直觉理性的因素。如庄子所描述的"庖丁解牛""由技而进乎道"即是在实际的解牛操作中领会到超越理论之知的理解，从而运用之妙，存乎一心，如果没有直觉理性的洞见，那么他的实践只能处于技的层次，而不能达于道的境界。

庄子在轮扁斫轮中也阐明了真正的实践经验超出理论之知的界限，

---

① ［德］黑格尔：《哲学史讲演录》，第 4 卷，259 页，北京，商务印书馆，1978。

即轮扁的技术经验只能在实际的运用中得到表达，他无法将其中包含着的直觉性的东西诉诸理论，在这种实践的理解中，经验是一种生命的内在语词的激发，它必须在某种特定的情境中才能得到充盈和完满的外在表现，而离开了这种情境，单凭语言文字的表达只能导致经验与理论之间的疏异。

经验的内在情境化决定了实践的理解必然有待于生命的内在语词的契入，而非外在理论逻辑的指导。理论之知作为内在语词的共相化与逻辑化，它虽然能够用一整套精确的概念加以表述，却无法在具体的道德情境中与事情本身相融合。真正的实践行为是内在语词的另一种外化，即直觉性、具象化与境遇化的经验性表达，这体现了语言与实践内在一致的本性。这如黑格尔理解良知与道德行为之间的关联，外在具体的道德行动只是对于良知的解释与翻译，即"只是把它（良知）的个别的内容翻译成为对象性的元素，而在这种对象性元素中，个别的内容成了普遍的和得到承认的，而且，正是由于内容得到了承认，所以行为才成为现实"①。经验是内在语言与实践行为相关联的媒介，具有道德经验的人，将他所掌握的经验直接转化为实践的力量，而不必依循于理论的图式，而这种实践的理解与能力本身就是人的生存经验和语言经验，它虽然不像知性的理解用外在的话语与文字加以显现，但实际上更加展现了语言表达的本质。

三、实践性的理解

对此问题的深入必须从实践经验的理解过渡到实践性的理解之中，这一点特别在马克思的实践观和哲学解释学的实践中得到新的阐明，即从实体性的思维方式向实践生成的思维方式的转变。

在实践性的前理解中，对象性的理论思维尚居于主导地位，即将自在的生命活动提升为自为的实践活动必须将纯粹的思维提升为实践的意志和精神，才能为实践活动提供良好的目的与规划。在此意义上，理论与实践本身就是知行合一的共在。但在实践过程的理解中，人与对象物的情境化的关联使经验超越于理论而成为行动的主导，人们是通过自身内在经验来控制自身的行为，原有的知性理解实际被实践经验所覆盖，人的本质力量是经验性而非理论性的实践表达。

---

① ［德］黑格尔：《精神现象学》，下卷，152～153 页，北京，商务印书馆，1979。

　　实践性的理解则从理论与经验的纠缠中超越出来，它首先作为与知性理解相区分的实践理性而表现自身。在亚里士多德那里，实践理性就作为人的一种独特的能力而与理论理性相区分。就实践追求一种规则而言，它是必须符合逻各斯的，在这一点上，理论理性比实践理性更为优越。但由于实践行为的情境性与对象性，它必然要由一种实践智慧居中发出命令。亚氏的实践智慧就是一种同善恶相关的，合乎逻各斯的求真的实践品质。他虽然将实践理性与实践智慧勾连起来，但又觉察到实践智慧并不单纯受逻各斯的主导，而与努斯（直觉理性）具有更大的关联。亚氏认为在具体的道德践履中，人们并非通过推理证明来指导自己的行为，而是在一种区别于五官感觉的共通感中直接形成实践的理解而做出道德的判断。即在实践的事务中，"努斯把握……可变的事实和小前提……这些就是构成目的的始点，因为普遍的东西就出于具体。所以，我们必定有对于这些具体事务的感觉，这种感觉也就是努斯"①。亚氏通过逻各斯和努斯的双维参与而使实践理性具备了理论与经验的双重质素，但在实际的阐明中，他将道德的共通感和经验放在更为重要的位置，这也导致康德运用实践理性的理解而对他的实践哲学予以全面的批判。在康德看来，亚氏所阐明的实践智慧只是实践理性的一种经验性运用，实践智慧所发出的命令只是道德主体的主观准则和假言命令，而纯粹实践理性只发出纯粹的定言命令和实践法则。他对实践的准则与法则做出了明显的区分："实践的诸原理是包含有意志的一个普遍规定的那些命题，这个普遍规定统率着多个实践的规则。如果这个条件只被主体看作对他的意志有效的，这些原理就是主观的，或者是一些准则；但如果那个条件被认识到是客观的，即作为对每个有理性的存在者的意志都有效的，这些原理就是客观的，或者是一些实践的法则。"②康德的实践理性是从纯粹思辨理性中演绎而来，而它又超越了思辨理性而具有优先地位。他给实践下的定义是"一切通过自由而可能的东西"③。他是以亚氏的经验性实践哲学中所忽略的自由意志为基点来构建新的理性的实践哲学。他将涉及具体的实践行为规则、信念的经验性的理解都清出实践理性与法则的范畴。

　　康德的实践理性所重视的是道德行为的应然性和普遍性，而非它的情

---

　　①　［古希腊］亚里士多德：《尼各马可伦理学》，185 页，北京，商务印书馆，2003。
　　②　［德］康德：《实践理性批判》，21 页，北京，人民出版社，2003。
　　③　［德］康德：《纯粹理性批判》，608 页，北京，人民出版社，2004。

境性与具体化，即一种实践法则的确立是如自然规律一般放之四海而皆准，而非如亚里士多德一般要根据具体的道德情境来做出判断并择取中道。因而他所说的实践理性就已经包含了一种内在性的理解，即实践法则和道德律令已经铭刻于人的内心之中，只不过由于经验的遮蔽而致人们无法察觉。实践理性的运用即如苏格拉底的认识你自己与精神助产术一般，将自身内在理解的道德律令显现出来。

黑格尔虽然认同康德将自由意志作为实践哲学的核心范畴，但他将康德所忽略的努斯纳入了实践精神之中。即作为实践感觉的努斯实际就是实践理性的一个始点。他所说的实践感觉主要是一种道德共通感，它也是"直接个别的、主观的意志"，这个意志虽然感到自己是客观地决定着的，但又缺乏"摆脱了主观形式的，真正客观的、自在自为的普遍内容"①。

意志不满足于实践感觉的绝对性和直接性，它要产生出自己内在的主观性与外在的客体性相一致的符合，它必须通过给自己本身提供客观性的意志决定的冲动来发展自身。黑格尔将冲动和单纯的欲望区别开来，欲望属于自我意识的范畴，它建立在主客观相对立的基础之上，而冲动是理智的一种形式，它已经扬弃了主客的对立而达到了普遍的整体。

当冲动通过意志赋予确定的个别性和现实性时，就成为在各种倾向中进行选择的任意。意志作为任意才是自为自由的，但是它只能达到某种特殊性的享受，即当意志要实现某种特定的倾向时，就必须以扬弃另一种享受为前提，而思维着的意志要使普遍的满足作为幸福成为自己的目的，才能成为现实自由的意志。②

黑格尔让实践精神经由实践的感觉、冲动的任意和幸福才通达自由意志。他实际上是对亚里士多德和康德的实践理性做了一种综合的理解。实践精神区别于纯粹实践理性之处就在于它并非一种先验的道德律令，而是经由感觉、经验、情感、意愿生发展开的理念在实践领域的实现。

从根本而言，从亚氏的实践智慧到黑格尔的实践精神虽然揭示了实践性的理解与知性理解的界域，但纯粹理性的介入使实践处于思辨的附庸或衍生的地位，直到马克思将实践从思辨的桎梏中解放出来，而将它看作人的存在方式和哲学理论的实现，实践性的理解才获得了相对知性理解的独立地位。

---

① ［德］黑格尔：《精神哲学》，298 页，北京，人民出版社，2006。
② 参见上书，308 页。

　　毋庸置疑，马克思对实践的理解具有超出古典实践理性的命义。他认为实践并不是仅仅存在于道德领域中，而是存在于人的一切生存活动中，即社会生活从本质上说是实践的。在《1844 年经济学哲学手稿》中，他从人的社会感觉来探讨实践性的理解："社会的人的**感觉**不同于非社会的人的感觉……那些能成为人的享受的感觉，即确证自己是**人的**本质力量的**感觉**，才一部分发展起来，一部分产生出来。因为，不仅五官感觉，而且连所谓精神感觉、实践感觉（意志、爱等等），一句话，**人的**感觉、感觉的人性，都是由于**它的**对象的存在，由于**人化的**自然界，才产生出来的。"①

　　马克思基于人的社会实践而区分了五官感觉、精神感觉和实践感觉。虽然他所说的精神感觉是指统摄五官感觉的内感觉，实践感觉也指向了道德的共通感，但他区别于亚里士多德和黑格尔的实践感觉之处在于，他认为这些感觉实际都是在人的对象化实践中才产生出来，如果没有社会化的实践，这些感觉都只是类同于动物的生命本能，而根本不可能成为"感觉的人性"。因而实践才是一切感觉、知性和理论理解的基点，而在实践中，"**感觉**……直接成为**理论家**"②。在康德等理性哲学家看来，感觉不经过知性的理解与概念的提升就成为理论家是无法想象的事情，这在于他们忽视了实践具有一种使人的感觉成为一种总体性的生命直觉和社会感觉的可能性，即个体小写的生命能够在生产和交往实践中成为大写的社会生命，从而他人的感觉也就成为我的感觉的一个部分。

　　从个体生命的存在向社会总体性生命的延伸，使人的本质力量能够在更为广阔的界域中对象化出来。在马克思看来，社会的本质就是人的实践活动的展开及其自我理解，而社会的实践就已经是哲学理论的实现。因而他在批判黑格尔法哲学时就宣称："**不使哲学成为现实，就不能够消灭哲学。**"③ 他所说的消灭哲学是指哲学思想在现实社会的真正对象化与展开，是人们通过自身的实践活动已经在社会生活中实践了哲学并达到了对理论的根本理解。

　　马克思实践性的理解思想是对于哲学理论和思想的彻底的对象化与现实化，而不是简单的取缔与扬弃。虽然从最广泛的意义来说，任何一种理论已经是一种实践性的理解，因为它已经蕴含了人的精神生命的表现。但

---

① ［德］马克思：《1844 年经济学哲学手稿》，87 页，北京，人民出版社，2000。
② 同上书，86 页。
③ 《马克思恩格斯选集》，2 版，第 1 卷，8 页，北京，人民出版社，1995。

是，没有在现实世界对象化出来的理论终究是一种思辩的玄想，是对世界的可能性的解释说明，它不能进入马克思所说的实践性理解的境域。

第四节　生命的理解：生命体验与历史理解

马克思的实践性的理解其实已经触及生命理解的边缘，即个体生命与类生命、社会生命的相互循环只有在实践性理解中才得以可能。但马克思在《关于费尔巴哈的提纲》之后转入了具体的社会存在和历史结构的探讨，而没有进一步阐发实践理解与生命理解之间的关联。在他之后的狄尔泰，则通过个体生命与社会历史之间的生命关联深刻地阐明了生命理解的问题。

一、非对象性的生命体验

相对于知性理解与实践理解来说，生命理解更为原初地触及理解的本质。虽然，在现实的生活实践中，知性与实践的理解使人们具有了经验与知识，但我们以发生学的方式追溯其源头，却可发现生命的体验与理解才是一切经验与知识产生的前提。若没有自我的生命体验作为基点，一切经验知识将无所附丽与延伸。

生命体验就成为狄尔泰探讨理解生命与社会历史的精神源点。根据伽达默尔的考证，体验在哲学史上是一个晚近才出现的概念，它在康德和黑格尔的书信中偶尔出现过，却并没有特殊的含义，只是对经历一词的再构造。"对体验一词的构造是以两个方面为依据的：一方面是直接性，这种直接性先于所有的解释处理或传达而存在，并只是为解释提供线索，为创作提供素材，另一方面是由直接性中获得的收获，即直接性留存下来的结果。"[1]

从伽达默尔的分析可以看出，体验从词源学上就与生命和生活经历密切相关，因为只有一个人对自己的生活经历做深刻的反观，才能够对生命的历程做一种直接性的理解，并且通过自身的语言表达而直接性地留存下来。正是狄尔泰对于自传和传记的关注和思想的锤炼而赋予体验概念化的功能。狄尔泰早期虽经常使用体验这个词，意义却并不确定，在后期，他

---

[1] ［德］伽达默尔：《真理与方法》，上卷，79 页，上海，上海译文出版社，2004。

则用体验指直接的所与，而这种所与就是一切想象性创作的最终素材。

直接的所与是客观存在与生命的原初交融，是在生命的直觉中所呈现的原初统一体。在狄尔泰看来，我们所说的对象性的存在物其实都是生命的客观化，它们与当下直观的生命能够在原初的生命中寻求到统一的关联。体验的直接所与既不是对象对我的笼罩，也不是我的先验统觉对于物的统摄，而是二者本真的内在交融，是我与对象物无区分交融的原初状态。生命意识的参与使直接所与的原初状态成为我的生命的内在经验。内在经验与体验的区分在于它已经从物我的区分中疏离出来，已经意识到这一所与是我的独特的生命体验，而这一体验也经由经验成为我的内在存在。

内在存在是外部实存的生命内在化，即经过体验与经验而将客观化的东西凝聚于我的生命之中，内在存在通过语言和实践行为的外化即是生命的表现和生命的精神化，这些生命的历程就构成了生命理解的过程。

狄尔泰之所以将生命体验作为思想的核心，就在于他认为"以前的认识论者——康德及其经验主义者——仅仅用一些具象性的事实来解释经验和认识，洛克、休谟和康德所建构的认识论血管里没有真实的血液流动，只有作为一种纯粹思想活动的理性的稀释物"①。知性的理解遗忘了真实生命过程中意志与情感等因素对于思想的渗透，而将生命内在鲜活的体验稀释为冷冰冰的理性知识。而与理性相疏异的知识只能是物化的理论，缺乏内在经验维度将使理解陷入纯粹理性的泥沼。

虽然狄尔泰反对理性的独白而崇尚生命的理解，但是与他之前的生命哲学家叔本华、尼采的不同之处在于，他并不赞同无限扩张生命存在中的意志来制裁甚至解构理性，而是想让意志、情感与理性处于一种和谐的生命统一体之中。或者说，他所指的生命并非生理生命的无限冲动，而是人的精神生命与社会历史文化的内在关联。在一定意义上，他的生命学说是从亚里士多德的灵魂论和黑格尔的生命与客观精神的思想衍生而来，他力图用生命精神化与精神生命化来阐释精神科学中的各种主题，以至于在他的后期思想中，逐渐用精神替代了生命。

狄尔泰所做的精神科学的探讨，是从生命的实在开始。他认为黑格尔所谓客观精神的各个方面都已经包含在生命之中了。虽然，黑格尔也曾经

---

① ［德］狄尔泰：《精神科学引论》，第 1 卷，6 页，北京，中国城市出版社，2002。

探究生命，并认为生命是潜在的理念，但他并没有将生命看作现实的存在，而是认为生命是精神和理念未发展开来的种子，生命的肉身性质又是精神与理性所必须扬弃的成分，故而在精神哲学中，生命并没有其原初的力量与地位。对此狄尔泰说道："只要生命通过其总体性（经验、理解过程，生命的历史脉络，以及非理性方面所具有的力量）取代了黑格尔的'理性'，那么，有关历史科学如何可能的问题就会出现。对于黑格尔来说，这个问题并不存在。他的形而上学（在这种形而上学之中，世界精神把自然界当作它的表现过程，把客观精神当作它的实现过程，而把在哲学中达到其顶点的绝对精神，当作有关它的知识的实现过程——就这些方面本身而言，它们是完全一致的）已经把这个问题抛在脑后了。"① 狄尔泰对黑格尔精神哲学的批判无疑是以个体与历史生命的同构作为基点。在他看来，生命的理解与理解生命、生命的精神化与精神的生命化是一个循环的过程。理解某一个具体的生命不仅要阅读他的自传，更应该了解他所处的历史脉络。当然，自传是作为反思生命最直接的表达而存在，如奥古斯丁、卢梭、歌德等人的自传都是以自身的生命情境、生存状态和生活遭遇来表达自身独特的精神力量与价值观念。自传作为一种生命的单子，它不仅表露的是个人的生存信念与生活的经历，更像是莱布尼茨的单子一样映射着历史性的精神世界。

自传所展露的毕竟是具体生命的时间性历程。任何一个人只有在对自身的生命加以理解反思的基础上才能做出近乎客观的描述。从文本和本文的区分来说，自传是一个人的生命的文本，而它的本文则是生命的历程。记忆力和表达力再强健的人也无法在特定的阶段将自身的全部历程与体验诉诸笔端，而只可能择取最具有意义的生命经历在文字中表现出来。这就会造成生命的自我理解与体验表达之间的疏异，从而使希冀从自传中了解作者的人陷入理解的迷津：究竟如何从自传中领略其生命的意义。

二、个体生命与历史生命的同构

在狄尔泰看来，必须将具体生命的意义移入到历史生命的脉络之中，才能形成最完整的理解。因为每个生命都是原初生命统一体中的具体单元，它们就如莱布尼茨的单子世界一般相互映射。具体生命的理解在原初生命统一体的意义中得到深刻的表现。"意义这个范畴所指的，是各个组

① ［德］狄尔泰：《历史中的意义》，89～90 页，北京，中国城市出版社，2002。

成部分所具有的、植根于生命本身之中的与这种整体的关系。只有在我们用来保存我们的过去的记忆之中，这种联系才能够存在。在这里，意义是作为我们领悟生命的方式而显示它自己的作用的。我们可以把握过去的某个时刻所具有的意义。"① 在文本的原意、意义和意蕴中，意义是统摄三者的核心。正如现在包含了过去也蕴含着将来一般，自传作为我对生命历程的体验与反思，虽然具有很大程度的真实性，但它必须进入生命统一体的脉络中，才能融入历史的意义之中。因而，我们不能单凭自传来理解具体生命，还要了解作为本文的生命客观化物——自传仅仅是生命客观化物的一种表达，而生命历程的其他表现，如作者在生活实践中的具体行为，必须作为生命的本文纳入到理解之中。

每一个具体生命的历程都是作为思想和行动的历史而展现于历史的脉络之中。思想和行为是生命自我理解后的表达。生命的自我理解又以生命的体验和内在经验作为根基。体验与内在经验正是狄尔泰理解生命的核心。

对于具体生命与历史实在之间的同构，狄尔泰精辟地论述道："生命就是存在于某种持续存在的东西内部的、得到各个个体体验的这样一种完满状态、多样性状态，以及互动状态。它的主题是于历史的主题相一致的。生命在历史的任何一个关节点上都存在。而且，在绝大多数情况下，历史都是由所有各种生命构成的。历史只不过是根据作为一个整体的人类所具有的连续性来看待的生命而已。"② 他这是将每一个具体生命都看作了历史的重要环节，历史世界的整体的实践与理解则是原初生命在物理时空中的展开。就此而言，生命理解的最高层次并不是个体生命的内在体验，而是对整个社会历史的生命客观化物的探究，即每一个社会关系的网络和生产工具都刻有历史生命的印记，每一种理论和思想都是历史理解的自我反思。

对生命的理解是狄尔泰探究精神科学的前提与目的。即没有立足于具体生命的体验，任何一种社会历史现象都无法理解；而不将历史生命作为研究的鹄的，则各门科学之间的研究就失去了内在的关联和意义的脉络。

狄尔泰宏大的生命理解的筹划实际上是在两条路径上分别推进：一是

---

① ［德］狄尔泰：《历史中的意义》，58 页，北京，中国城市出版社，2002。
② 同上书，141 页。

格物致知，二是反观自我。前一种途径是将所能感知到的每一事物都作为
生命的客观化物加以探究，通过对于各个生命环节的综合来理解整全的生
命脉络。后一种途径则是将自我生命看作历史世界中的一个整全单子，在
我的生命中已经前在地映射着整个世界的缩影，必须从内在生命体验而非
外在的观察中来领会历史整全的生命。

　　狄尔泰无疑是在两种理解的路径中相互循环，而重心则偏向自我生命
的反观。这来自他与莱布尼茨和施莱尔马赫的相同的信念："每个单子能
映现整个世界"，"每一个体验都是无限生命的一个要素"①。所以狄尔泰
在《施莱尔马赫传》中指出："施莱尔马赫的每一个自为存在着的体验，
都是一个被分离了的，从解释性关系里抽离出来的宇宙形象。"② 对于狄
尔泰而言，每一个生命体验都是历史生命的复现，即整全的原初生命统一
体在具体生命的内在经验中绽露出来。生成的历史存在与具体的生命存在
达到了重演，这即如伽达默尔所言："由于体验本身是存在于生命的整体
里，因此生命整体也存在于体验之中。"③

　　从生命体验与历史实在同构的关联中，狄尔泰领会到生命深不可测的
面貌。他由此认为，关于精神科学的研究和历史世界的理解必须从生命实
在出发，而"我们正试图理解生命的实在，并且以正确的概念来表现这种
实在。以这种方式，客观精神不被我们看作为片面建立在那种表现世界精
神本质的普遍的理性之上，并且摆脱了某种观念构造，所以关于它的新概
念才变成可能的。它现在包括语言、习俗、所有各种生命的形式和方式，
同样也包括家庭、市民社会、国家和法律，甚至黑格尔现在作为绝对精神
而与客观东西相区别的东西，如艺术、宗教和哲学也包括在这个概念之
内"④。

　　伽达默尔曾经认为这是狄尔泰对黑格尔思想的一种改造，即用生命实
在取代了精神理念的基点，而将精神自我异化的历程看作生命客观化的过
程。其实在狄尔泰看来，生命而非精神是黑格尔法兰克福时期起着支配作
用的概念。而在《精神现象学》中，生命的总体性已经被精神的发展所替
代，生命只是作为自我意识的异在性而出现。即"那被自我意识当作异于

---

　　① [德] 伽达默尔：《真理与方法》，上卷，89 页，上海，上海译文出版社，2004。
　　② Hans-Georg Gadamer, *Truth and Method*, China Social Sciences Publishing House Chengcheng Books Ltd., 2002, p. 58.
　　③ [德] 伽达默尔：《真理与方法》，上卷，92 页，上海，上海译文出版社，2004。
　　④ 同上书，297 页。

自己而存在着的东西，就它之被设定为存在着的而言，也不仅仅具有感性确定性和知觉的形态在它里面，而它也是返回到自身的存在，并且那当下欲望的对象即是生命"①。也就是说，黑格尔将生命作为一个潜在的理念，认为它是精神发展自身的一个环节，而它作为欲望的对象又必须被自我意识所扬弃。在这一点上，狄尔泰的生命概念就包含了更丰富的内涵。他甚至用生命意识、生命知识来指称黑格尔归之于知性范畴中的东西，而意识和知识在他看来则是生命理解的衍生物。在另一方面，他又延展了黑格尔关于生命总体性的观点，而将社会历史的实在看大写的生命表现。在黑格尔看来，生命虽然是包含了诸多环节和形态的运动过程，但它"既不是，象最初所表示的，它的本质之直接的连续性和坚实性，也不是那持存着的和自为存在着的各个分离的形态，也不是这些分离的形态之纯粹的过程，也更不是这些环节之简单地结合在一起。生命乃是自身发展着的、消解其发展过程的、并且在这种运动中简单地保持着自身的整体"②。也就是说，黑格尔始终将与肉身相纠缠的理念看作现实的生命，而将已经通过概念范畴表现出来的事物看作客观精神。如哲学、艺术、宗教已经扬弃了生命的纯朴性、简单性而达到了精神自我的现实性。但在狄尔泰看来，黑格尔所称客观精神之物其实是生命实在概念化的表现形式，在这些表现形式之中，生命并未被扬弃，而是得到更完满的发展与实现，是具体生命表现与大写的历史生命的交融。

黑格尔认为原初的生命必有待知性理解的提升而后能上升为思想。但狄尔泰则认为，生命的体验可以通过内在经验的反思而成为生命知识。它区别于理性知识之处在于人的思想并不是脱离或者独立于人的意志、情感等生命的内在经验过程而存在，而是包含在经验过程之中。因此，人的思维过程及其条件都会随着经验过程及其情境的变化而变化。由于生命知识是经验之流的凝聚与表现，因而在持续不断地发生着活生生的变化，而不可能如知识论概念具有永恒的客观性。

生命的理解与生命知识一样，不是普遍的知性概念的理解，而是生命体验之流的积淀与绽出。而生命体验具有时间性与在场性的特质。体验的时间性是由生命自身的生生不息的变易本质所决定，即生命总是一个生成的过程，而非永恒的实体，而人的体验又总是与生命的历程一起消逝。与

---

① ［德］黑格尔：《精神现象学》，上卷，117 页，北京，商务印书馆，1979。
② 同上书，120 页。

康德把时间视为一个只具有现象内容的空洞的先天形式的观点相反，狄尔泰认为时间是生命的真实表现，它根源于生命自身的时间性。他指出生命的时间不是现在都消失于其中的一个流，而是一个不断向前的运动。即"具体时间就是当前的持续不断地前行，期间，当前之物马上成为过去，未来之物则成为当前。当前是一个充满现实的时间点，它是一个体验，这与对时间的记忆或对时间的期待形成对照"①。狄尔泰觉察到，如果当前永不存在，那么人们对当下的生命就永远无法体验，这与人的内在经验是相矛盾的。由此他区分开了体验与经验，即我们可以具有对当下生命之流的体验，却并不能产生当前所呈现内容的经验，经验只有在回忆与反思中方能产生，而体验却能够与当下流逝的生命相融合，这也就是生命体验的永恒在场性。实际上，体验就是时间的消逝性与永恒在场性的矛盾统一体，这就决定了体验是一个无限的生命单元，它是内在经验的根基，它是生命实在与对象无区分的生命交融。而在人的生命意识和知识中所表现出来的其实是内在的经验，而不是体验本身。在经验中，生命与对象已经产生区分，它也因此能够在记忆中被召唤到当前，而与当下体验形成新的生命关联。

区分体验与经验的意义在于，如果体验只能是当下的在场，那人们为何会觉察到生命对象的总体性。如听一首音乐，由于音符不断产生又消逝的本质，生命所能体验到的只是一个个零碎的音符而非整体的节奏。狄尔泰认为，我们之所以能够形成总体的节奏感与音乐的经验，就在于每个节奏的体验之流都存入生命的记忆之中。虽然生命与体验总是易逝的，但是新的生命体验单元总是能够将原有的相关记忆激发出来，而在回忆与反思的经验中将之与新的体验关联起来，从而形成总体性的生命经验与意识。

曾对狄尔泰生命哲学做出批判的胡塞尔在体验的时间性上做了更为深刻的阐述。他认为，在听音乐的过程中，"单个音符在由它们所激起的神经的兴奋或行为趋于稳定时并不完全消失。当新的音符响起时，在它前面的音符并不完全消失，否则，我们便不会观察到前后相继的音符之间的关系"②。由此，他提出了感觉与内在时间性经验的绵延，即人的内在体验不仅仅是一个独立单元，而且像光环一样带有晕圈，在这个

---

① ［美］鲁道夫·马克瑞尔：《狄尔泰传》，359 页，北京，商务印书馆，2003。
② ［德］胡塞尔：《内在时间意识现象学》，13～14 页，北京，华夏出版社，2000。

晕圈中，体验的前后单元是相互涵摄的，即体验不是孤立的点，而是相互包含的环节，在这些环节的连续统中，我们才能形成整体的音乐感受。

对于音乐体验的绵延性，狄尔泰则用体验的结构性加以解释。他说道："构成体验之具有质的确定性的实在是结构性的。毫无疑问，它在时间中流动并经验为一种连续性，但其中具体的时间性关系是可以把握的。在此结构序列中，虽已成为过去，却作为一种力量在当前得以保存的东西，因此获得了一种独特的在场特征。虽然它构成了一个流，但体验是一个动态的统一体，不仅客观上如此，而且在我们意识中亦然。"① 他在此用体验的统一体替代了感觉的绵延，如在音乐的体验中，实际上前面的一小节制约着后一小节，而记忆中的第一小节植根于所体验到的最后一小节之中。即我们实际上是在对音乐的总体性的体验中，才能对各个部分的音符与节奏产生深刻的记忆与经验。而原有的记忆与经验，又会受到新的体验的影响而不断地产生变化。在文本阅读上也是如此，读者往往是在一种新的体验中加深了对前文的理解，又将前文的记忆与经验关联到更新的体验中，形成理解的循环。

狄尔泰曾经将体验与理解直接关联起来，而以生命体验为基点来为精神科学奠定基础，因而有了"我们说明自然，我们理解生命"的著名区分。二者的区分其实也是知性理解与生命体验的差别。狄尔泰在此所说的理解就是以生命体验为核心的人的存在状态。理解也因此成为一个真正重要的哲学概念。他说道："我理解社会的生命。个体一方面是社会的各种交互作用中的一个要素，是这些不同系统的交互作用的一个交会点，以有意识的动机和行为影响社会，另一方面，个体同时还是观察和探讨这一切的理智存在者。"② 他所说的生命不仅是个体的生命，更是社会历史脉络中存在的生命统一体，而这统一体既是一，又是多，即它既是一个完整的生命关联，又散之于各种社会组织、道德法则、法律、宗教及哲学思想和艺术精神之中，对于生命统一体的理解既要立足于具体生命的历史性体验，又要诉诸精神科学的探究。

随着个体生命体验向社会历史生命理解的延伸，理解也就超出了体验

---

① ［美］鲁道夫·马克瑞尔：《狄尔泰传》，361 页，北京，商务印书馆，2003。
② 转引自谢地坤：《走向精神科学之路——狄尔泰哲学思想研究》，75 页，南京，江苏人民出版社，2003。

所涵盖的命义而表现为对人类普遍生命的理解。例如在北伐战争期间，作为战争前线指挥官的李宗仁对于当时的政治情势、敌我双方的军事力量对比，以及整个战争的局势都有着一种切身的直观体验与理解，这些理解是他指挥军事的直接依据。但当他 1958 年作回忆录时，当时的战争情境已经过去了三十多年，他再来回忆这场战争时必然会有更深刻的理解，如在北伐战争之后的中原大战与抗日战争中他积累了新的军事经验，在担任代总统期间他有了更多的政治经验，以及他从后来所看的资料中对北伐时全国的总体局势有了更为全面的了解，这些生命经验的融入和客观材料的了解必然使他在回忆时对北伐中所指挥的局部战争有更深刻的理解，而且也能据此更深刻地反省当时指挥的得失。

很显然，作回忆录时的李宗仁对北伐的理解肯定不同于处于战场之中时的生命体验，而带有更多反思性的生命经验参与其中；而在新的理解中，原有的体验只是作为一种生命的环节出现，而非生命理解的全部。

对于社会历史生命与精神科学的理解也是如此，在社会组织、历史文献和精神科学中，都已经蕴藏了大量的生命经验。相对于个人在场性的体验来说，它们都已经是凝固的客观化的生命，甚至只剩余一种概念化的结构。而概念对狄尔泰来说，是对生命结构的一种异化，是将活生生的生命体验连续体僵化为冷冰冰的语言文字。但是这些生命客观化的存在又是社会历史生命理解的重要环节，没有对于它们的理解，个体生命的体验只是一个孤立的单子，既无法得到恰当的表达，也无法融入大写的生命脉络之中。因而，生命的理解必须经历一种再体验，将这些概念化的生命经验运用自身的生命体验重新"激活"，通过对语言概念判断及思想结构的理解上升到对他人实践行为和自身的体验表达之中。

由此，狄尔泰区分了理解的基本形式与高级形式。他认为："基本理解的过程建立在表达和其中所表达的东西间的关系之上。基本理解不是一个由结果到原因的推理。用更为谨慎的话说，我们甚至不应把它看成这样的过程，即从给定的结果追溯到使这一结果成为可能的任何一种生命关系。毫无疑问，这个关系就包含在事态本身之中，因此，从事态到这种关系的通道似乎近在眼前。但事态无需进入。"① 因为理解与体验不同，体验可以完全发端于自我生命的情感与意志，而理解首先产生于实际生活的利益交往之中。也就是说，体验是自内而外的生命内在表现，而理解却是

---

① 洪汉鼎主编：《理解与解释——诠释学经典文选》，96 页，北京，东方出版社，2001。

对生命客观化的关联所做的认识与再体验。生命的客观化与人的社会性交往形成了作为生活共同体的客观精神，因而，个人所理解的生命表现通常不是个别的生活形式，而是充满了一种基于社会历史的共通感而形成的生命经验。这种生命经验中有一个稳固的有规律的结构。如人们用于交流的语言就不只是哪一个人的主观体验，而是经由生命的客观化与精神化而提升出来的语法规则和意义脉络的统一体。人们对于语言的理解，其实已经包含了对于语言中精神共同体的体验与确证。每一种民族语言都与该民族的文化精神和生存信念密切相依。这种共同性存在于语言之中，使人们能够在复杂的语言交流中，通过与生活方式的关联而理解其意义。

狄尔泰认为，在理解的基本形式中，已经埋下了向高级理解过渡的种子。当我们从生命表现与它所表达的精神性的东西的通常关系出发来进行理解时，向理解的高级形式的过渡就产生了。[①] 虽然在基本的理解中，表达者的生命体验中可能有更为复杂的心理结构，但他是以直接的形式来表现他的目的与行为。而在高级的理解中，语言和行为并不直接地表达，而是以一种隐喻的甚至反讽的方式展现出来。语言、表情和行为目的的相互矛盾就使理解者必须从单个生命表现中对其内在的生命关系总体进行归纳推理，以一种确定的生命知识来判断表达者的内心情境。理解也就要从体验的主观性与狭隘性中走出来，而进入到整体性的生命经验，并以此为出发点，对生命统一体予以动态的把握。

而且在理解的高级形式中，理解从对同时存在于一部作品或生命中的东西的归纳性概括推出一部作品、一个人、一个生命关系中的关系。[②] 在这里就涉及生命共通感或在现象学中称之为主体间性的问题，即我作为一个具体生命，怎么可能从一个人的言行进入他的内心生活。狄尔泰为此设定了人类生命的共性与共通感，即每一个生命单元都是一个完整的生命世界，它与其他的生命相互交融、相互映现。当我理解他人的生命时，固然是首先进入自我的生命体验，但在我的体验中，他人的表达可以在我的心灵内部被复原为生命。如对一首诗的阅读，诗所营造的意境使我的生命体验完全被它所笼罩，我的生命中与之相关的元素被它无限地彰显，而与之相反的体验则受到遮蔽，因此，我的生命能够移入诗所描述的情境之中，

---

① 参见洪汉鼎主编：《理解与解释——诠释学经典文选》，99 页，北京，东方出版社，2001。

② 参见上书，101 页。

而对它形成移情式的理解。狄尔泰说道："在这种移入和转移的基础上，形成了理解的最高方式。在这种方式中，精神生命的整体参与到理解之中。这种方式就是模仿或重新体验。理解本身是一个与作用过程本身相反的活动。完全的共同生活要求理解沿事件本身的路线前进。理解永远与生命进程本身一起前进。这样，自我移入和转移的过程就扩展了。重新体验是沿着事件的路线的创造。"①

狄尔泰所说的重新体验并不只是对自我生活经历的一种回忆与再体验，而是对一个异在生命的内心情境的理解与重构。如我在读李宗仁的回忆录时沉入到它的生命经验与精神世界中，完全站在他的立场上来体验每一次的战争行动。很显然，这种再体验是以生命的共通感与移情为前提，即我越是摒弃自我的偏见而对他更为全面地了解时，这种体验就愈加深刻。

三、理解之为生命的异质融合

虽然狄尔泰追求重新体验的理解境界，但他也觉察到再理解实际建立在一种特殊的个人创造之上。无论我对他人的生命如何移入、模仿与重新体验，我都不可能以自身生命的消逝来激活他人的生命存在。任何理解只能建立在深刻的自我生命体验之上。在此意义上，理解不是自我体验对他人生命表现的让渡，而是生命关系的异质融合，即我可以从对他人生命的理解中激发自身的创造性想象而扩充我的体验与普遍的生命经验。

理解之为生命的异质融合建立在如下判断的根基之上：第一，如果两个生命完全是同质的，即我与对象完全是同一个东西，那么当二者发生关联时完全不需要经过理解而自然是一体的存在。正是基于这一点，施莱尔马赫才会说，只有误解的地方，才需要理解，在没有误解的地方，理解只是透明的媒介，人们根本不会感受到它的存在。第二，如果两个生命完全异质而且不可能发生交融，那么理解终究不可能发生。

对于第一个判断，可能会有人提出如下质疑：自我的生命总是同质的，为何会有自我生命理解的发生。这一问题的实质在于，虽然作为具体生命的自我是同质的，但是，从自我生命中可以生发出生命经验和生命意识，自我的生命经验和生命意识并不完全的同质，而是经由记忆、联想以及外部生命客观化的关联而形成的与自我生命相异在的东西，当它们对自

---

① 洪汉鼎主编：《理解与解释——诠释学经典文选》，103 页，北京，东方出版社，2001。

我生命予以反观自省的时候，其实类似于两个异在的生命发生交融，正是这种异质交融，经验意识对自我生命意识产生理解，并由之形成人格同一性。在此意义上，苏格拉底才要"认识你自己"，并宣称没有经过反思的人生是不值得过的人生。

相对于能够经常反省自我生命的人类而言，动物的生命是单纯同质性的生命。诚如马克思所言："动物和自己的生命活动是直接同一的。……人则使自己的生命活动本身变成自己意志的和自己意识的对象。"①　动物依靠本能而拥有感觉，它们对于对象也能产生简单的印象与记忆，并因之有一定的生命经验，但它们对于自身的生命却不能反观自省，也不可能产生内在的理解。它们不能将自身的经验与生命对立起来，而产生异质化的自我意识与自我生命。

第二个判断则是从生命活动的实践中推断出来并针对理解与说明所做的划界。从一定意义上说，虽然只有人具有对自我生命的理解，但是各个层级的生命无疑具有理解的能力。如亚里士多德将生命划分为植物、动物和人三个层次，认为植物具有营养灵魂，动物具有感觉灵魂，人则兼有理性灵魂。其实，植物从异质的生命体中摄取营养，已然是一种初级的生命理解活动。伽达默尔也曾经将人的理解比喻为精神性的消化活动。植物、动物和人能够从异在的有机体中摄取相关的质素融入自身的生命之中，就代表那些有机体和元素是我生命的对象化存在，我能够将之摄入并转化为我的生命的机体元素。这就是异质生命内在融合的基本形式。例如人可以吃野菜却不能吃石头，就在于野菜能够在生命体中转换为与生命同质的生命要素，即它与人的生命能够产生异质融合；而石头仅仅是人的生命的异在物，它不可能与人的生理系统形成交融，因而它对于人的生理生命而言具有不可理解性。

由此延伸到人的精神生命，狄尔泰曾经认为："精神只能理解它已经创造出来的东西。作为自然科学的研究主题的自然界，包含着已经独立于这种精神的活动而产生出来的实在。任何一种被人类主动地打上自己的印记的东西，都构成了这些精神科学研究的主题。"②　他无疑认为，人的精神生命只能对主观与客观的精神世界形成异质的生命融合，而独立于人的精神生命的自然规律，由于它们与人的生命无法完全交融，因而只能被说

①　〔德〕马克思：《1844年经济学哲学手稿》，57页，北京，人民出版社，2000。
②　〔德〕狄尔泰：《历史中的意义》，87页，北京，中国城市出版社，2002。

明，而无法被生命所理解。

"我们说明自然，我们理解生命"的前提就在于人的具体生命能够与社会历史生命形成同构，却无法与自然界形成同构。因而可以说"理解历史就是理解我自己"。对于社会历史及他人生命的理解是奠基于自我生命体验的单元之上，而一个体验单元本身就映现了整个历史的脉络。但是，对于自然规律，我们却不能产生如此内在的体验，而只能诉诸知性的判断与综合，必然要经过假设、推理、论证而后得出判断，基于诸多判断之上对于自然界所做的说明由于缺乏了体验的根基，仍然与自我的生命相互异在，它们不可能融入我的生命中，因而，人们也就无法对自然的世界予以内在的理解。

然而，与自然界的交往所形成的生命客观化物却已经打上了精神的印迹，因而也就是人的精神生命理解的对象。例如一块天然的玉石，由于它不能融入人的生命，人们只能对它予以科学的说明，而不能达成生命的理解。但如果这块玉石经匠人雕琢成精美的玉佛，那它就成为人类生命的客观化物，而非纯粹的自然物，它也由之成为精神生命理解的对象，人们或者从中领会出艺术的感受，或者领会到宗教的精神，它以一个整体的生命表现而与具体生命产生了异质融合。

第五节　生存的理解：理解之为存在的展延

狄尔泰对于具体生命体验与历史生命理解的阐发是现代生存论与哲学解释学的重要思想根源，关于生命自身的解释与去蔽就是生存论中的一个重要维度。海德格尔在《存在与时间》中所表达出来的生存解释学可以说是生命的理解与解释的一种深化，伽达默尔曾敏锐地觉察到是海德格尔将狄尔泰的生命哲学与历史性意旨进一步地发挥出来。海氏是通过现象学的方法将当下体验着的生命还原为与生成的存在相与相通的此在，因而此在对于存在的领会就不再是单纯的生命理解，而是存在论意义上的生存的理解与解释。

一、前理解的生存论意蕴

与狄尔泰的生命体验相比，海德格尔所说的生存已经超越了近代哲学的"实存"与克尔凯郭尔的"个体生命存在"的意谓，同时具有了生成的存在、生命的存在与生活世界的存在三重维度。正是在这一点上，"生存"总是不断地绽出与超越，而不能被僵化为存在的实体。与生存相交关的此在，海德格尔在与卡西尔的论战中特地强调："我所提到的此在，本质上不仅仅是人们所标画为精神的东西，也不仅仅是通过人们所提出的生命而被共同规定的，不如说，它取决于本源的统一和人所固有的关联结构，在某种程度上被束缚在某种身体之中，并且以某种特有的与存在者的关联性而居于身体中的束缚性而处于存在者中间。"①

毋庸置疑，此在不是生活世界中的常人，也不是狄尔泰的体验着的当下的生命，而是指向了解除一切世俗经验桎梏的原初生命体，在此意义上，此在是一种更为彻底的本真生命存在。由于它的本真性与原初性，所以它具有与存在原初统一的关联，从而总要从沉沦的世界中超越出去，通过自身的生存理解融入到存在之中。

海德格尔让此在从常人生命与精神的混杂中绽放出来，也就将生存与生活划定了界域。他曾说，只有人能生存而动物不能生存，这是指人能够解去自身的遮蔽，能够领会自身的本真性生命而融入到存在的境域之中。动物虽然也是生命存在，但它不能理解存在，因而就不能够摆脱存在者的地位。

海德格尔的生存概念从克尔凯郭尔的哲学中而来。克尔凯郭尔曾说：人生存而不存在，上帝存在而不生存。② 海德格尔领会到这一命题的深邃性，而通过将生存的存在化而更深刻地阐发这一思想。这之中既有现象学还原的方法，当然也有狄尔泰具体生命与历史生命相互循环的理解所带给他的启发。

狄尔泰已经从生命单元的历史性中理解到古希腊和莱布尼茨"一即一切，一切入一"的单子论思想，并将其充分发挥于具体生命对于历史实在的理解之中。他因之宣称，人是历史性的存在，因而能够理解历史，历史世界与具体生命的结构性关联已经使每一个生命成为具体而微的历史缩影，人们可以在生命的反观自省中领略到历史性的精神生命。

对于海德格尔来说，具体生命与历史世界的结构性关联与理解的循环无疑为此在通往存在奠定了根基。狄尔泰虽然也曾探究纯粹生命意义上的

---

① ［德］O. F. 博尔诺：《卡西尔和海德格尔在瑞士达沃斯的辩论》，载《世界哲学》，2007（3）。

② 参见杨大春：《沉沦与拯救——克尔凯戈尔的精神哲学研究》，29 页，北京，人民出版社，1995。

内在体验与时间性及历史性问题，但他毕竟借助于外部的经验而将生命客观化的法律、经济、哲学、艺术视作了理解生命的经验性基础，这种经验性的理解方式实际上是在存在者世界中"格物致知"而逐物不返，势必会造成对历史经验的追求而遗忘了真正的存在。

海德格尔实际上抛弃了狄尔泰格物致知的精神科学的路径，将生命性的内在体验还原到生存性的理解，而走上了生存解释自身的自动理解的捷径。在此意义上，海德格尔所建构的生存论本质上就是理解生存论。理解是此在通往存在的根本途径，而解释、操心、沉沦、被抛与筹划都只是生存理解的各个环节的衍生物。理解并非人的行为方式，而是存在方式。因为此在已然在领会、理解着，所以它在被抛沉沦之际依然有所操心，能够通过自身的解释来面向存在而筹划。

理解因而不再如狄尔泰所言是生命内在体验的状态和对客观精神的把握，而直接是此在与存在的相互勾连。此在在世已经先行分有了存在，分有即意味着存在已经潜在地蕴藏在此在之中，此在对存在的理解不是在存在者中一一探求，而是内在返回到自身生命的最根柢处领会存在的本质。因为此在是从存在中脱落的单元，存在对于此在既是原初的根基，又是它所趋向的鹄的。此在的分离是由生存的历史性命运所决定，此在必须被抛出来混迹于存在者之中，通过生存论环节的分环勾连，最终理解自身的天命。而在生存论理解的环节中，最先表现出来的就是此在的"现身情态"，它在存在者层次上乃是人们最熟知的东西：情绪和有情绪。① 在情绪中，此在总已经作为那样一个存在者以情绪方式展开了。"展开了"，不等于说"如其本然地被认识了"。而正是在这种最无足轻重最无关宏旨的日常状态中，此在的存在才能够作为赤裸裸的"它在且不得不在"绽露出来。② 现身是此在从存在者中绽出的基本生存方式，它已经先于一切认识和意志，因而情绪比知性理解与实践的理解更处于生存论的优先地位，甚而纯粹的情绪比狄尔泰的生命体验更为源始。体验毕竟是生命之流对于某个对象物的直观领会，而非生命自身空洞地流逝，而纯粹的情绪根本不需要对象，它只是此在展开自身的一种方式。如人们说怕一只老虎，怕一个人，这都是一种对象性的情绪，而纯粹的畏则是无对象的，是从此在的生命原初性中所展开的情绪。

----

① 参见［德］海德格尔：《存在与时间》，156 页，北京，三联书店，2006。
② 参见上书，157 页。

一般人以为感官因为被对象触动才可能对某某东西有感觉，从而产生某种情绪。① 实际上，如果不是此在在世已然有了某种情绪，那么给予感官再大的冲击也不会形成任何感觉与情绪。

在此看来，虽然情绪是先于知性理解、实践的理解与生命体验而存在，但它毕竟还是生存理解的展现方式。正因为此在被抛于世之前已经先行有所领会，故而它是带着某种情绪现身于世的，而这种生存论上的先行理解展开的情绪则是一切现身情态的根基。

现身情态作为生存理解的衍生方式，它又是一切心理学意义上的情绪的存在基础。如人们怕某种会对自身造成威胁的东西，但实际上可怕并不在于造成威胁的对象，而是作为此在的自身会"惧怕"，即"怕坏人"是一种具体的心理情绪，而"会惧怕"则是此在本真的现身情态。正因为"会惧怕"这种此在的生存方式才会造成诸多种"怕威胁"的心理体验。此即海德格尔所言，"怕的所有变式都是自己现身的可能性，它们都指明了：此在作为在世是'会惧怕的'。我们不可在存在者层次上的意义下把这种'会惧怕'领会为'个人的'实际气质，而应把它领会为生存论上的可能性"②。

"纯粹的情绪"之所以可以领会为生存论上的可能性，就在于它源于此在对存在的原初理解。此在的理解并非只是与现身情态相互并行的生存论环节，而是更根本的存在方式。虽然从被抛的境况而言，"现身向来有其领会，即使现身抑制着领会。领会总是带有情绪的领会"③，但实际上，理解是存在在世界中本然的展开状态，若没有此在对于存在理解性的分环勾连，那么本真的此在只能是纯粹的虚无，连最根本的情绪也不可能会拥有。

作为存在展开状态的理解是此在通达存在的道路。就如马克思所说异化与异化的扬弃走的是同一条路。此在被抛于世的沉沦其实是理解的一种异化方式。海德格尔用沉沦与被抛其实是指此在的一种必然异化的天命。他所说的沉沦不是道德意义上的堕落，也不是从一种较纯粹较高级状态向原初状态的沦落，而是说此在首先从自身脱落，即从本真的能自己存在脱落而沉沦于世界。本真性的此在由于沉沦于世而成为非本真性的常人，生存的理解因而异化为知性理解、实践的理解与日常生活的体验。此在与他

①　参见［德］海德格尔：《存在与时间》，161 页，北京，三联书店，2006。

②③　同上书，166 页。

人在闲言、好奇、两可中安然生活。人们在闲言之中自以为达到了对所谈论之物的深入理解，其实是更进一步封闭了自身的存在。闲言是通过一知半解、道听途说、鹦鹉学舌、人云亦云得以传播并加强自身的权威性。作为无根基的话语，它没有理解存在的原初性，却在表象上对存在者大发议论。"它不仅使人免于真实领会的任务，而且还培养了一种漠无差别的领会力；对这种领会力来说，再没有任何东西是深深锁闭的。"①

闲言使此在与存在本真性理解的勾连被切断开来。人们自以为对一切事物均有所知，但这种知只是源始理解的生存论上的衍生物，因而只不过是理解的异化状态。在闲言中，此在是以物化的形式与他人在世界中共在，因而它对于一切所见事物都觉得好奇，而从一事物跳到另一事物中去，使自身在世界中放纵无拘。好奇使此在从生存中不断地被连根拔起，它将自身托付于闲言之中并受其控制。如果说闲言对于世界还是有所理解的话，那么好奇只满足对事物广闻博见，而不在意其理解。

正因为闲言是以异化的方式来理解世界，它对于自身与他人并无深刻的洞见，因而它不断地发表议论，进行预料和决断。但这些预料与决断并非对于此在之可能性的筹划，而只是模棱两可的意见。这也如庄子所说："彼亦一是非，此亦一是非。"（《庄子·齐物论》）世俗的两可使本无一事的世界万事丛生，是非纷纭。它将所寻求的东西传给好奇，并给闲言披上一种假象，仿佛在闲言中万事俱已决断好了。② 在两可状态中，人们以己之心，度人之腹，并通过他人对自己的评价来理解自身，因而遗忘了从此在源初处来理解生成的存在与生命的存在。

闲言、好奇与两可作为此在沉沦于世的基本样态，它们以非本真的方式展现着常人的理解。它们根据这些理解来坚决地传播着无须本真现身领会的情绪。人们往往也因此自以为领会到了生活的真理，并自以为是地以自由为旗号为所欲为。但是，这些所谓的理解其实只是理解的假象与异化。海德格尔指明："理解本身就是一种能在，这种能在唯有在最本己的此在中才必定变成自由的。……此在就趋向一种异化。在这种异化中，最本己的能在对此在隐而不露。沉沦在世是起引诱和安定作用的，同时就是异化着的。"③

---

① ［德］海德格尔：《存在与时间》，196～197 页，北京，三联书店，2006。
② 参见上书，203 页。
③ 同上书，206 页。

　　沉沦和异化的理解是如何对此在加以引诱和安定呢？此在不是孤独的灵魂，它必然是寓居于生活世界中的生命存在，它也不可能永远是无蔽的澄明之境——否则它与存在就没有区分了。此在不断地通过理解来筹划自身通往存在的路途，但它作为共在也必会在日常世界的闲言、好奇与两可中失落沉溺于无根基状态，而这一沉溺对于此在来说，并非一种罪恶性的堕落，而是由"生存"跌落入"生活"。然而在常人看来，这一跌落只是从"空虚"上升到"具体生活"，因为在世本身对此在就具有引诱力，它能够使此在的原始情绪得以安定。

　　沉沦作为一种生存论的结构，它是此在完整展开自身的一种方式，因而也是此在理解存在的方式。虽然，它是以异化的形式来表现着生存的理解，但这种异化又不可能等于说：此在实际上被割离它本身。相反，异化驱使此在进入一种近乎极度自我解剖的存在方式。这种自我解剖又遍试一切可能的解释，以至于由它显示出的"性格论"与"类型论"本身都多得望不到头了。这种异化把此在杜绝于其本真性及其可能性之外，哪怕这种可能性只是此在的真实失败的可能性。然而这种异化并不是把此在交托给本身，不是此在的那种存在者摆布，而是把此在挤压入它本身的一种可能的存在方式之中。①

　　沉沦作为理解存在的异化状态，实际上让此在拘执于它本身之中了，即遮蔽了此在向着存在而绽出的通道。但本真性的此在并不因此就在常人世界中无以自拔。实际上，此在在沉沦的同时，也具有扬弃着异化和本真性的理解与筹划，这种扬弃异化的理解根源于此在本身所具有的前结构。

　　此在的前结构是存在赋予此在的本质，它是此在得以理解存在的原初根基，它又与此在的理解与解释相互循环。正因为此在经常受到闲言、好奇与两可的引诱而步入异化的理解，对这种异化的扬弃必有待于本真性的理解与解释。此处的理解与解释都是生存论的状态，而与知性的理解和解释大异其趣。理解作为此在的展开状态向着能在筹划自身，而解释则是使理解自己成形的活动。"在生存论上，解释植根于理解，而不是理解植根于解释。解释并非对被领会的东西有所认知，而是把领会中所筹划的可能性整理出来。"② 海德格尔用解释所要阐明的是让已经有所理解的东西解

---

　　① 参见 ［德］海德格尔：《存在与时间》，207 页，北京，三联书店，2006。
　　② Martin Heidegger, *Being and Time*, Basil Blackwell, The Camelot Press Ltd., 1962, p. 188.

开释放出来，这与庄子所说的"解心释神"有相通之处，而与一般所谓诠释、说明相差甚远。本真性的理解使此在能从沉沦中有所超越，而解释则使常人的遮蔽状态有所澄明。二者是一种整体性的理解循环，它们都奠基于此在的前结构之中。

此在的前结构即是对于生存的前理解，这种结构和理解之所以被称为先在，并不在于它如康德的纯粹概念一般是先于经验而存在的纯粹形式，而在于它是此在与存在之间的生存论关联，是沉沦和异化都切除不了的人的生存脉络。人之所以为人，此在之所以能从沉沦中绽露出来，就在于它的先在结构已经决定了它的历史性命运，使它不能与存在者相互混同，在世俗世界中浑浑噩噩，而从闲言、好奇与两可中发现本真性的生存理解。

就此而言，先在的结构（前理解）决定了此在的命运，而非此在自由决断理解的方式。理解作为人的存在方式，正因为它是存在对于此在的所与，即便此在处于日常世界的沉沦中，前理解总是以不同的方式显现出来，召唤着此在趋向生存的超越之途。

与异化式的理解——闲言、好奇、两可相对应的本真性的前理解是先行具有、先行视见和先行把握。此在先行具有的是生存论的话语，它乃是人们用语言来解释上手事物的根源。"语言作为说出过的东西包含有一种对此在领会的解释方式。解释方式就像语言一样殊非仅止现成的东西，它的存在是此在式的存在。此在首先并且在某种限度内不断交托给这种解释方式，它控制着分配着平均领会的可能性以及和平均领会连在一起的现身情态的可能性。"① 就如经验化的情绪植根于纯粹的情绪一般，人们通过对话而理解双方的意图，但从未去追究语言与存在的关联。本真性的话语本质上属于此在的生存论建构，它造就了此在的展开状态，但是人们的道听途说、夸夸其谈使话语异化为闲言，作为敞开此在生存关联的语言受到闲言的锁闭，对于存在的理解与解释也就沦入平均化的理解与公众性的传达之中。

但是，理解的先在结构必然要使话语的生存论性质展露出来。"因为话语共同规定着在世的展开状态，而它特有的这一结构已经由此在在世这一基本建构形成了。"② 它作为可理解性的分环勾连，已经寓于此在的先

---

① ［德］海德格尔：《存在与时间》，195 页，北京，三联书店，2006。
② Martin Heidegger, *Being and Time*, Basil Blakwell, The Camelot Press Ltd. , 1962, p. 204.

行具有之中，因而是理解与解释的根据。因为理解与解释在于意义的先行具有，对于意义的建构，没有生存论话语的先行具有，此在的理解与解释是无所依附的。

从话语作为语言的生存论基础而言，它似乎同理解与现身情态一样源始，都是此在展开状态的生存论建构。但从话语必然要表达出来成为语言而言，它却是原初理解的衍生物，也就是理解表现自身的一种方式。

从生存论建构这一层次来说，话语作为此在的前结构规定了解释与命题的意义与方式，它是本真性的生命此在的语言性和内在语言世界经验。此在通过话语可以理解并澄明存在的意义，它因而也是此在沉沦于世时有所言说的根基。

作为本真性话语表达的道说却不是日常世界的闲言，而是听与沉默。"话语对生存的生存论结构的组建作用只有通过［听和沉默］这些现象才变得充分清晰。"① 听是生存论理解的一种可能性，它对话语具有构成作用。从日常世界而言，人们总是听到某种声音，听到某句话，然后判断声音的来源，进而理解它的意义。但是，生存论上的听并非听到某种具体声音，形成对于声音的感知，而是听从存在所发出的命令，听从良知所发出的呼声。在这种内在的听中，此在默然领会着存在的意义。因而，善于生存论之听的人，并不喋喋不休、口若悬河地发表议论，而是保持真正的沉默，真正的沉默只能存在于真实的话语中。"寂然不动，感而遂通天下之故"（《易·系辞上》）即是生存论的沉默，它也是最本真的理解与话语，它虽然并没有发出某种声音，但是已经用内在的生命之言契入了存在的天命。②

生存论的话语以听和沉默的方式揭露出了日常世界的闲言。在闲言中，人们也许有所听，却往往是道听途说，或者是在阅读中不求甚解，却自以为已经理解透彻，而忙于向他人宣讲传达。在这种闲言之听中，"人们对所谈及的存在者不甚了了，而已经只在听闻话语之所云本身。所云得到领会，所及则只是浮皮潦草的差不离"③。在这种貌似倾听和理解之中，

---

① Martin Heidegger, *Being and Time*, Basil Blakwell, The Camelot Press Ltd., 1962, p. 204.

② 在《存在与时间》中，海德格尔还是从此在的生存论结构来阐述话语，因而话语作为听与沉默依然是本真生命性的言说。经过良知内在呼声的转换，话语已经通往了存在的境域，因而在后期语言存在论之思中，语言从存在之家变成了存在之道说，作为道说的语言就不是此在的话语，而是存在自身的天命。此在必须听命于道说，才能在沉默中契入存在的领会。

③ ［德］海德格尔：《存在与时间》，196 页，北京，三联书店，2006。

真理早已抽身而去，此在自身也被锁闭于陈词滥调之中。语言被人们当作上到手头的工具，用时拿起，不用时甩到一边，全然遗忘了它与存在的内在关联。

此种无根基的闲言虽然时常振振有词，它有时会听，有时也会保持沉默，但它的沉默并非"此中有真意，欲辨已忘言"，而是在理屈词穷、无话可说的处境下所产生的喑哑。在这种沉默中，常人的生命似乎都被凝固了，从而感受到生活的抑郁。因而常人总是在琐碎的细节上大发议论，以避免进入沉默的窘境。

我们对于世内事物的拥有，无疑是建立在生存论话语的基础之上，这就是先行具有与话语的本真勾连。因为在原初的理解中，人们并非通过使用而是通过语言而占有物。后期海德格尔所反复吟诵的"词语破碎处，无物存在"即可为之明证。上手事物的因缘整体性是从话语中得到理解，但这个因缘整体性并不必通过外在语言的说明加以表达，对于生存论话语的理解已经将上手事物与此在的关联揭示出来。

在生存论的理解与解释中，此在与存在者的关系建基于一种本真的"看"而得以澄明。好奇的常人不断地在世间寻视着，但他却"不是为了领会所见的东西，也就是说，不是为了进入一种向着所见之事的存在，而仅止为了看，它贪新骛奇，仅止为了从这一新奇重新跳到另一新奇上去。这种看之操心不是为了把捉，不是为了有所知地在真相中存在，而只是为了放纵自己于世界"①。与这种疏异化的好奇的"看"相对应，此在通过本真的"先行视见"而领会存在。"看"与"理解"在哲学史上本有原始的关联。巴门尼德就认为，存在就是在纯直观的觉知中显现的东西；而柏拉图的"eidos"本义就是从内在的看而来，乃至现象学中的本质直观都是指纯直观的"看"。在这些直观的看中，事物的本质得以领会，存在的意义得以澄明。而在海德格尔看来，这些直观的"看"皆植根于生存论的"先行视见"，都是理解的前结构的一种展开样式，即直观和思维是领会的两种远离源头的衍生物。② 而此在作为人的敞开状态，本身就是已被存在所照亮的东西，这种敞开与照亮即是"先行视见"的境域。

先行视见对于上手事物予以彻观，它在人们用纯概念来对之加以规定之前，已经将其先行掌握了。而在先行掌握的统摄之下，人们既可以使存

① ［德］海德格尔：《存在与时间》，200 页，北京，三联书店，2006。
② 参见上书，172 页。

在者进入这个概念，又可以使之进入另一个概念。（哲学史上对同一事物所下的不同概念和对同一概念的不同理解皆源于此。）

常人的两可就是对于先行掌握的概念的模糊不清。人们似乎对日常事物都深有理解并大发议论，但真正触及存在的边缘，却又无法断定什么东西在真实的领会中展开了，而什么东西却不曾。这就因为人们习惯于用存在者的概念去规定所理解的东西，而概念往往是清晰地界定了事物某一方面的性质，却忽略了其他的方面。"昭氏鼓琴"的弊端导致是非纷纭，议论蜂起。人们都固执于自己所知的道理去预料事情并攻击他人。实际上，在这种模棱两可的争论中，双方都已经遗忘了对于存在的"先行掌握"。

对于任何事物所界定的概念都是解释的一种方式，而解释在根本上是通过先有、先见和先行掌握来起作用。"解释从来不是对先行给定的东西所作的无前提的把握"①，概念的前提就植根于"先行掌握"。从词源学上说，先行掌握也就是"前概念"的意思。人们在预料和议论中所用的概念实际上都是此"前概念"的衍生物，它就如莱布尼茨所说的大理石条纹一般是理解事物之先就已具有的生命印记，你只能在这些前概念的基础上对事物予以把握界定，并以此来理解诸多概念的内涵。

先有、先见和先行掌握作为理解的前结构已经先行规定了此在在世的展开方式以及沉沦于世的存在样式。它们已经将此在作为"能在"而向着存在有所筹划了，即向着一个意蕴整体而筹划。沉沦与被抛是此在逃脱不了的天命，而面向世界的筹划则是出离被抛，解去遮蔽，领会此在与存在的生存论关联而进入自身的澄明之境。此一筹划就是对于存在意义的领会。"意义是某某东西可领会性的栖身之所。在领会着的展开活动中可以加以分环勾连的东西，我们称之为意义。在领会着的解释加以分环勾连的东西中必然包含有这样一种东西——意义的概念就包含有这种东西的形式构架。先行具有、先行视见及先行掌握构成了筹划的何所向。意义就是这个筹划的何所向，从筹划的何所向方面出发，某某东西作为某某东西得到领会。"② 在海德格尔这一段连珠式的阐释中，意义不是一般所谓的价值论的属性，而是指向此在的生存论性质。前结构是此在筹划的基础，意义则是筹划的鹄的，它实际上是属于理解的展开状态的生存论形式构架。为何只有此在能通达存在，就在于它能够通过自身的先行结构来追问并理解

①　[德] 海德格尔：《存在与时间》，176 页，北京，三联书店，2006。
②　同上书，177 页。

存在的意义，而只要存在进入此在的理解，追问存在的意义也就是通向存在本身。

海德格尔因之在生存论上将含义与意义区分开来。意义是此在对于存在的因缘整体性的理解，而含义则是意义整体在话语的分环勾连中所分解的环节。含义与意义的关系如同存在者与存在的关系，即含义已然分有了意义，意义总要在诸含义中展开自身。而这一展开即是生存论话语在语言中的解释与表达。海德格尔一直是在逻各斯的层面上来思话语与语言的，就因为它们是存在意义在世界中得以展现的境域。而生存论的话语就其本身而言就是时间性的存在，这就将生存论的理解与语言性和时间性牵连在一起。

二、生存论理解的时间性与语言性

海德格尔曾从领会、现身情态与沉沦的勾连中探究生存论话语的时间性。当然，话语不是语言，而是外在语言的生存论根基，它是人理解存在的基本样式，而它又要在当前世界中现身，在语言中说出自己。话语作为此在精神性的绽出，它就其本身而言是时间性的，语言植根于操劳活动的源始时间性中，无论这种活动是否关系到时间内的状态。

话语是此在展开状态的生存论建构，它对此在的生存具有组建作用。① 话语随此在的时间性绵延而一道展开，它本身就寓居于时间性之中，就像意义寓居于话语中一样。流俗意义的时间固然也提出了一种真切的现象，但那是一种衍生出来的现象。这现象源自非本真的时间性。② 而本真的时间性根本不像时间那样是"存在者"，而是"到时候"，它是源始的自在自我的出离自身本身。生存论意义上的曾在、现在和将在不是线性的时间流逝，而是存在的时间性绽出。时间性的本质即是在诸种绽出的统一中到时。

流俗的理解所通达的时间被当作一种纯粹的无始无终的现在序列，而在这种作为现在序列的时间中，源始的时间性绽出性质被敉平了。③ 在其中，时间是作为存在者的层次而出场。与这种时间观相关联的语言就自然成为放到手头的工具——需要时拿起，不用时置于一边。这种语言与

---

① Martin Heidegger, *Being and Time*, Basil Blakwell, The Camelot Press Ltd., 1962, p. 204.

② 参见［德］海德格尔：《存在与时间》，372 页，北京，三联书店，2006。

③ 参见上书，375 页。

此在的疏异就源于时间从时间性中衍生并产生疏离。当时间仿佛只是在物理世界中流动时，语言当然只在显诸眼前的文字和能够被听闻的声音中才是被理解的，于是，生存论的话语与时间性就为此等流俗的理解所遗忘。

理解的时间性则是对狄尔泰体验的时间性的延伸与超越。狄尔泰所说的时间性只是生命内在时间的绵延。而理解的时间性不只是此在自身的时间性，更是存在本身的时间化。虽然海德格尔以"存在与时间"作为书名，但他的根本论点是"存在即时间"①，他是致力于从绝对的时间性去解释存在、真理和历史。时间因而被显示为存在的境域。在生命体验的时间性中，体验只能是当下在场的，即已经过去的体验只能在记忆中加以反思，而将来只能在理想中加以期望。而理解的时间性则是以将来为根基，即"无论在何种被筹划的能在中，领会作为一种生存活动原本总是将来的，但假使领会不是时间性的，亦即假使它并非同样源始地由曾在与当前规定，那它就不会到时了"②。此种理解的时间性是由它是有所筹划地向着为其故而生存的能在的性质所决定的。即此在不是当下的常人，而是处身于某种生存的可能性之中。生存的可能性决定了此在理解自身的基础是将来，而非曾在与现在。曾在、现在和将来作为存在展开的不同样式，它们在生存论上是三位一体的。但在此在领会存在的时间性境域中，将来却是时间性的地平线。此在的现在作为非本真的常人，它必然面向将来而筹划，以从沉沦之中绽放出来，而通达生存理解的澄明之境。

针对狄尔泰体验的时间性，海德格尔明确说："此在并非作为种种相继来临而后逝去的体验的瞬间现实的综合生存，也非相继来临者逐渐充满的一个框架。"③ 他实际上认为此在的时间性即寓居于存在的时间化之中，而理解就是在这一时间化过程中的展开样式。

生存理解的时间性必然要关涉到此在的历史性，这也是狄尔泰从生命体验趋向历史理解的一个核心主题。但狄尔泰是从精神科学的经验来探究历史性的理解。因而，虽然他将历史看作一个大写的生命实在，但仍然是在展开的客观精神的诸范畴的关联间探讨历史性。这在海德格尔看来，则是将历史性问题转换成了历史科学问题。但历史性的处所在作为历史科学

---

① ［德］伽达默尔：《真理与方法》，上卷，333 页，上海，上海译文出版社，2004。
② ［德］海德格尔：《存在与时间》，384～385 页，北京，三联书店，2006。
③ 同上书，424 页。

的历史中寻找，只会是南辕北辙，逐物而不返。他认为，历史性植根于存在的时间性之中，时间性也必然体现为历史性，即以时间为本性的此在从根本而言就是历史性地生存着。此在无论是在沉沦中消极地寓居于世，还是积极地向着将来筹划自身，它都必然以一定的方式来展开自身的生命存在。这种展开即是此在在世界中的历史演历，而将此在的历史演历不是放诸历史学而是从生存论的时间性来加以揭示，就构成了历史性的生存论理解。在此过程中，其实产生了生存理解的循环，即此在在世界中的展开本身就是生存理解的一种形式，是此在前理解的自然绽出，而对展开方式的历史性领会则是对前理解的充盈与筹划。这还是从狄尔泰精神科学的"格物致知"进入到生存论的"反观自我"。

虽然海德格尔力图不用生命、体验这些概念来界定生存论的语言性和时间性，而用此在的展开状态和此在对存在的领会来加以描述，但他所建构的此在其实就是生命的本然状态，是未受世俗所染的具体生命与存在的一种无区分的相与相通。如马克思说人在现实性上是社会关系的总和，就赋予了生命太多的社会关系的符码，而海德格尔就是让此在从世俗关系中绽露出来，而融入原初存在的脉络之中。

因此，海德格尔所揭示的生存论话语也就是原初生命体验的语言性，如果摆脱体验的经验性因素，它与此在的领会是内在相通的。体验首先强调的是一种内在无区分状态，即体验对象就是将对象物作为一个"他我"来理解，生命在对象中也如在自身中一样得以体认。也可以说，体验是纯粹的原初语言性的存在，当生命与所与物相与为一时，对象以一种原初意象或语词的形式内在于我的生命之中，由生命的时间性而延伸出体验的丰富性与总体性。而经验是一种反思性的内在存在，是对于生命体验的回顾与反观。当由某种体验的激发而形成经验时，原初的意象与语词已经不是稍纵即逝的存在，而是内化为生命的持续性的内在语词，当想表达时，它即可激发出来。而作为内在语词的经验一旦接受了概念化与逻辑化的规整，以一定的语法规则表达出来，就是一般所说的外在语词与科学性的描述。从体验到经验再到外在表达，虽然生命中的语言性经受一步步的外化与精确化，但其原初的生命本质与丰富性却受到削弱，即从无限丰富的存在凝结为一个有限的定在。当狄尔泰说道，体验对象物的最高层次是进入到原初生命统一体的状态，这也就是将体验从存在者的层次置入到存在的境域之中。人作为具体生命，无时不在体验之中，体验即是人的生命存在方式而非行为方式。海德格尔的理解是对体验的生存论提升，即理解不是对具体存在物的体验，而是直接对存在的领会。此在被抛于世，已经先行地存在于领会之中。"若源始地从生存论上加以把捉的话，领会等于说：有所筹划地向此在向来为其故而生存的一种能在存在。领会以这种方式开展本己的能在，此在有所领会地向来就这样那样地知道它于何处共它自己存在。这个'知'却不是已然揭示了某件事实，而是处身于某种生存可能性中。"① 也即是说，理解作为一种面向将在的生存样式，它似乎使此在知道了一些东西，但这种知不是对象性的认识与概念性的把握，而是此在与存在的相互交融。因此，此在的理解本身就是时间性的，它是面向将在的一种筹划，而在筹划中，曾在和将来一同到时。

　　理解在时间性的展开中有本真性与非本真性之别。本真性的理解是此在通达存在，而非本真的理解是向着日常事务经营的可操劳的、有所可为的、紧迫的、避免不开的东西筹划自己。② 非本真的理解就是常人状态的认识，它是在与存在者打交道的过程中形成的筹划。本真性的理解与现身情态、沉沦、话语一般都是在时间性中得以展开，而非本真的理解只要诉诸时间即可，它是以曾经的历史存在为理解的根据。如施莱尔马赫所强调的重演和移情式的理解就属于非本真的理解，它要求此在遗忘、摒弃自我而投身于曾经存在的状态中去。

　　总体而言，生存理解作为人的一种存在方式，它是将知性理解、实践的理解与生命体验作为自身的一个构成环节，而从存在者的认识方式通达到生存论的自我澄明。它运用现象学还原与本质直观的方法，却又将纯粹我思推到胡塞尔力图悬搁的存在的境域。对本真性与非本真性的区分已为它与其他理解方式划定了界域，理解因之作为一个核心哲学存在论概念主导了解释学历史的发展。这正如伽达默尔所评价的："由于海德格尔所唤起的存在问题超越了迄今为止的全部形而上学……理解概念不再像德罗伊森所认为的那样是一种方法论概念。理解也不是像狄尔泰在为精神科学建立了一个解释学基础的尝试中所确立的那样，只是跟随在生命的理想性倾向之后的一种相反的操作。理解就是人类生命本身源始的存在特质。如果说米施曾经从狄尔泰出发，把'自由的远离自身'认为是人类生命的一种基本结构，所有理解都依赖于这种基本结构，那么海德格尔的彻底本体论思考就是这样一个任务，即通过一种对于此在的先验分析去阐明此在的这

_____

① ［德］海德格尔：《存在与时间》，383 页，北京，三联书店，2006。

② 参见上书，384 页。

种结构。他揭示了一切理解的筹划性质，并且把理解活动本身设想为超越运动，即超越存在者的运动。"① 理解作为超越性的运动因而具有了原初解释与原初实践的性质，而又由于理解与解释的关联性，导致解释与理解一道成为人的存在方式，这又将引发解释与实践的重构，即解释是否仅仅是对于实践活动的反思性说明，抑或实践本身就是人解释自身的一种生存论的样式。

---

① ［德］伽达默尔：《真理与方法》，上卷，洪汉鼎译，336～337 页，上海，上海译文出版社，2004。

第四章 解释与实践的重构：从生命表现到实践的解释

当海德格尔说理解即意味着解释，解释也就从一般方法论的概念跃升为存在论范畴。其实，在海德格尔之前，解释在解释学的渊流中就具有核心地位，但它的意义却是在翻译、阐释和说明的语境中延异。最初古希腊神话中的赫尔墨斯既是传递神旨的信使，也是解释神意的沟通者（中国在颛顼绝地天通之前的帝王或巫觋似乎也担当这一使命），他的使命在于既能明了神意，又能将其转换成凡人可以理解的语言。所以"hermeneutic"这个词本身既有解释说明之意，又有翻译的意思。亚里士多德在《解释篇》中将这个词确定为一个独立的哲学概念，但他是在语言工具论和形式逻辑的范畴内探究它的意义，甚至将"翻译"这重意思予以摒弃。随着语言能指与所指的延异，后来在西方主要语种中归于解释名下的词已超出了"hermeneutic"的边界，如在德文中有"Auslegung""Interpretation""Erklärung"，在英语中有"interpretation""explanation""expound""explicate""elucidate"等词与之意义相近，它的意义也生发出"说明""阐释""解读""诠释""注释""翻译"等。其中意义最深刻的是"Auslegung"，它的动词形式"auslegen"由"legen"与"aus"复合而成，"legen aus"是指"展示出来、显现"，衍生的意思就是把事物自身的意蕴释放出来。[1] 狄尔泰、海德格尔就是在此意义上使用这个词，狄尔泰因此将"解释"与"生命表现"相关联，而海德格尔则将之与"解蔽""去蔽"相勾连。他为解释所做的定义即是"解释并不是把某种意义抛掷到赤裸裸的现成的东西上，也不是给它贴上某种价值标签，而是随世内照面的东西本身一起就一直有某种在世界理解中展开出来的因缘关

---

[1] 参见［德］伽达默尔：《真理与方法》，下卷，译后记，968页，上海，上海译文出版社，2004。

系，解释无非就是把这种因缘关系释放出来而已"①。在此意义上，他们所说的"解释"与中文语境的"解释"内在相通，而与所谓的"诠释""说明"相去甚远。——中文经典中的解释源于庄子"解心释神，莫然无魂"，他在此所说的"解释"正是本真生命的还原与自身显现，而非外在的说明与诠解。——这两种"解释"都超越了主客二分的认识而追求生命自身的超越与澄明。它们指向了生存论境域，而非认识论意义上的范畴。

在英文中没有与"Auslegung"绝对对应的词，只有"interpretation"差可比拟，这个词从拉丁文转化而来，兼有"内在解释"和"外在说明"的意义。但分析这个词本身，它的前缀"inter"是指"进入内部，内在交互"之意，恰好与"explanation"的前缀"ex"相对立，如果说"explanation"强调外在说明之意，那么"interpretation"的核心意义就与"Auslegung"相通，即从自身出发解释自身。所以在本书中，笔者将"interpretation"与"explanation"严格区分，前者专指哲学生存论意义上的"解释"，后者指认识论意义上的"说明"。

第一节　生命表现与本质力量的对象化

将"解释"与"说明"做生存论与认识论的区分，将会引发解释与实践关系的重构。解释与实践的关联在哲学史上是理论与实践关系的延异。马克思在《关于费尔巴哈的提纲》中将其凸显出来："哲学家们只是用不同的方式**解释**世界，问题在于**改变**世界。"② 这里隐含了解释世界与改变世界的认识论与生存论的区分，并且设定了价值论的判断，即作为改变世界的生存论问题优先于解释世界的认识论问题。马克思的改变世界与他的实践唯物主义紧密勾连，但他所说的解释世界却历来有很大的争议。最常见的批判是认为解释世界作为一种理论态度或实践的指导原则，不可能对于改变世界没有任何作用。但这种批判还是认识论层次的，并未触及问题的核心。

① Martin Heidegger, *Being and Time*, Basil Blakwell, The Camelot Press Ltd., 1962, p. 190.

② 《马克思恩格斯选集》，2 版，第 1 卷，57 页，北京，人民出版社，1995。

问题的核心在于，马克思的"解释世界"用的虽然是"Interpre-tiert"，但结合其语境，并非笔者在前文所说的生存论意义上的"解释"，而是认识论意义上的"外在说明"。认识论意义上的说明与生存论意义上的实践并不对等，因此我们必须介入生存论意义上的解释对这一命题做内生性的批判与解构。

一、生命表现之为解释与实践关联的中介

马克思的思想文本中是否具有生存论维度上的"解释"成为探讨这一问题的关键，从马克思文本的字面上的确难以找到这一观点。因为根据考证①，他虽然使用过一次"Hermeneutik"（解释学）和数次使用到"解释"（Interpretiert）这个词，但都是在批判和外在说明的意义上使用。然而运用马克思人体解剖是猴体解剖的钥匙的方法，我们却在马克思之后的解释学大家狄尔泰那里找到了一点理论的线索。

狄尔泰的著名格言"自然需要说明，而生命需要理解"，用说明和理解的区分为自然科学与精神科学划定了边界。他也因此将理解与解释提升为具有生存论内涵的哲学概念。他所说的理解—解释是与人的生命表现相关的，即"对陌生的生命表现和他人的理解建立在对自己的体验和理解之上，建立在此二者的相互作用之中"②。

他所说的生命表现具有三个层次：一是由概念、判断和较大的思想结构所构成的观念表达；二是人的实践行为，"通过一个决定性动机的作用，行为从生命的丰富性进入了片面性。不管我们如何斟酌它，它也只表达我们本质的一部分。存在于我们本质中诸多可能性通过这个行为被根除了，从而行为也就脱离了生命关系的背景"③；三是体验表达："表达将生命从意识照不到的深处提升出来。但生命存在于体验表达的本质中，体验表达和它所表达的精神性东西的关系只是可以非常近似地被看作理解的基础。体验表达不属于真或假的判断，而属于非真实性和真实性的判断，因为装假、说谎和欺骗在这里都突破了表达与被表达的精神性东西间的关系。"④

---

① 参见潘德荣：《文字·诠释·传统——中国诠释传统的现代转化》，161页，上海，上海译文出版社，2003。

② 洪汉鼎主编：《理解与解释——诠释学经典文选》，93页，北京，东方出版社，2001。

③ 同上书，94～95页。

④ 同上书，95页。

三个层次的生命表现就将理论性的认识逐步提升到生存（生命）性的解释，在狄尔泰这里，体验表达似乎是经由黑格尔式的辩证逻辑所达到的一种理论认知与实践行为的合题，但在发生学意义上，它超越了概念的判断与行为的目的及价值判断，因而是最为原初的生命表现与生存解释。他将解释（体验表达）与实践做了一种颠倒，作为体验表达的生命表现指向人最深沉的存在根基，它是人的实践行为的根据，它使人作为个体生命融入到生生不息的社会历史大生命之中，而现实个人的实践只是这种生命表现（解释）的一个部分环节。

由狄尔泰的生命表现，我们可以上溯反观马克思关于解释与实践的生存论之思。作为猴体的马克思文本并未像狄尔泰一样区分生命表现的各个层次，但在《1844 年经济学哲学手稿》中，生命表现恰恰也是一个非常重要却为研究者所忽视的概念。在认识论意义上，马克思也说："思维本身的要素，思想的生命表现的要素，即**语言**，是感性的自然界。"① 即作为思想要素的语言也是人的一种生命表现的形式，它是自然界在人的思维中的感性复活。而在生存论意义上，生命表现则是人自身类本质的总体性显现，即"人是一个**特殊的**个体，并且正是他的特殊性使他成为一个个体，成为一个现实的、**单个的**社会存在物，同样，他也是**总体**，观念的总体，被思考和被感知的社会的自为的主体存在，正如他在现实中既作为对社会存在的直观和现实享受而存在，又作为人的生命表现的总体而存在一样"②。

马克思所说的生命表现实际是指人的一种社会性的存在方式。从根本而言，作为纯粹个体存在的人并不具有实践的能力，而只是如动物一般产生本能的生命活动，只有在社会交往和社会关系中，具体生命的本质力量才能对象化出来，成为现实的生命表现和人的劳动。如果仅仅将劳动看作人的生产实践的活动，那么生命表现比劳动具有更为宽泛的实践命义。它包含了人的本质力量的对象化，即一切想象的、思想的、语言的观念性的活动都是生命表现的现实要素。

与生命表现相关联的是人的本质力量的外化、对象化与异化。这一系列的概念和人的现实的生命活动构成了马克思实践观的根基，而从根本上说，这一对象性、超越性的生命活动又是人的生命表现与自我解释的现实表达。

---

① ［德］马克思：《1844 年经济学哲学手稿》，90 页，北京，人民出版社，2000。
② 同上书，84 页。

结合《1844年经济学哲学手稿》与解释学的思想，在外化与对象化之外其实还有一种更为根本的生命活动作为人的实践的源泉，那就是人的本质力量的内化，它与解释学中的"理解"恰相对应。这在于人的本质力量固然有出于自然天赋的因素，就如马克思所说，自然界是人无机的身体，而人则是有机的自然界一般，自然已经赋予人的生命坚实的本质力量，如人的身体、理智、情感、意志等因素在原初的意义上是自然性的所与。而这些原初的生命力量是建基于人与自然界有机物质的交往之上，即人的自然性的生命活动已经将自然的能量内化于自身的生命之中，使之成为自身本质力量的生命要素。而这一内化活动，也就是笔者在"生命的理解"中所论及的理解之为生命异质融合的最基本层次。在更高的层次上，人是以感性的生命活动来建构自身的本质力量并形成自身的社会化本质的。如马克思所区分的五官感觉、实践感觉和精神感觉其实也是对人的本质力量的内化——理解活动的不同层次的区分。五官感觉在近代认识论中起着认识性工具的作用，它被看作一种纯然主体性的属性，即可以脱离对象物而独自存在，或者被看作纯然客体性的映射（如白板论）。而在马克思看来，五官感觉也是在人的对象性的实践活动中才产生出来，它因而是人的生命内化——理解活动的产物。马克思在此所说的精神感觉类似于知性统觉的层次，即能够将五官感觉统摄一起上升到精神性的层次，它是对五官感觉更深层的理解性内化，原来单一片面的因素被理解为一个整体，人已经可以从整体性的方面来把握对象。此处所说的实践感觉则是与精神感觉相并立的道德的共通感，它的理论渊源是亚里士多德的道德感觉与黑格尔的实践感觉，在以往的实践哲学中它被看作人的自然的本质力量如意志、爱等，而马克思从对象性的实践观点出发将之提升为人的实践活动的产物。

这里存在的问题在于，马克思明显意识到对象化与内化是相互生成的人的本质力量的活动，为何他看重对象化与外化的探究而对内化存而不论？结合马克思对以往唯心主义和唯物主义的批判，我们领会到：马克思觉察出以往哲学重理论而轻实践的原因在于，哲学家都把理解性的内化作为理论和感性生命活动的根基，而真正在哲学的实践上却裹足不前；他要改变这一现状，就必须在思想的根柢处将这一基础颠倒过来，将对象化的实践作为一切理解、理论甚至人的感觉的出发点；人的本质力量不是建基于内化，而是建基于对象化之上，没有人的生命活动的对象化，本质力量的内化只能通达生命的虚无之乡，他因之将实践的哲学转向了哲学的实践。

马克思的这一思想用解释学的话语来表达则是：解释是理解的根基，

只有在解释的活动中，事物才能得到本然的理解。或者用中国哲学的表达方式：行既是知之始，更是知之成。

马克思虽然将对象性的实践活动置诸人的本质力量的内化的活动之上，但他并非忽略"内化—理解"活动的存在，而是将之作为对象性实践的一个环节。如"凡是把理论引向神秘主义的神秘东西，都能在人的实践中以及对这个实践的理解中得到合理的解决"①。"实践的理解"是指人的实践性的内化理解活动与对象性活动并行不悖且相互循环。

作为内化理解之根基的人的对象化之所以可能，就在于人本身是一种对象性的现实存在，这无论是在感性还是理性意义上都是颠扑不破的真理。人的现实性必然与对象性相连，一个没有对象的主体必然是一个无。这在基督教的上帝和黑格尔的绝对精神中都是如此。它们必然要将自身的本质对象化出来，才可能成为真实的存在。但人不是神也不是绝对精神，因而人必然是对象性的存在，而这一对象性也决定了他是现实性的存在物。

马克思的对象性概念与黑格尔、费尔巴哈的思想有着内在的理论关联。然而对人的社会性本质的思索却使感性的实践活动通达对于二者的超越。黑格尔在《精神现象学》中指出，意识正是通过一次次的分化与对象性的活动而上升为本质与概念，最终在精神中认识自身。黑格尔所说的对象性只是纯粹意识的对象性，而人的感性活动则被排除开来。在主奴意识与苦恼意识的探讨中，作为对立双方的主人与奴隶其实是自我意识的分裂与对象化，即"自我意识有另一个自我意识和它对立；它走到它自身之外。这有双重的意义，第一，它丧失了它自身，因为它发现它自身是另外一个东西；第二，它因而扬弃了那另外的东西，因为它也看见对方没有真实的存在，反而在对方中看见它自己本身"②。这里是黑格尔对象性思想的集中体现。在他看来，一切事物其实都是精神对象化的产物，而非独立的客观存在，精神如果不把自身对象化出来，就不能完满地认识并实现自身。精神在对象化自身时已经将自身的单子——概念——置入事物之中，概念因之成为事物的内在本质。而对于精神的自我认识正是通过对象化的概念而达成。

而在黑格尔看来，意识的对象化活动正是劳动的本质。他所说的劳动

---

① 《马克思恩格斯选集》，2 版，第 1 卷，60 页，北京，人民出版社，1995。
② ［德］黑格尔：《精神现象学》，上卷，123 页，北京，商务印书馆，1979。

是意识对于事物的陶冶。在劳动过程中，事物与意识的僵硬对立被对象性的关系逐渐消融。从而"这种意识现在在劳动中外在化自己，进入到持久的状态。因此那劳动着的意识便达到了以独立存在为自己本身的直观"①。即意识在劳动中意识到自身固有的意向并重新发现、实现了自身。因此，马克思在对《精神现象学》的批判中说道："黑格尔把人的自我产生看作一个过程，把对象化看作非对象化，看作外化和这种外化的扬弃；可见他抓住了**劳动**的本质，把对象性的人、现实的因而是真正的人理解为他**自己的劳动**的结果。"② 在黑格尔的对象化劳动中最大的问题在于他将现实的人完全当作意识，因而抛弃了人的感性生命活动的特质，而用纯粹意识对象化取代了人的实践活动本身。正是在这一点上，马克思超越黑格尔的思辨的实践范畴，而通达了生命表现与感性对象化实践活动的境域。

马克思首先将人的实践建立在生命存在的地基之上，即作为生命实存的自我表现乃是一切感性对象化活动的根源。人的本质力量其实只在生命表现的行动中，才成为最真实的存在，即"说人是**肉体**的、有自然力的、有生命的、现实的、感性的、对象性的存在物，这就等于说，人有**现实的、感性的对象**作为自己本质的即自己生命表现的对象；或者说，人只有凭借现实的、感性的对象才能**表现**自己的生命"③。在此，马克思用肉体、生命、现实、感性等概念与黑格尔的意识哲学相对立起来。被克尔凯郭尔所批判的在宏大的精神哲学体系之后的那个生命个体成为新的实践哲学的基点，意识对于事物的陶冶被感性生命的自我对象化所取代。

在此值得注意的是，马克思虽然解构了黑格尔意识对象化的思想，但并未因之接受机械唯物主义二元对立的观念，即将事物简单地看作与人相对立的人之生产加工的工具，他实际上将劳动创造人本身作为对象性活动的核心，即人的生产活动不仅仅是制造供人们享受的事物，更重要的是，人通过劳动将自身的本质力量对象化出来，使潜在于我的生命内在的东西经过这种活动表达出来，人因而能够在对象物中完满地实现并理解自身的生命。在此意义上，才能理解马克思所说的工业是一本打开的关于人的本质力量的书。

在《1844 年经济学哲学手稿》中，与对象性、对象化相关联的还有

①　［德］黑格尔：《精神现象学》，上卷，130 页，北京，商务印书馆，1979。
②　［德］马克思：《1844 年经济学哲学手稿》，101 页，北京，人民出版社，2000。
③　同上书，105 页。

本质力量的外化，如："我们通过分析，从**外化劳动**这一概念，即从**外化
的人、异化劳动、异化的生命、异化的**人这一概念得出**私有财产**这一概
念。""私有财产一方面是外化劳动的**产物**，另一方面又是劳动借以外化的
手段，是这一外化的实现。"① 一般论者认为外化与对象化可以在相同意
义上使用，其实，二者无论是在黑格尔还是马克思的文本中都有一定程度
的区分。在手稿中，外化是指感性生命的自然表现，如人的情绪的自然表
露可以不必将某个对象作为自己的表达中介，但对象化必然要将外化出的
本质力量发挥到特定的事物上去，使之成为我的对象。也可以说，外化是
生命表现的自我确证，而对象化则是生命表现通过某个异己物的中介与否
定环节再在对象中肯定自身。

　　生命的外化与对象化的目的是人自身全面自由的发展。但在具体的
历史境遇中，由于外在社会制度与人的内心观念的桎梏与羁绊，人们不
是通过对象性的活动实现自身本质力量的生成与超越，而是导致人本身
的沉沦与异化。"异化"本是近代法学中的一个核心概念，曾为荷兰法
学家的格劳秀斯所阐发，黑格尔则在《精神现象学》中将之提升为一个
哲学概念。在黑格尔看来，绝对精神在外化自身的同时必然要设定一个
与之对立的对象，这些对象其实是精神自身的异化和否定环节，而精神
也必须通过这些环节才能认识并返回到自身。他说道："抽象的东西，
无论属于感性存在的或属于单纯的思想事物的，先将自己予以异化，然
后从这个异化中返回自身，这样，原来没经验过的东西才呈现出它的现
实性和真理性，才是意识的财产。"② 在他看来，异化活动穿透了精神发
展的各个环节。自我意识必须异化其自身，才可能具有实在性与普遍性。
如在伦理世界中，伦理教化就是自身异化了的精神，它导致精神世界分裂
为现实的世界与纯粹意识的世界，它使个体性的原始本性与自然的存在通
过教化而成为现实的普遍性存在。从伦理存在到宗教信仰，也产生了纯粹
意识的异化，虽然在信仰的意识中，它们保持着自身的本质，似乎已经返
回到了精神自身，但由于理念要达到的是绝对知识，因而信仰也是思维的
一种异化形式。

　　必须注意的是，异化概念虽然贯穿黑格尔哲学的始终，但它并不具有
通常所意味的价值论的贬低，而是一种存在论的概念。它所显现的是绝对

①　[德] 马克思：《1844 年经济学哲学手稿》，61 页，北京，人民出版社，2000。
②　[德] 黑格尔：《精神现象学》，上卷，23 页，北京，商务印书馆，1979。

精神发展自身所必经的天命，在此意义上，海德格尔所说的沉沦与之差可比拟。

费尔巴哈与马克思的批判性改造使异化具有了价值论的属性。费尔巴哈批判宗教是人的本质的异化，是人将自身的本质予以对象化所捏造出来的幻相。马克思则进一步将经济领域的私有财产概念纳入到对异化理论的批判之中。他敏锐地洞察到人本质的异化在观念领域与经济领域中同时发生，而私有财产则是异化产生的根源。他所说的私有财产不仅仅是指物质上的财产，更指向了精神上的私有财产，如宗教、道德、国家、法就是观念领域私有财产的基本范畴。他说道："私有财产的运动——生产和消费——是迄今为止全部生产的运动的**感性**展现，就是说，是人的实现或人的现实。宗教、家庭、国家、法、道德、科学、艺术等等，都不过是生产的**一些特殊的**方式，并且受生产的普遍规律的支配。因此，对**私有财产**的积极的扬弃，作为对**人的**生命的占有，是对一切异化的积极的扬弃，从而是人从宗教、家庭、国家等等向自己的**人的**存在即**社会的**存在的复归。"① 以往的论者往往只从异化劳动中阐发物质和私有财产的扬弃，而忽略了对于观念领域异化的研究。

虽然马克思对于异化现象予以深刻的揭示与批判，但他意识到，异化其实是人的本质力量对象化与社会历史发展不可避免的事情。也即是说，人的异化有其历史性与存在论的根源。异化已经深刻地蕴藏于人的对象性的本质之中，人只要将自身的生命外化出来，就不可避免地与对象发生交互关联，而在人与物、人与人的交往中，事物固然因为我的生命活动而成为属人的对象，而我的本质也必然在对事物的理解—内化中进入物化的边缘。

正是在人的本质力量对象化与异化的探讨中，马克思领会到人的本质并非如费尔巴哈所言是一种抽象的类生命，而是在具体的社会历史实践中不断生成。他因此以生命表现、对象性为基点形成新的实践观。在《关于费尔巴哈的提纲》对于实践的阐释中，"对象性的活动"是其中关键的纽结。虽然费尔巴哈也强调感性、对象性，但他是在直观的范畴内理解对象性概念，而并未将之看作人的本质力量的对象化活动。他只是将理论的活动看作真正人的活动，而对于实践则只是从它的卑污的犹太人的表现形式去理解和确定。②

---

① ［德］马克思：《1844年经济学哲学手稿》，82页，北京，人民出版社，2000。
② 参见《马克思恩格斯选集》，2版，第1卷，54页，北京，人民出版社，1995。

　　马克思从感性的对象性活动中确立了人的生存实践本质的存在方式。它之所以是感性的活动就在于"全部人类历史的第一个前提无疑是有生命的个人的存在。因此,第一个需要确认的事实就是这些个人的肉体组织以及由此产生的个人对其他自然的关系。"①将现实的"有生命的个人"作为人类社会历史出发的前提,无疑是对黑格尔的绝对精神逻辑在先的历史哲学的现实批判。马克思认为所谓先验的结构、绝对的理念本都是在历史的叙事中对现实的反思后得出的观念形态,它们往往通过事实与观念的倒转被置入历史的开端之中。他现在要将这一颠倒的意识置入历史发展的真实脉络之中,现实的生命个人的感性活动就成为人类历史真正的发源地。在马克思之后的狄尔泰也将生命实在作为历史发展的根基,但不同的是,他所说的生命实在并非现实的肉身化的生命个体,而是原初的生命统一体,具体生命只是从这一大写的生命中流射出的单元,而生命单元只能够与原初统一体发生生命的关联。在一定意义上,以生命作为历史的出发点使两者的思想相与相通,但在生命的感性化与对象性的活动上,二者却形成巨大的分歧。

　　狄尔泰所说的原初生命统一体与马克思在《1844年经济学哲学手稿》中所说的类生命具有很大程度的一致性。但从《关于费尔巴哈的提纲》开始,马克思就通过"社会"和"现实个人"扬弃了"类生命"的概念。总体而言,"类生命"其实还是一个感性直观的范畴,就像我们只能吃某个具体的苹果,而无法直接去吃"水果"这种"类"一样,人们在社会上所交往的是现实个人,而非直观性的类生命。从对象性的实践活动来说,也只能说是具体个人或群体在某种具体社会环境中从事生产,却无法言说类生命的生产。

　　从现实个人而非类生命出发,对象性的活动就从无语境的实践转变为在具体的社会历史环境中的生命活动,它也就能够从具体的对象中表现生命并确证自身的本质力量。这一转变就使原本尚是抽象性的劳动实践展开为生产与交往两大维度。

二、实践的对象性之为生命解释自身的方式

　　如果从实践哲学的渊源上推溯,实践最初作为哲学概念,是由亚里士多德以人与自身及人与人之间的政治伦理交往为基点提出来的,亚氏甚至

①　《马克思恩格斯选集》,2版,第1卷,67页,北京,人民出版社,1995。

从人的生命活动的内在目的与外在目的的区分中认为人与物之间的生产活动是创制而非实践。在他之后，实践概念也一直在生产、交往与思辨各个维度中徘徊。康德从思辨理性与实践理性的划界出发，将实践确定为"一切通过自由而可能的东西"①。在康德的理论界域内，涉及具体经验性的生产与交往的实践都在不同程度上受自然律的限制，因而只是技术性的活动，而严格意义的由实践理性所主导的活动只能是摒弃了经验性内容的纯粹意志的自律，也可以说是一种非对象性的内在活动。

马克思在阐发实践概念时首先确立其对象性与社会化的本质，即社会生活在本质上是实践的，他所说的社会生活首先具有感性、现实性、对象性等特质，而表现为生产与交往两种形式，它们在具体的社会历史语境中使人的本质力量得以不断的生成与自我超越。马克思的实践观契合时代又超越时代之处就在于，他并非局限于物质劳动的层面来说明生产，而是在物质生产、精神生产和人自身的生产的区分和统一中来阐释生产实践的命义，并以此为基点，立足于人当下的生命活动，运用社会关系理论澄明了小写的人如何在社会交往中通达大写的历史性生命。而在马克思的文本中，似乎并没有直接谈到生产实践和交往实践的关系，但这并不表明马克思就完全忽略了生产与交往之间的实践关联。他在阐明生产实践的异化理论时就说道："人同自身和自然界的任何自我异化，都表现在他使自身和自然界跟另一些与他不同的人所发生的关系上。……在实践的、现实的世界中，自我异化只有通过对他人的实践的、现实的关系才能表现出来。异化借以实现的手段本身就是**实践的**。"②他这里所说的"对他人的实践的、现实的关系"就指涉了人与人之间的交往实践。它与生产实践在人的本质异化及异化的扬弃过程中本就是相互交融的。

应该说，生产实践的三重维度其实都有相应的交往实践与之相连。人的对象化的物质生产的前提与结果就是人与自然界之间的物质、信息、能量的交换。在这样一种"自然关系"之中，任何物质生产其实都只有在人与物之间的物质交往基础上才能发生。没有一定的物质交往实践，物质生产只会是无根的海市蜃楼而已。从发生学的视角看，人和自然界的关系最初并非生产关系，而是交往关系。原始人类不是以有目的的生产方式利用自然物，而是以偶然的自然交往方式维持自身生命的延续。即便到了生产

---

①　[德]康德：《纯粹理性批判》，608页，北京，人民出版社，2004。

②　[德]马克思：《1844年经济学哲学手稿》，60页，北京，人民出版社，2000。

社会化的现代，物质生产似乎成为物质交往的根基。但如果超越"外在交换"的界域来思考"交往"，那么也可以发现，任何生产其实都是人与物之间的内在物质、能量、信息交往的特殊形式。

在"社会关系"的界域中，物质交往、精神交往和人与人之间的交往更是撑起了交往实践的生命天空。物质交往不仅是人与自然界的生命纽带，更是人与人、人与社会之间的生存之链。没有物质、能量、信息的交往维系，社会历史中将会飘零着一个个孤立的生命单子，人类的社会化和社会化的人类将只是一个精神的乌托邦。

相对于物质交往而言，精神的交往对于文化的传承和思想的激发无疑具有决定性的作用。就如培根所喻，在思想的创造中，蚂蚁搬家式的劳作是毫无意义的，蜘蛛吐丝式的精神勃发将终归是无源之水，一倾而竭。只有如蜜蜂一般"采得百花成蜜后"才能够在思想的花园中产出奇葩。精神文化领域的"百花成蜜"就是一个精神交往与精神生产不断循环的过程。在这一精神交往的实践历程中，语言成为一种凸显的存在。它与精神交往和精神生产始终处于一种相互依存的关联之中。马克思对此曾经精辟地论述道："'精神'从一开始就很倒霉，受到物质的'纠缠'，物质在这里表现为振动着的空气层、声音，简言之，即语言。语言和意识具有同样长久的历史；语言是一种实践的、既为别人存在因而也为我自身而存在的、现实的意识。语言也和意识一样，只是由于需要，由于和他人交往的迫切需要才产生的。"①

马克思的这一语言交往实践观是否触及了语言存在论的边界在此处尚是次要的，重要的是，他在语言与精神、意识的相互纠织中指认出语言本质上是一种实践的意识。而且将"交往的迫切需要"看作意识和语言产生的前提，这对于他的交往实践观无疑是一个重要的论据。

精神的交往从本质上来说其实是个体的精神与总体的社会历史生命的相与交接。精神交往和物质交往最大的不同处在于：物质交往是通过能量的主客体转换得以发生，在这一转换过程中，主客体双方必定各有"得失"，它就像水流灌溉一样，随着灌溉的持续，水源必定有所丧失；而精神交往则是"薪火相传"，通过交往双方的精神上的感通，不但不会失去自身的生命蕴涵，还都会生发出新的思想意义。

精神的交往是通过语言和文本得以实现的。如果说在马克思的实践观

---

① 《马克思恩格斯选集》，2版，第1卷，81页，北京，人民出版社，1995。

中，语言是物化的精神，那么在哲学解释学的视域中，文本则是凝固了的生命。这两种观点在精神交往实践中其实有着深刻的一致性。现实世界中人们的精神交往，无疑是在语言这一"实践的意识"中交流进行。如果脱离了语言的界域，任何精神世界的运动都会陷入恒久的"自我意识"的虚空。但今人依在，古人往矣。当代人能够和已逝的哲人形成精神生命的相与交接，既依存于语言的历史绵延，更依赖于文本的实在延递。面对着古人流传下来的文本，我们所寻视的并非一个个僵固的自然物，而是在时代的境遇中开启出的历史性精神生命。

语言和文本，既使精神交往实践充溢于现实的生活世界中，更使古典和现代跨越了历史所建构的时空间距，形成了一道绵延不绝的文化传统的洪流，它也构成了每一个被抛于世之人所无法弃绝的先见与天命。

精神的交往尚还局限于精神世界的界域之中，而感性生活世界的交往却奠基于人自身的生产之上。这种人与人的交往构成了最原初的社会关系。就像马克思所说："一开始就进入历史发展过程的第三种关系是：每日都在重新生产自己生命的人们开始生产另外一些人，即繁殖。这就是夫妻之间的关系，父母和子女之间的关系，也就是**家庭**。这种家庭起初是唯一的社会关系，后来，当需要的增长产生了新的社会关系而人口的增多又产生了新的需要的时候，这种家庭便成为从属的关系了（德国除外）。"[1]由人自身的生产而生产出自己的生命和他人，以及由此所构成的家庭和社会关系，这在亚里士多德时代就是人们最为崇尚的伦理、政治的交往和实践的生活。在物质和精神的交往中，实践的目的性和人的主体性是很凸显的，甚至自然物和文本在一定的程度上都成为彰显自我生命的工具和凭借。但在人与人的社会交往中，他人是和"我"一样具有生命的主体，也和"我"一样是目的而非工具。现代性工具理性的扩张导致人们在张扬主体性的同时却又日益陷入虚无、物化的边缘，这一人自身的自我彰显却又自我沦丧的境况在交往实践的界域中应当予以深刻反思。

从对马克思实践观的理路溯源与内在解剖中，我们有必要将之与"解释"概念放入同一个视域即生存论存在论的境域中，以阐明它所具有的生存解释学的特质。

毋庸置疑的是，马克思的实践观是在对人的本质力量对象化与人自身的全面发展的基础上建构而成的；可以说，现实的个人而非抽象的自然和

---

[1] 《马克思恩格斯选集》，2版，第1卷，80页，北京，人民出版社，1995。

类是实践概念的核心。正是在对人的本质的阐释及其与社会关系的同构中，马克思的实践观契入了生存解释学的鹄的。以往关于人的神性、人的理性都是从某种特定的视域对人的本质加以解释，但它们由于忽视了人的本质力量的对象性及人的本质的社会性与生成性，所以都只是在特定的理解基础上对人本质的神圣性与非神圣性的自我异化。而从人的生命表现、对象性活动与人的本质力量的自我确证出发，以现实的生命个体作为理解的前提，将现实的个人置于具体的社会生产与交往关系中，才能对人的本质的生成性与超越性予以展开和澄明。

生存论"解释"的本义就是人的生存本质的去蔽与澄明，也是人的存在可能性的筹划与展开。在此意义上，马克思的实践恰恰具有了人之本质理解与解释的功能，即实践作为人之本然的存在方式，就是要去除神性或理性加诸人身上的多重异化的因素，而让人通过社会性的生产与交往展开人之为人的诸多可能性，从而实现人的本质力量的全面发展与自我确证。

如果仅从知性的层面理解"解释"，将之视为一种科学的说明与理论的建构，那么，马克思的实践观似乎是走在了解释的对立面，即通过哲学的实现来改变世界。但从生存论层面来理解"解释"，从人的生存的现实性与可能性来理解"解释"是人的生命表现与社会历史之间的本真关联，那么实践却是生存论解释的重要环节。

马克思实践观中的生命表现及人之本质力量的对象性、外化、对象化与自我确证因之都具有了对人之生存解释的功能。人的生命表现之所以可能，就在于生命能够通过对象化而解释自身，即绝对的生命是无法表现自身的，因为它没有一个异己的对象作为自身的确证。黑格尔之所以让绝对精神不断外化与异化，就在于他意识到这一点。马克思认为黑格尔所设定的绝对精神外化其实是非对象化，因为它只是从自身中流射出对象。而马克思所说的生命表现则是生命与对象的相互生成，即具体的生命存在将自身的本质力量投射到对象之中，既通过对象与生命的内化而导致人之本质的生成与超越，也使人的本质在对象中得到解释与澄明。如原始社会的人制作一件石器，通过制作的经验使人的生命本质趋向了一种新的可能性；而在石器的使用与功能之中，人的本质力量又得到了完满的展现。从根本而言，人的本质力量在对象物中的展现就是人的生命自我解释的过程，因为在内在的生命体验中，生命的本质如狄尔泰所比喻的是黑暗的深渊，它虽然也得到内在的理解与体验，但终究是一种个体化的生命经验；而在具体本质力量对象化的过程中，人从异己的对象中实现并确证自身的生命本质，就如同将潜在的幽深体验用明晰的话语加以表达。

实践对于人的生命本质的解释功能与外在语言对于人的内在体验的表达功能差可比拟。语言是通过生命的精神化来表达内在的生命体验，实践则是通过人的本质力量的对象化来解释生命的本质。而且在生存论的视域中，人的生命体验本身就是一个未定的内在存在，它只能通过语言的现实性来发挥其可能性。而人的生命实践也与之相同，即人的本质并不是一个理性或神性的给予物，它本身即具有生成性与超越性，而对象性实践活动通过生命表现的筹划将生命本质的可能性不断地实现并绽放出来。

实际上在马克思看来，语言表达作为生命表现自身的一种方式，它本身就是一种实践的意识，而非与实践相对立的纯粹理性的虚构。作为实践意识的语言也在人的生命对象性活动中成为人之实践的重要构成部分，它也以一种现实化的方式来对人的本质予以敞开。

但对意识哲学将语言予以玄虚化与工具化的行为，马克思则以现实的生活世界的实践予以深刻的批判："对哲学家们说来，从思想世界降到现实世界是最困难的任务之一。语言是思想的直接现实。正像哲学家们把思维变成一种独立的力量那样，他们也一定要把语言变成某种独立的特殊的王国。这就是哲学语言的秘密，在哲学语言里，思想通过词的形式具有自己本身的内容。从思想世界降到现实世界的问题，变成了从语言降到生活中的问题。"① 马克思在此将语言看作现实生活的表现，而非纯粹思想的独白，他是从语言的感性、现实性的维度来批判语言的神性与非现实性。因为在基督教哲学中，语言乃是世界的开端，整个世界都是语言的造化。之后的意识哲学将之转化为观念与概念，并将之作为现实世界的对立面而具有绝对的实存。马克思就是要用现实生活的表达来破除蕴含于语言中的神圣内核，而指出它不过是现实世界的自我异化。即"从思维过渡到现实，也就是从语言过渡到生活的整个问题，只存在于哲学幻想中，也就是说，只有在那种不会明白自己在想像中脱离生活的性质和根源的哲学意识看来才是合理的"②。

如果从人的现实生命表现出发来解开语言神圣性与工具化的面纱，其实语言与实践之间并不存在理论与现实的对立，它们都是对于人的本质力量对象性的敞开与澄明。就像士兵用刀和剑进行他们的革命实践一样，哲

---

① 《马克思恩格斯全集》，中文 1 版，第 3 卷，525 页，北京，人民出版社，1960。
② 同上书，528 页。

学家也是用语言和文字来进行思想的实践。虽然生命表现的方式不同，但他们都是通过现实的对象性活动来达到自身本质力量的生成与自我确证。

正是在此意义上，马克思的实践哲学契入了生存解释学的鹄的并与现代的解释学家狄尔泰、海德格尔、伽达默尔在实践与解释的同构上能够达成思想上的沟通。当然从马克思"人体解剖是猴体解剖的钥匙"原则出发，在马克思之后的思想家虽然从不同甚至相反的视角来对实践予以解释，却也能够使我们探究到马克思哲学中可能潜在的深刻内涵。

三、本质力量的对象化与自我确证

虽然从表面看，狄尔泰与马克思并无多大的思想关联，即他们虽然几乎属于同一个时代，但没有发生实质的思想论战；相对于马克思而言，狄尔泰是一个纯粹的经院学者，他从来没有从事革命性的社会实践活动，但是，对于黑格尔的意识哲学与对生命及历史性的关注，却又使二者的思想构成了一个总体性的生命脉络。

狄尔泰以生命表现为中心建构起他的关于解释与实践的理论。由于生命不断以各种方式解释着自身，而人的对象化的实践行为就构成了生命表现的重要环节。在他看来，生命本是无限丰富的总体性存在。每一个具体生命已经潜在地蕴含了整个社会历史的各种实存。但是作为可能性存在的生命一旦被某种动机所决定，就使自身的丰富性进入到片面性之中，它必然要遮蔽生命具有的其他能力，而将与动机相符合的能力发挥出来。就如一个立志成为音乐家的人就必须开发自身的演奏乐器与识谱的能力，而将自身的体育运动的能力在一定程度上予以遮蔽。生命的先在目的使人的行为屈从于一定的动机而向特定的方向发展，即通过一个决定性动机的作用，行为从生命的丰富性进入了片面性。不管我们如何斟酌它，它也只表达我们本质的一部分。存在于我们本质中的诸多可能性通过这个行为被根除了，从而行为也就脱离了生命关系的背景。若不说明环境、目的、手段和生命关系何以结合在行为中，行为就不允许我们对它产生于其中的内部状况做一全面的规定。①

毋庸置疑，狄尔泰所说的行为也指向人的本质力量对象化活动，但他恰好是在相反的层面上阐释了实践行为与生命本质的关系。马克思认为，人的本质是在实践活动中得到不断的生成与超越，从而由可能性通向现实

---

① 参见洪汉鼎主编：《理解与解释——诠释学经典文选》，94～95 页，北京，东方出版社，2001。

性，由片面性通向丰富性。狄尔泰则认为，人的本质是一种总体性的生命存在，人的实践行为由于受到一定的目的与动机的引导，而不断地敞开并发展了生命总体的某个侧面，从而遮蔽了其无限的可能性，使人由总体性的存在沦为某种特定的存在。

产生这一争端的根源在于对生命本质、生命表现、对象化与非对象化的不同理解。在小写的个体生命与大写的社会历史生命能够构成理解的循环这一层次上，马克思与狄尔泰的思想是相与相通的，即人在社会历史中的实践与理解实质上就是理解人本身。但关键在于，狄尔泰在具体生命与历史事实之外预设了一个原初的生命统一体，只有在原初生命的境域中，个人与历史才能达到生命性的同构与内在理解；而马克思在进入社会历史的考察时，已经扬弃了原初生命的存在，而认为人的对象性活动才是联结现实个人与社会历史的生命纽带，人的对象性活动在社会交往中表现为各种社会关系，正是在此意义上，人的本质是一切社会关系的总和，而它也是构成社会历史本质的基础。

生命本质的原初性与社会性、现实性的区分就构成了对于实践不同层次的理解。从生命原初统一性的维度来说，人的本质力量的对象化是对于原初生命的限制，即通过对象性的活动，人的生命本质的特定方面在对象中被固定下来，并使人在对象中对自己的本质有所理解与确证。但就如庄子所喻：昭氏之鼓琴，当他发出宫音，必定会遮蔽了商音的可能性。琴本身是五音俱全的，但在实践的过程中，却不能将五音同时弹奏出来。也就是说，在一定的指引下的行为将人的本质力量外化到对象之中，并在对象中达到生命的自我确证。但问题在于，人的生命本质是无限的总体性存在，而对象物却是一种有限的存在，人与对象的实践性关联虽然使人的本质力量在特定的方面有所提升，但生命的总体性却因为受对象物的限制而遮蔽了其他诸多的可能性，从而在实现自身本质的同时也物化了生命的本质。

而在马克思看来，生命的物化是人的本质全面发展的不可避免的天命。生命的本质本来就不是一个被给予的大全的存在，它只能在人的生命表现与对象性活动中不断地实现与提升。人本身是一个可能性的存在，也是一个特定的存在，人作为可能性的存在，他能够有自由自觉的活动，即"动物的生产是片面的，而人的生产是全面的……动物只生产自身，而人再生产整个自然界；动物的产品直接属于它的肉体，而人则自由地面对自己的产品。动物只是按照它所属的那个种的尺度和需要来构造，而人懂得按照任何一个种的尺度来进行生产，并且懂得处处都把内在的尺度运用于对象"①。而作为特定的存在，人总是在具体的社会历史语境中现实地生存着，人的可能性与现实性之间的张力使生命要实现自身的自由全面发展，就必须不断地通过对象化的活动将自身的本质力量投射到事物之中，在对象中达到生命本质的自我确证。

诚然，人的现实性与物的规定性会使对象性的活动导致生命本质的自我彰显与自我遮蔽。但如果将人纳入社会总体性的关联中，个体的有限性与实践的特殊性就可得以扬弃，此即马克思所说："首先应当避免重新把'社会'当作抽象的东西同个体对立起来。**个体是社会存在物**。因此，他的生命表现，即使不采取**共同的**、同他人一起完成的生命表现这种直接形式，也是**社会生活**的表现和确证。"② 马克思在此指出了个体的生命与他人的生命表现即社会生活表现的内在关联性。③ 如果将社会看作有机体的存在，那么社会生活表现也可称为社会生命的表现，也类似于狄尔泰所说的生命统一体；但它是基于现实的社会交往而建立起人与人之间的生命关联，并非如狄尔泰预设了在社会产生之前已经存在的生命原初统一体。④ 因此，人的本质不是内在无声的类，而是一切社会关系的总和。

狄尔泰虽然也重视对他人及其生命表现的理解，但由于他没有从现实的社会关系去理解人的本质，因而他所理解的人的实践行为是对人的存在的可能性的特定发展，即人由一种无限丰富的生命存在囿于现实的特殊性之中。而马克思则是通过个体与社会之间的内在关联展现了人的特殊性与总体性的统一。他说道："人是一个**特殊的**个体，并且正是他的特殊性使他成为一个个体，成为一个现实的、**单个的**社会存在物，同样，他也是**总体**，观念的总体，被思考和被感知的社会的自为的主体存在，正如他在现实中既作为对社会存在的直观和现实享受而存在，又作为人的生命表现的总体而存在一样。"⑤ 他这里所说的观念的总体与生命表现的总体并非黑格尔的总体性的精神理念，而是指人的生命本质中所蕴含的总体性，它使人作为特殊的个体能够与社会内在关联起来，而人的生命本质的总体性正

---

① ［德］马克思：《1844 年经济学哲学手稿》，58 页，北京，人民出版社，2000。

② 同上书，84 页。

③ 在德语中，生命与生活是同一单词 "Leben"。

④ 早期马克思受费尔巴哈影响，使用类生命与类存在等概念时似乎也承认有生命原初统一体的存在，但他在《关于费尔巴哈的提纲》中就用社会扬弃了类生命的存在。

⑤ ［德］马克思：《1844 年经济学哲学手稿》，84 页，北京，人民出版社，2000。

是通过社会实践得以展开与实现。

　　总体性的生命表现必然导致人的本质力量的对象化，对此马克思与狄尔泰是一致认同的。马克思将对象化看作人的本质生成超越的必经过程，即"无论从理论方面还是从实践方面来说，人的本质的对象化都是必要的"①。他以人的感觉生成性为例，社会人的感觉不同于非社会人的感觉，人之所以能够通过感觉确证自身的本质力量，就在于"**人的**感觉、感觉的人性，都是由于**它的**对象的存在，由于**人化的**自然界，才产生出来的"②。因此没有对象的存在，人的感觉乃至人的本质，可以说只是一种非存在物。

　　狄尔泰则是从生命客观化的层面来理解人的本质对象化③。他所说的客观化的生命包含了比黑格尔的客观精神更为广阔的范畴，既包括语言、习俗等任何一种生活形式，也包括家庭、国家、法律、艺术、宗教和哲学，它构成了所谓客观精神的世界。而客观化的生命是生命对象化的结果，它是对于生命内在本质的一种展开与物化。如一件精美的瓷器，既是人的内在本质对于艺术的想象与发挥，也是制造瓷器的工具、材料对于人的本质的限制与物化。它作为生命本质的客观定在使潜在的生命以特定的方式呈现出来，使人能够通过它反观并确证生命的存在，但由于它是特殊的实践活动的产物，它也遮蔽了生命本质的其他可能的向度。因此必须通过对于蕴含于瓷器之内的生命体验的理解，才能理解原初生命统一体无限丰富的内在本质。

　　狄尔泰将生命对象化的实践行为看作第二层次的生命表现，它必须通过人的内在生命体验的表达才能达到对于生命最为本真的澄明与解释。与实践行为的对象化相比，生命内在的体验表达是非对象性的，它因而是最高层次的生命表现与自我理解。在体验中，生命与对象是内在无区分的一体共在，即体验不是作为一个对象站立于认识者的对面，对我来说，体验的此在与体验中所包含的内容是没有差别的。④ 而在体验性的表达中，生命在一个观察、反省和理论无法进入的深处呈现自身，体验表达之所以比逻辑概念和人的实践行为是更深层次的生命表现，就在于它能够将生命的

---

　　① ［德］马克思：《1844年经济学哲学手稿》，88页，北京，人民出版社，2000。

　　② 同上书，87页。

　　③ 在德语中，"客观化"与"对象化"是同一个单词，二者只是在语境上有所区分，但在一般意义上，客观化与对象化可以等同，狄尔泰所说的生命客观化即意味着生命对象化的过程与结果。

　　④ 参见谢地坤：《走向精神科学之路——狄尔泰哲学思想研究》，63页，南京，江苏人民出版社，2003。

内在本质以原初样式丰满地予以解释表达，而非像概念和行为一样将丰富的生命予以特殊的限定。

而在马克思的思想中，人的生命的确也具有非对象化的本质，如"自然界……是人的**无机的身体**"① "人是自然的一部分"② 就指出了人与自然界在对象性之外还具有非对象性的关系。但马克思所说的非对象性具有不同的层次，当他批判黑格尔的自我意识的对象化实际是非对象化，以及非对象性的存在物是非存在时，是从绝对精神的自我对象化并设定物性的层面来说非对象化是对象化的一种幻相，但非对象化还具有对象化的自我扬弃与自我确证的层面，即当人的本质力量对象化到事物之中，人从对象中确证自身的本质时，既将之看作自身本质力量对象化的成果，又要领会到它实际上不是与自己相对立的客体，而是生命本质的一部分，因而与人具有非对象性的关联。但这种生命本质的自我确证的非对象性与狄尔泰的体验表达的非对象性相比，经历了自我的对象化与对象化的扬弃过程，因而具有更为真实的丰富性与现实性。

不过狄尔泰从内在体验表达转到对生命客观化物的理解与马克思的本质力量的自我确证又有相似之处。如法律的制定是社会共同体的生命客观化的结果，当人们遵守并理解法律的时候，并不能将之看作限制我的行为的规章与对立物，而应将之理解为生命本质中已经存在的律条与限制，因而对于法规的理解实际就是对于生命本质的内在领会。

总体而言，狄尔泰认为实践行为使人从可能性的存在沉沦为特定的存在，他是领会到实践乃是生命发生异化的根源。但是他没有意识到"异化与异化的扬弃走的是同一条道路"，人之本质的自由全面发展必须经过实践的异化及其扬弃才能通达；为了避免或者说消融实践的异化，他走上了生命客观化理解与内在体验的路途，因而缺乏了人之本质的社会化和现实性的维度。在这一点上，马克思的实践使人的本质超越形而上的潜在形式，而通过现实的生命表现与对象化活动，达到了生命本质的自我生成与自我确证。因为"人是**肉体的**、有自然力的、有生命的、现实的、感性的、对象性的存在物，这就等于说，人有**现实的、感性的对象**作为自己本质的即自己生命表现的对象；或者说，人只有凭借现实的、感性的对象才能**表现**自己的生命"③。之所以要

---

① ［德］马克思：《1844 年经济学哲学手稿》，56 页，北京，人民出版社，2000。
② 同上书，207 页。
③ 同上书，105～106 页。

将对象作为生命表现的中介，就因为人的本质在生命之中只能是一个黑暗的深渊，感性对象则是本质得以生成与敞亮的场域，是对象化的实践使人的本质从不在场的幽深处在世界中现身。

虽然人的本质力量的对象化在理论与实践上都是必要的，但马克思无疑也看到对象化的行为必然使人的本质从丰富性陷入物化的可能，即具体生命在某种特定的境域中使自身的本质异化，却以为在异化中获得了自身的本质，如资产阶级在对私有财产的占有中展示并确证自身的本质力量，但这种确证却是以异化的形式得到实现。对此，异化的扬弃与人的本质自由全面发展是使人超越实践性异化的根本途径。

在马克思看来，由对象性活动所造成的人的本质的异化只有通过实践才能从根本上予以扬弃，而不能仅仅诉诸理论的直观与生命的体验。实际上异化与异化的扬弃走的是同一条路，即由人的本质力量对象化所导致的物化与异化是人的本质生成与自我澄明的天命。但异化的活动中已经具有扬弃异化的肇端。在现实社会中，私有财产既是异化的原因，也是异化的结果。人的本质力量必须要对象化到一定的程度，才可能形成私有财产及其观念，而私有财产的极大丰富才是对其予以扬弃的基础，即人的本质力量的自由全面发展其实就是建立在人的实践活动的充分对象化和异化的基础之上，如对原始部落谈人的本质的自由全面发展就只能是理论的玄想。

人的自由全面发展无疑是生命的一种应然澄明的存在状态，它与现实的人的沉沦异化相互对待。但如果只将生命本质的丰富性与可能性在非对象性的生命体验中予以表达而不诉诸人的本质力量的对象化与自我确证，这就是马克思所批判的哲学家只是以不同的方式解释世界的纯粹理论的态度。而它只是以逻辑概念的形式对社会历史予以说明，却缺乏用现实对象性的活动对世界予以去蔽澄明的维度，这就如马克思所讽刺的：在法国所发生的现实的革命只不过在德国人帽子底下发生了。正是针对这种纯粹思想理论解释的方式，马克思用人的现实的生命表现、对象化及非对象化的活动来对世界及人的本质予以敞开、显现，并因之契入了生存解释学的内在本质，而现实的实践才是对世界及人的本质予以解释的真正内核。

第二节 生存论的解释与原初实践的关联

马克思以对象性实践来阐明人的生命存在的生成与超越的本质，并以此来批判意识哲学对于世界的说明性解释，而形成具有存在论性质的实践哲学的传统。但他对实践与解释的二分，却也招致来自生存论思想的批判，如海德格尔在 1969 年主持的讨论班上曾对马克思的二分做过如下评论："现今的'哲学'满足于跟在科学后面亦步亦趋，这种哲学误解了这个时代的两重独特现实：经济发展与这种发展所需要的架构。""马克思主义懂得这〔双重〕现实。然而他还提出了其它的任务：'哲学家们只是以不同的方式解释世界，而问题在于改变世界。'〔让我们〕来考察以下这个论题：解释世界与改变世界之间是否存在着真正的对立？难道对世界的每一个解释不都已经是对世界的改变了吗？对世界的每一个解释不都预设了，解释是一种真正的思之事业吗？另一方面，对世界的每一个改变不都把一种理论前见预设为工具吗？"①

一、解释之为世界的展延与人之生存本质的澄明

海德格尔对于马克思批判的基点在于哲学家们对于世界的每一个解释实际上已经改变了世界。而改变世界的每一实践活动必定要以一定的理论作为前见。他的批判明显与他的生存论的理解与解释的思想内在关联，即他所说的解释不仅仅是对于世界的一种科学说明，而且是人与存在之间关联的敞开与澄明。当然在存在者的层次上，这种敞开往往借助于理论表达的方式。但在生存论的层次上，解释奠基于此在的前理解之中，是对于人的理解的展开与显露，即"解释并非把一种含义抛到赤裸裸的现成事物之上，并不是给它贴上一种价值标签。随世内照面的东西本身一向已有在世界之领会中展开出来的因缘；解释无非是把这一因缘解释出来而已"②。

他因而区分了解释（Auslegung）与说明、阐释（Interpretation），解释是存在论意义的敞开、去蔽与澄明，而阐释则是存在者层次上的说明、诠释与阐明。存在者层次上的阐释与人的实践活动相互对待，而生存论存在论的解释则是将二者内含于自身，即实践是生存解释学的一个环节。

海德格尔正是从生存解释学视域来理解哲学家的理论活动与实践之间的关联。即便是纯粹理性思辩的哲学对于世界的外在性说明总已经包含了一种生存论理解的维度，他们的解释总已经内在地改变了世界或者改变了自身的内在世界。而相对于动物无意识的活动，人总需要一定的理论前见

---

① ［法］F. 费迪耶等辑录：《晚期海德格尔的三天讨论班纪要》，载《哲学译丛》，2001（3）。

② Martin Heidegger, *Being and Time*, Basil Blakwell, The Camelot Press Ltd., 1962, pp. 190–191.

作为行动的基础，在此意义上，对于世界的"解释"正是一种真正的思之事业，它使人与存在的关系在知与行之中得到更深刻的澄明。

海德格尔的批判其实蕴含了一个前提，即人的理解与解释是一个生存论存在论的行为，而对象性的实践活动则只是此在沉沦状态下的活动，这其实是对马克思实践观的一种贬谪，因为在马克思的思想中，实践才是人之澄明自身生命本质的存在论根基。

产生这一问题的根源也在于对人之本质的理解。毋庸置疑，马克思虽然关注人的应然状态，但现实的个人却是他思想的出发点，在这个基点之上，"人的根本就是人本身"①，以及"人的本质……在其现实性上，它是一切社会关系的总和"②，只可能在具体社会历史关系中生成并确证人的生命本质，而不能诉诸前社会的神性、理性或某种自然状态与类生命。

然而，在海德格尔看来，人的本质只能从存在中不断地绽出。在人之本质的生成性、超越性、可能性与历史性上，他与马克思是不谋而合的，他甚至认为在历史性问题上，马克思超出了现代哲学家对于历史性的表达与批判。关键在于，人的本质是生成与超越的，但它并不能在现实的生活世界得到生成，只能是在日常世界中抽身而出，听从良知的呼唤而理解存在的澄明境域，方可能让人的本质得以展露。

马克思批判了人在特定的历史境遇与社会环境中会陷入异化状态，并将自身的本质对象化出来，但人之本质的全面发展也能够在对象化的实践中予以实现。而在海德格尔看来，在现实的日常世界中，人始终是沉沦并异化着的存在者，并不在于是哪一种社会制度或私有财产的奴役才导致异化的产生。被抛是人不可避免的天命，而被抛于世即意味着人的沉沦与异化。但人并非始终沉沦，也不是靠人的本质力量的对象化与自我确证来扬弃在世的沉沦与异化，而是在世界中理解自身与存在的生存论关联，要在非对象化的领会中通达自身的能在与澄明。

海德格尔在《关于人道主义的书信》中评述马克思关于人的本质的思想时说道："马克思主张要认识并承认'合人性的人'。他在'社会'中发现了合人性的人。在马克思看来，'社会的'人就是'自然的'人。在'社会'里，人的'自然本性'，这就是说，'自然需要'（食、衣、繁殖、经济生活）

---

① 《马克思恩格斯选集》，2版，第1卷，9页，北京，人民出版社，1995。
② 同上书，56页。

的整体都同样地得到保证。"① 可见，他认为马克思关于社会关系的维度已经包含了人之自然本质的维度，这也即是马克思所说的："**社会**是人同自然界的完成了的本质的统一，是自然界的真正复活，是人的实现了的自然主义和自然界的实现了的人道主义。"②

但是，海德格尔并不满足于仅仅从社会这个维度来界定人的本质，在他看来社会是人沉沦的根源，他因而借用形而上学的语言来说"人的本质就是人的生存"③。但将"生存"（Existenz）作为人的本质容易引起混淆。因为在通常意义下，"生存"意味着"现实性"（existentia），而"现实性"又与"可能性"（essentia）相互区分。（中世纪哲学把"existentia"理解为现实性，康德则把它设想为在经验的客观性意义之下的现实性，黑格尔则把它规定为绝对主观性的自知理念。）而海德格尔却是在可能性之绽出的意义上来理解人的生存，即人是存在的澄明，只有人才具有出窍地立于存在的真理之中的基本特质，在此意义上，人不是规定性的被给予性的实体，而是可能性与超越性的存在。

二、生存论的"思"与"操心"之为原初的实践

将人之本质从理性论与社会关系论中越入到生存论存在论之维中，海德格尔即将人之本质的解释，也即关于人与存在的生存关联的"思"看作超越于理论与实践的事情本身。"当思把自己说存在的说放到语言中去作为放在生存的住家之所的时候，思注视着存在的澄明。所以思是一种行为。但却是一种同时超过一切实践的行为。思突出于行动与制造之上，并不是靠一种功劳的伟大性也不是靠一种作用的成果来突出的，而是靠它的毫无成就的完成工作之渺小来突出的。"④

将思看作实践行为并非海氏的发明，柏拉图、亚里士多德就曾经认为思本身就是一种技术，就是为着人的某种目的而进行思虑的手段。他们已经是从实践和创制的角度来看待"思"。（中国的王阳明也认为"凡一念发动处即是行"，即也将"思"看作了一种实践的行为。）而海德格尔的独到之处在于，他不是仅仅将"思"看作一种实践的行为，更不认为"思"仅仅是认识论意义上的理论行为而与人的实践行动相对立，他是从人的本质

---

① 《海德格尔选集》，上卷，364 页，上海，上海三联书店，1996。
② ［德］马克思：《1844 年经济学哲学手稿》，83 页，北京，人民出版社，2000。
③ 《海德格尔选集》，上卷，369 页，上海，上海三联书店，1996。
④ 同上书，403 页。

与行动的本质出发，将"思"提升到超越理论与实践二元对立的存在论层次。在他看来："人们只知道行动是一种作用在起作用。人们是按其功利去评价其现实性。但行动的本质是完成。完成就是：把一种东西展开出它的本质的丰富内容来，把它的本质的丰富内容带出来，producere（完成）。因此真正说来只有已经存在的东西才可完成。然而首先'存在'的东西就是存在。思完成存在对人的本质的关系。"①

由于存在对人的本质关系只有通过本真的思才得以完成，因而思既解释着人的生存的本质，同时，它在解释并澄明人与存在的关联时就已经变成了一种行动。即当思思维着的时候，它也就行动着。而思既是最简单的行动，也是最高的行动。因为它关乎着人与存在之间的关系，而其他一切伦理与生产的实践行为都不过是这一生存论行为的衍生物。

就思之超越理论与实践的本质而言，也可以说它是一种最为原初的理论与原初实践。因为它是对于人之本质的解释，而解释即意味着有所敞开与展露，一切存在者层次上的理论与实践都只是展现着人与存在之间关系及人之本质的特定方式。

而在人之被抛的命运中，人的存在论之思就由于此在在世而转变为生存论的"操心"，"操心"本是此在寓居于世的一种展开方式，也即是关乎人之本质的解释方式。从表面理解，它似乎是指人在世存在的实践方式，因为它是由与物打交道的"操劳"和与人打交道的"操持"所构成。但海德格尔首先声明："操心作为源始的结构整体性在生存论上先天地处于此在的任何实际'行为'与'状况'之前，也就是说，总已经处于它们之中了。因此这一现象绝非表达实践行为先于理论行为的优先地位。通过纯粹直观来规定现成事物，这种活动比起一项'政治行动'或'休息消遣'，其所具有的操心的性质并不更少。'理论'与'实践'都是其存在必须被规定为操心的那种存在者的存在可能性。"② 这一论述恰与海德格尔后期对于马克思的批判遥相呼应，即在他看来，即便是纯直观地对世界加以解释，它也已经具有操心的性质，也已然是一种原初生命表现自身的活动。在此生存论的意义上，"操心"已经超越了理论与实践的二元区分，可以说是一种存在论意义的原初实践。

之所以用原初实践来标识"操心"，是因为实践最原初的含义并非指

①《海德格尔选集》，上卷，358页，上海，上海三联书店，1996。
② ［德］海德格尔：《存在与时间》，223页，北京，三联书店，2006。

伦理、政治交往及生产创制活动，而是指一切生命表现的行动；在此原初实践的意义上，即便是作为"思"和"直观"的操心也能够有所归属。

操心作为此在在世的基本方式，它与生存论的理解与解释相互关联。甚而从根源上可以说，操心是奠基于生存论的理解与解释的，若没有先行具有的理解及存在在自身中的澄明，此在实际上是"无可操心"的。

此在之所以有所操心，既因为它已经被抛于世而与世浮沉，更在于它始终领会到自身是向着最本己的能在而筹划的存在。如果此在完全在世沉沦而忧心忡忡或无忧无虑，它反倒是根本无所操心的，因为它已经遗忘了存在与自身的生存论关联，而仅仅在异化的状态中逐物不返，并失去了生命自由存在之可能性的存在论条件。就如人终日忙忙碌碌，当问及他所忙何事，他自己却因之茫然。如此种存在者层次的繁忙其实是受意欲、愿望与嗜好这类欲望的驱使而脱落了操心的生存论根基。

而在海德格尔看来："嗜好与追求可以在此在中纯粹地展示出来，就此而论，它们也植根于操心。这点并不排斥追求与嗜好从存在论看来也组建着仅仅'活着'、仅仅'有生命'的存在者。然而，'有生命者'的基本存在论建构却是一个单独的问题，而且只有通过简化的褫夺的途径才从此在的存在论中展现出来。"[①] 人当然首先是一个有生命的存在者，而且人之生命不同于动物生命之处并不在于他有所欲求与嗜好，而在于他对于自身的命运有所关注与牵挂，这一关注与牵挂就将人从碌碌世俗中超拔出来，而向着可能性的存在来筹划自身。此种筹划即是对于人自身被抛与沉沦命运的褫夺与简化。

而人向着存在的筹划必定要以自身在世界中的展开状态作为基础。用异化理论表述就是：人能够在多大程度上异化，才能够在异化的扬弃中达到何等程度的自由。沉沦于世的此在如若不能在物化的世界中充分展开自身，也就不能在面向将来的筹划中敞开理解存在的境域。因而此在的操心不是无所谓的牵挂与忙碌，而是在与具体的人和物的交往中对存在有所关注。

此在在世界中与人的交往构成了社会关系的网络，它以政治的、伦理的各种样式规定着人的存在。这种被亚里士多德称为严格实践的活动，海德格尔则称之为"操持"，他甚至在谈论人与人交往时拒绝使用"社会"这个概念，而是用更具形而上学性的"世界"。当然，亚里士多德和马克

---

①　[德]海德格尔：《存在与时间》，224页，北京，三联书店，2006。

思都是用"社会"这个概念来对人加以描述的，如亚氏说"人是政治的动物"，马克思说"人的本质……在其现实性上，它是一切社会关系的总和"①，他们在很大程度上将人看作一个小写的社会，而社会则是一个大写的人。海德格尔也洞察到马克思所说的"社会"并非只具有社会的维度，而是将"自然"的维度纳入其中，但他仍然用"世界"而非"社会"来界定人与人的交往关系时，他所思的还是人之存在的生存论本质。

因为常人都是在社会中生存，但人的社会性本质界定却在很大程度上遮蔽了人与存在之间的关联。虽然与海德格尔同时的卢卡奇做了社会存在论的探究，但在海德格尔看来，社会至多是存在之异化形式的一个单元，说人是一个社会人就已经将人的生存本质疏异化了，就已经让存在论的问题蔽而不显了。相反，说人在世界中就迥然相异，世界本身就是存在之展延，此在在世界中就如在自身中一般无所挂碍。世界才是敞开人与存在本质关联的场域，而社会则是人之生存的羁绊。在社会中，政治、伦理的规范是希冀人们能够相濡以沫；而在世界中，此在一体共在的理想境界则是相忘于江湖，唯有不牵挂社会关系的网络，此在才能够直接面向存在而生存，而与他人的共在才能够成为一体相融的内在存在。

在此意义上，人与人之间是在世界中通达了一种非对象性的交往实践。而在社会中，每一个人既是独立的主体，又必然将他人看作自己对象性的存在。无论是出于家庭的组建、劳动的合作，还是社会化功能等目的，人与人之间的对象化交往在理论与实践上都是必要的。人不仅将他人看作对象，甚而将自己对象化出去，戴上了各种社会性的面具，在不同的社会环境中扮演不同的角色，非如此就不能实现人自身的本质。而在海德格尔看来，只有超越社会的界域而进入到世界境域之中，人才可能觉察到与他人之间的生存论关联。即我们都是由存在抛入到这个世界之中，虽然我们相互依存，构建社会，但社会并非人的根基，人的根基在更深远的存在之中。在世界中，人与人不必构建对象化的关联，因为人本身就是从存在中对象化出来的生命单子，因而人与人从存在论上就是非对象性的共在，此即海德格尔所谓："世界向来已经总是我和他人共同分有的世界。此在的世界是共同世界。'在之中'就是与他人共同存在。他人在世界之内的自在存在就是共同此在。"②

---

① 《马克思恩格斯选集》，2 版，第 1 卷，56 页，北京，人民出版社，1995。
② ［德］海德格尔：《存在与时间》，138 页，北京，三联书店，2006。

　　由于人与人的共同交往而形成了日常此在最切近的周围世界，我与他人是从周围世界来相互照面的。而这个他人并不是除我之外的那些人，而是与我无分别、我也置身于其中的大众。即便我在众人中皎皎不群，也改变不了我的共在本质。实际上，共在在生存论上已经规定了此在的本质，而作为人与人交往实践的操持就植根于作为共同此在的存在论建构之中。海德格尔因此说："作为某个此在的为何之故的当下整体性，世界通过这个此在本身而被带到这个此在本身面前。这种把世界带到自身面前，乃是对此在之可能性的原始筹划，只要此在应当能够置身于存在者中间而与存在者相对待。但世界之筹划，就如同它并未特别地抓住被筹划者一样，同样也始终是被筹划的世界对存在者的笼罩。这种先行的笼罩才使得存在者之为存在者自行敞开出来。此在之存在于其中自行到时的这种筹划着的笼罩事件，就是'在世界之中存在'。"①

　　但在实际的社会交往中，人们因功利之故互相怂恿、互相反对、互不关己、形如路人。这些异化而残缺的操持样式表明了人们日常相互交往的特点。但这些现象其实已经将人在世界中的交往引入歧途，即将自我看作纯粹的主体，而将他人看作我的附庸，这种交往的态度与方式已然将共同此在从存在论上予以剥离了。

　　与相互敌对的、消极的交往方式相对，操持也有两种积极的表现方式。即"操持"可能从他人身上仿佛拿过"操心"来，而且在"操劳"中自己去代替他，为他代庖。如古语所谓"百花采得成蜜后，为谁辛苦为谁甜"。为他人而操劳者，或者是碍于情面之故，或者是受自身权力欲所主使，而在操持中必将他人变成依附者与受控者，即便这种控制蔽而不显，但自我与他人却依然是在沉沦中相濡以沫。为他人代庖终究不能使此在从沉沦中绽放出来，而此在要有所展露，必要筹划自身与他人生存的能在，要为他人的生存做出表率，即不是包揽他人的操心，而是要把操心真正作为操心还给他。（如古语所谓：授人以鱼，不如授人以渔。）这就从沉沦之状的操心关涉到本真的生存论操心，使此在能够领会到世界是存在之澄明的境域，而人则是存在之家的看护人。

　　从生存论的关联来说，与他人的共在是此在一种无可避免的天命，即便是离群索居，它也是以共在的方式存在。此在之所以在世界中，之所以能理解存在，就在于它与他人已经相互构成。此在必定是在共在中来领会

---

① 《海德格尔选集》，上卷，192 页，上海，上海三联书店，1996。

他人，与他人相互照面。操持是为他人而操心，而在他人中，实际就是在此在自身之中。苏格拉底说"认识你自己"，但对自己的认识不能仅仅反躬内省，而是要深入到他人的世界及与他人的交往中而得到澄明。

在社会关系理论中，人作为对象性的存在也必然是主体性的存在，人只有作为主体才能与他人发生交往。但在海德格尔的共同此在中，独立的主体性依然被消解，共在也不能理解为许多现成主体的总和。在日常交往中，此在与他人一道沉沦为常人。"常人是一种生存论的环节，并作为源始现象而属于此在之积极状态。常人本身又有不同可能性以此在的方式进行具体化。"①　从本真性来说，此在是分有存在的生命单子，但从现实性来说，此在已经在日常生活中，将自身平均化消散于常人之中。常人作为复数是指共在的总体，但它又不是一般主体和个别此在的种类，它作为单数则是指与世浮沉的个别此在。

常人是人与人交往所形成的生存的情态，它规定了日常此在庸碌的生活方式，作为平均状态和公众意见，它实际上限制并促使此在对现状有所超越与筹划。此在总是要在常人之中寻视并发现本真自我，常人是在本真此在之前就已寓居于世，因而它在本质上就是生存论的东西，此在只可能从常人中绽露出来并理解存在。②

海德格尔所说的常人虽然也是现实日常生活中的人的存在，但它却与马克思"现实的个人"殊相迥异。诚然，"常人"与"现实的个人"都是展现人的生命本质的基础，但海德格尔用常人所要表达的是人与人的平均化交往所构成的生活总体，它是由存在在世界中的异化作为生存的根基。常人即便可以分化为具体的个人，但这些分化的个人并没有独立主体的性质，而是受一般化的常人的操控与驱使，如价值观念、生活方式、审美标准等都是由平均状态的常人所设定，日常此在则照之执行。而马克思所说的"现实的个人"则是具有独立性的社会主体，它可以通过自身对象性的实践与他人构成社会关联，虽然在这种关联中，每个人都是生命表现的总体，即通过对于他人的行为与总体性的观念而确证自身的社会本质。"现实的个人"与社会总体相互区分，但马克思明言，不要将社会与个人抽象地对立起来，即个人其实是一个小写的社会，社会则是大写的个人。社会

---

①　［德］海德格尔：《存在与时间》，150页，北京，三联书店，2006。

②　在笔者看来，海德格尔所说的"此在"与"常人"的关联类似于中国哲学中"道心"与"人心"的关联。

虽然会形成某些传统、权威、制度而对个人予以压制，但社会中形成对个人的自由予以限制的东西从根本上说是人的本质对象化的结果，即人内在生命本质对自身的限制，只有当它在社会中予以敞开之后，"现实的个人"才能将之扬弃，从而实现人自身全面自由的发展。

就此而言，马克思是从肯定的方面论述了社会对"现实的个人"的生命本质的对象化与自我确证，而海德格尔则是从否定的方面阐释了常人对此在生命的专制。不过海德格尔也意识到，由于常人先于此在而寓居于世，因而它也是此在通达本己存在的根基。

三、技术座架化的解蔽之为生存论解释的环节

此在在世界中必然与物有所关联。海德格尔将人与物打交道的方式称为"操劳"。"操劳"包括人对物的生产加工及对工具的操作。亚里士多德曾将这些行为称为"创制"，以区别于纯粹静观的理论活动与政治伦理实践活动。马克思认为劳动是人的本质力量对象化的根本环节，因而也是实践的核心范畴，不过马克思所说的生产包括三重维度，即物的生产、精神生产与人自身的生产。而物的生产则是后两者的基础。海德格尔则对亚里士多德与马克思的思想有一种综合，他也认为操劳作为人与物之间的关联，包含有生产实践的维度，但他认为人们往往在生产与操作工具之际忘了有一种先在的操劳即对物的寻视。寻视作为一种直观的看，实际上与操劳内在相关，一切理论与实践其实都源于内在的看。在此意义上，操劳超越了所谓理论与实践的二分，它实际上是在寻视中对于物有所运作。寻视是对于上到手头的事物的一种直观的看，它能够在看中对物有特殊的把握，从而引导人对它予以操作。这种直观的寻视并不仅仅是纯粹理论的观看，而毋宁说是人原初的实践方式。就此而言，"实践活动并非在盲然无视的意义上是'非理论的'，它同理论活动的区别也不仅仅在于这里是考察那里是行动，或者行动为了不至耽于盲目而要运用理论知识。其实行动源始地有它自己的视，考察也同样源始地是一种操劳。理论活动乃是非寻视式地单单观看，观看不是寻视着的，但并不因此就是无规则的，它在方法中为自己造成了规范"①。

海德格尔之所以要探究前理论与前实践状态的寻视，就在于他主要是

---

① Martin Heidegger, *Being and Time*, Basil Blakwell, The Camelot Press Ltd., 1962, p. 99.

从生存论的理解来解释人与物的关联，即人与物虽然在世界中相互区分，但从本源性上来说有着"天地与我并生而万物与我为一"的非对象性关系。人之所以会产生对于物的理论与实践的两种态度，就在于仅仅将物当作人的对象而予以静观或操控。寻视则不是对象化的看与操作，而是非对象化的直观与体验。因此它能够深入事物的本质而对其有所顺应，也才能对于理论观看与实践的操作有所引导。从生存论根源来说，寻视之所以可能就在于人对于存在本身有一种内在的理解，而存在虽然在物的碎片中被锁闭，但人的直观却能打开锁闭，从中去显现存在之澄明。

但近代科学受认识论的影响，首先不是从存在论上去理解事物，而是将之作为人的对象予以层层剥裂加以观看。这种外在看虽然能够从分子探究到原子、夸克，但其实已经失落了物的本质。理论的方法导致上到手头的事物只能以在手状态的方式供我们使用，在此状态下，人、工具与事物之间是扦格不通的，看似人在操作工具，实则工具操纵着人。人的总体性与自由的本质在工具化的操作中沦丧，人因之沦入"座架化"的深渊。

与这种异化式的在手状态相对，海德格尔将人与物之间本真的操劳关系称为"上手状态"，即不通过理论的方法解剖物，而是在源始的打交道中与物相互适洽。海德格尔喜欢以锤子为例来阐释这种状态，即只有经常用锤子来锤，而不是将之作为现成的物来做专题式的把握，才可能对之上手。锤不仅有着对锤子的用具特性的知，而且它还以最恰当的方式占有这一用具。在这种使用着打交道中，操劳使自己从属于那个对当下的用具起组建作用的"为了做"。对锤子这物越少瞪目凝视，对它用得越起劲，对它的关系也变得越源始，它也就越发昭然若揭地作为它所是的东西来照面，作为用具来照面。锤本身揭示了锤子特有的"称手"，我们称用具的这种存在方式为上手状态。①

在一定意义上，上手状态所揭示的人与物在实践中所形成的非对象性的关系就如人的双腿在健康状态可以飞奔之时，它与人自身是融为一体的非对象性的关联，但如果在运动中腿被扭伤，须要加以看护，它就与人转变为对象性的关系；同样一件用具，如果在世界中与人相照面，人对其如其所是加以运用，丝毫不觉得它是与我相对立的东西，那它就已经成为我

---

① 参见［德］海德格尔：《存在与时间》，81页，北京，三联书店，2006。

的一部分。如庄子所言"忘足，履之适也；忘要，带之适也"（《庄子·达生》）就最贴切地描述了人对于物的上手状态，对于"物我两分"之忘，才契入了我与物内在关联的生存论旨趣。

虽然，"上手状态"是在人的实践中所形成，而且它是对于理论观看的在手状态的一种超越，但海氏又明言，这并非意味着"实践"是非理论的或优先于理论。他打破理论与实践二元区分的根据在于，人们说到实践往往忽视了它是受一种先行视见的指引，而且，实践也是对于物及人与存在之间关联的揭示。在存在论层次上，有所揭示即意味着澄明、敞开与解释，而理论的考察同样是为此而操劳，因而在生存论原初实践的层面上，一般所谓的理论与实践本为一体之两面。

作为上手状态的原初实践与一般所谓生产实践也有本质的区分。生产实践总是受一定的动机、目的的指引，而且需要一定经验或理论的指导。如原始人之所以打造石器，就在于有切割肉类的欲望而人力无法达到，必须借助于器具，而在生活经验中又领会到越是坚硬、尖锐而锋利的东西越是有利于切割，就在此动机与经验的指引下，人类有了制造工具的开端。但是原初实践却不是受欲望与经验所驱使，而是基于存在论的先行拥有、先行视见与先行把握，已经先在地领会到人与物之间有一种源始的生存论关联，而要将这种关联揭示出来，必得人与物的相互照面。而在照面中，物不是满足我的欲望的工具，而是澄明人之生存本质的媒介，人不是将物作为工具来加以利用，而是作为存在的片段予以领会。如海德格尔在《物》这篇文章中，以壶为例，揭示出壶存在之本质在于天地人神四方域的统一，即如把壶只作为人之使用的工具，它只是死气沉沉的存在者，但你如其所是地去予以寻视，却可以在之中理解到存在的微缩。

作为原初实践的操劳不断地与上到手头的事物打着交道，但无论是本真的上手状态还是对象性的在手状态，其实都已经蕴含了对于存在及存在者的某种生存论的理解与解释。此处的理解当然是由先有、先见与先把握所决定，总是人的前结构已经规定了你以何种方式对物之本质加以揭示，本质的揭示即是对物自身有所解释。理论观看的在手状态自以为运用科学的方法对物加以分解归类，已然深入物的本真，实则谬之大矣。而非对象性的寻视和上手状态则如物之所是而任物之所行，看则物我两忘，实则得物存在之真，虽然不能对物有所说明，却在"用之中"敞开了物的存在本质。

当海德格尔阐述源初性的上手状态时，看似在描述一种技术的实践，如用锤子锤东西，实际上如庄子笔下的庖丁一般，"道也，进乎技矣"（《庄子·养生主》），即上手状态所操作的用具不是一般意义上的技术工具，而是艺术性的意境挥发，它就如我的肉体一样融入我的生命，对于它的运筹其实就是自我生命的表现。它也是对于此在本质的生存论解释与澄明。

用具在人的操劳和寻视中面向此在而展开。即"只要寻视始终面向存在者，寻视就无路可通达它本身；但它却向来已经对寻视展开了"①。海德格尔所说的展开不是通过理论的推论而间接获得说明，而是意味着"开敞"和"敞开"状态，它在生存论上是此在对于存在的领会与存在涌现出自身。

而在用具中涌现出的存在之光照就表明存在之真理已经设置入用具之中，此用具就已不再是一般意义上的器具，而是存在论意义上的艺术作品。从发生学的本源上来说，器具与艺术作品都必待人之创作加工而后成，一块天然玉石只能在比喻的意义上说是大自然的杰作，而不能谓之真正的艺术作品。因此之故，亚里士多德将艺术创作与生产技术归于一类，而称之为"技艺"或"创制"。但海德格尔在二者中看到了存在论的差异，他说道："我们把创作思为生产。但器具的制作也是一种生产。手工业却无疑不创作作品——这是一个奇特的语言游戏；哪怕我们有必要把手工艺和工厂制品区别开来手工业也不创作作品。但是创作的生产又如何与制作方式的生产区别开来呢？"② 为解答这一问题，海德格尔从词源学入手，指明"tech"这个词在古希腊既不是今天所谓的技术与艺术，也不是指某种实践活动，而是指"对在场者之为这样一个在场者的觉知"，其意义本质则是"存在者之解蔽"。而解蔽恰恰与存在之"遮蔽""涌现""开展""敞开""澄明"相互呼应。这些概念又都与存在论的"真理"相互关联。他在《存在与时间》中就批判了传统符合论的真理观，而从此在的展开状态与存在的去蔽来揭示真理的意义，即在最源始的意义上，真理乃是此在的展开状态，而此在的展开状态中，包含有世内存在者的揭示状态。③ 此在的展开状态即是对于存在的领会及自身的解释，而存在者在此在的操劳中一并得到理解。而在《论真理的本质》中，他从词源学上将真理解释为

---

① ［德］海德格尔：《存在与时间》，88 页，北京，三联书店，2006。
② 《海德格尔选集》，上卷，279 页，上海，上海三联书店，1996。
③ 参见［德］海德格尔：《存在与时间》，256 页，北京，三联书店，2006。

"无蔽"，在生存论的理解中，此在的展开与存在的无蔽内在相关，即此在不断地展开、绽出自身而参与到存在的敞开之境中，在此意义上，真理的本质是揭示自身为自由。

经过"tech"之为"解蔽"及其与真理意义关联的解释，海德格尔将生产过程中是否有真理之发生作为区分艺术品与器具的根源，即"真理之进入作品的设立是这样一个存在者的生产，这个存在者先前还不曾在，此后也不再重复。生产过程把这种存在者如此这般地置入敞开领域之中，从而被生产的东西才照亮了它出现于其中的敞开领域的敞开性。当生产过程带来存在者之敞开性亦即真理之际，被生产者就是作品。这种生产就是创作"①。当然，说真理参与了艺术品的创作还是一种抽象的说法，难以为一般人所理解，而从切近处入手，器具与艺术作品的区别则在于有用性与无用性之分。

人们去生产制作一件器具，绝非闲来无事之作，而必然出于一定的目的，依赖于一定的生产经验，即要用到某一物来解决人力所无法达成之事，如要将动物的筋骨砸开而人的拳头无济于事，就必然要制作比人的拳头更为坚硬沉重的石锤来予以解决。由此可见，器具之所以存在就在于其有用性，有用性首先将器具与自然物分开，如果一物是纯然自然物，它则与我们两相对待，并不具有有用性，如树上的树枝，它自有它生长的机理，并不能被视为器具，但如我因腿力不济，要折断这根树枝作我的拐杖，那它就立刻从自然物中抽身而出，因其有用性而成为一件器具。

与器具的有用性的制作恰相迥异，艺术品的创作则根源于"无用性"。它的无用性不同于自然物与我两相对待的不为所用，而是存在者之存在的无蔽的澄明，即在艺术作品的创作过程中，人们不是针对物的质料与形式想方设法加工以适合我的某种功用。诚然，艺术品也会有某种用处，如一件精美绝伦的汉代玉壶仍然可以装水饮用，但这种功用实则是其附庸，而且脱离了其本质，在本源上玉壶的创作是为了展现一个无蔽的世界，即敞开在功用之外的无用性的"存在"的理解。它的创作不是因作者窘迫的生活所需，也不是某一个功利目的的驱使，而是上到手头的物已经在此在的生命中产生存在的共鸣，此在急切地想用艺术的方式将此物予以加工，打开锁闭于物性之中存在的光照，以自身对于存在的理解来解除存在者之遮蔽，从而澄明存在的意义。

---

① 《海德格尔选集》，上卷，283 页，上海，上海三联书店，1996。

　　海德格尔即将对于存在者之遮蔽的解除称为真理之发生。存在者之遮蔽可能是一种拒绝，也可能是一种伪装，存在者实际上是将自我澄明而又自我遮蔽。它为了拒绝此在对它的通达而掩饰遮盖自身，这种掩饰使作为无蔽的真理必有待于源始的争执而后出。海德格尔将此争执描述为世界与大地之争，实际可以理解为无限的精神与有限的生命、存在的光照与存在者的晦暗之间的争执。在此争执中，此在是筹划者与仲裁人，它最终将无限的精神凝入有限的生命，将存在的光照镶嵌入存在者的晦暗之中，而在此争执与筹划中，始有艺术作品的诞生。

　　在遮蔽与澄明之争执中发生的艺术作品的创作当然是人的一种实践的行为。但海德格尔在承认艺术作品实践性的同时，却又将用于解蔽、澄明的生存论理解与解释作为它的根基，而创作性的实践则只是生存论解释的衍生物，这一思想甚至贯穿了《存在与时间》《论真理的本质》《艺术作品的本源》与《技术的本质》之始终。

　　与对艺术作品的本源探讨相关，他在追问技术之本质时也摒弃了人的本质力量对象化的道路，而一上手就将"解蔽"作为技术制作的本质概念。其实在《存在与时间》中，阐释上手状态和用具时，海德格尔已关涉到对技术的追问，但他那时尚是从前现代的生产方式来思用具与人的一体相关性，而未涉及现代技术工具化强大操控的力量。而在技术的追问中，他已经意识到这种区分。即现代技术以精密的自然科学为依据，而非人的经验性手工操作。现代技术深刻的理论底蕴使其与人之间的关联不像前现代的手工操作那样单纯，而是在对存在者解蔽的基础上对自然与人本身进行促逼。此种促逼将人的本质摆置入他所对象化的领域之中，以至于人若不完全占有他的对象，他就无法获得自身的本质。在这种关联中，现代人的本质实际已被挤压入技术的座架化之中。

　　海德格尔因此用"座架"来思技术的本质。座架的本义是指某种用具，在此则意味着一种解蔽方式。它在对物予以解蔽的同时也异化着人的生命。如现代航空技术已经使人可以去探求月球上的隐秘，然而这一探求却将人的生命连根拔起。

　　在对现代技术的态度上，海德格尔与马克思大不相同。马克思认为工业是一本打开的关于人的本质力量的书，即技术的本质根源于人的本质力量的对象性，只有人的本质在自然界中充分展现出来，人才可能通过总体性的生命表现与社会关系获得自由全面的发展。在此意义上，技术的本质是与人的本质相关联的，它是人的生命在自然界中的延伸与复活。个体的生命虽然是有限的，但它却通过本质力量的对象化在对象物中得到确证与永恒的生存。马克思诚然领会到技术会使人产生异化的倾向，但他认为这种异化本身不是由技术所构成，而是人的本质中已经具有异化的天命，如果人的本质不通过现代技术充分异化出来，也就不能如凤凰涅槃般在扬弃异化后通达生命的超越性存在。

而海德格尔由于他自身对艺术与手工操作的上手状态的先见，开始对现代技术有所怀疑与忧虑。虽然在解蔽的方式上，现代技术更为精密与深刻，但解蔽并非技术的本质，技术是通过解蔽来对人加以摆置与订造的。与马克思肯定技术是人的本质力量的对象化相反，海德格尔所关注的恰恰是现代技术对人之本质的物化与座架化。在这一点上，他与庄子笔下的抱瓮老人有些类似。抱瓮老人在回答质疑他为何用原始的瓦罐而不用先进的桔槔技术来浇水灌溉时说道："有机械者必有机事，有机事者必有机心。"（《庄子·天地》）即先进的技术固然可以便利我的身体，但它必然会导致机巧的事端，从而使人的纯朴之心陷入无穷的争端之中。而海德格尔所说的摆置、订造与座架其实也就是批判技术对人的生存本质所造成的异化。这种异化的结果是："实际上，今天人类恰恰无论在哪里都不会再碰到自身，亦即他的本质。人类如此明确地处身于座架之促逼的后果中，以至于他没有把座架当作一种要求来觉知，以至于他忽视了作为被要求者的自己，从而也不去理会他何以从其本质而来在一种呼声领域中绽出地生存，因而决不可能仅仅与自身照面。"①

技术对人之本质的座架化使海德格尔体验到一种危险，即人一味地在技术的解蔽方式的探究中锁闭了人更源始地参与存在领域及其无蔽状态，也即对于原初生存理解的疏异将使人从命运上受到危害。诚然，现代技术也不是突如其来的历史事件，而是扎根于人的历史性的命运之中。它本身就是作为解蔽之命运而与人相关联。但是，技术已经以强大的力量摧毁了人与物在世界中的亲和关系，而以极端的主客对立和对象化的方式形成并贯彻了对世界的统治，不仅自然物的生产，就连生命体的培育与繁殖都由于技术的参与而丧失了其生存的本质。

从解蔽之命运上说，座架化当然是人的本质力量对象化的结果，海德格尔从词源学上考证到，"对象"（Gegenstand）这个德文词是作为拉丁文"客体"（objectum）的德译在 18 世纪出现的。但古希腊和中世纪都并不

---

① 《海德格尔选集》，下卷，945 页，上海，上海三联书店，1996。

把在场者看作对象。海德格尔为了凸显在场者之在场性与对象的对立而将对象性（Gegenstandlichkeit）称作对置性（Gegenstandigkeit）。海德格尔的这一转换自有他的道理，因为对象性在黑格尔与马克思那里都是作为一种肯定主体与对象之间的亲和关系的概念而使用，但是现代技术已割裂了人与物的内在关联，而是将现实的事物提升到一个与人相对立的位置供人解剖加工。

人与物的技术性对置并未使人通达于物的无蔽状态，反而使人与物都受到技术的操控与摆置。技术作为人之本质的对象化却在一定程度上异化了人的生命本质，它在对物予以解蔽的同时却导致了更深沉的晦暗，它在促使人对存在的理解时却将存在剥离细碎，它在赋予行动自由时却给生命套上了更沉重的枷锁。

这就是海德格尔追问技术之本质的忧虑所在。而且在现代世界中，技术的座架并非只存在于生产领域，而是深切地渗透到思想、科学、政治、经济等领域之中。如现代科学和极权国家、科层制都是技术之本质的必然结果，同时也是技术的附庸，现代技术已经以工具理性的方式操纵并宰制着人的生活实践。这些现象都是人的本质从存在中脱落的表现，它也正是人类历史性命运的危险所在。

但海德格尔也从危险之处发现了拯救之所，即在技术之本质中也必然蕴含着拯救的命运，这与马克思所谓异化与异化的扬弃走的是同一条路倒是殊途同归。他由此觉察到技术座架化本质的两种意义："一方面，座架促逼入那种订造的疯狂中，此种订造伪装着每一种对解蔽之居有事件的洞识，并因而从根本上危害着与真理的本质的关联。""另一方面，座架自行发生于允诺者中，此允诺者让人持存于其中，使人成为被使用者，用于真理之本质的守护——这一点迄今为止尚未得到经验，但也许将来可得更多的经验。如此，便显现出救渡之升起。"① 座架的双重意义本就是相互对立的，即它在解蔽的伪装下而对真理从事遮蔽的事实，在探究客观真理的名义下将存在的世界割裂为碎片，并将此碎片融入人的生命本质之中。但与此相对，作为存在之命运的座架又将存在与人相互促逼到共同归属的大道（Eregnis）中，在大道中，技术重新闪现了真理解蔽的光芒。而闪现真理之光的技术座架经过艺术的境界，将重新由技而进乎道，将人之生存本质归还于人。

---

① 《海德格尔选集》，下卷，951页，上海，上海三联书店，1996。

技术为何必待艺术的归家而后能成其座架的本质？这就在于技术所导致的人与世界的对象化已经在解蔽的名义下遮蔽了存在的澄明，人在展现其本质力量的同时也为自身自由的实践设置了羁绊。而技术之遮蔽与羁绊的解除乃是实现人之自由的生存本质的基础。海德格尔对于原初允诺的解蔽的呼唤其实是对于技术艺术化的希望，即技术从"有用性"与"座架化"的本质跃入"无用性"与"无蔽化"的艺术境界之中。虽然艺术并非起源于技术，但在解蔽的意义上，二者是同源的，而在寻求人之自由本质的目的上，二者也是殊途同归的。但二者的区分在于，在艺术的创作中，存在之真理与之同时发生。如伟大的诗歌中，诗人以梦呓般的语言道说着无逻辑无科学性的话语，但在其中，存在却在精神与生命的纠葛中涌现出来。诗人既因此展开了自身生命的本质，也向人显现了真理的境域。而技术的制作却以科学的真理为根据来对物做对象性的解析。在此种逐物不返的操控方式中，存在的真理反而蔽而不显，人与物的关联从存在论上被割裂开来。

当技术的座架化本质充分显露，当它将人与存在促逼到无路可退，技术才可能重新在本己存在中与艺术相互归属，但这是一种从来未有的经验，海德格尔对此也仅是有所设想与希望。

从作为人之基本存在方式的操心到人在世界中的操持和操劳，以及追问技术本质与艺术作品的本源，海德格尔是以非实践概念来探讨人的生存实践问题。他实际上是在超越实践与理论二元对立的层次上来阐释作为人的原始生命活动的原初实践。而在他的思想中，原初实践虽然也具有生存论的性质，但它始终是作为此在对于存在的理解与解释的衍生物而显现。因而贯穿于人的交往与生产实践中的核心是对于此在生命的展开与存在者的解蔽，而展开与解蔽本就是生存论解释的一种变式，在此意义上，人的实践本就是生存论解释的一个重要环节。

在世界中的人无论是在操持中为他人操心还是在操劳中对上手之物有所运作，其实质都是要揭示出人与他人及存在者的生存境遇，并由此而展开此在的生命本身。在此在本己展开状态中，存在已经向之敞开自身，人因之能够领会并解释存在的意义。

而在技术的制造与艺术创作中，人们以实践的方式来揭示人与物的内在关联。虽然技术的展现会促逼人的生存，但它毕竟是对人的生命本质的一种展开方式，技术在打造物的属性时也揭示了人的生命，即使在异化的状态下，生命的本质也在充分展现的方式下实现了自我确证。而艺术作为实践的自由方式，它本身就归属于对于遮蔽于物之中的本真存在的昭显。

人能够在多大程度上理解并解释存在，就能够在多大程度上在创作中发挥艺术的本质。

更为重要的是，在艺术创作中，无限的精神与有限的生命、无蔽的存在与自我遮蔽的存在物相互争执，此种争执使人能够在自由生命的抒发中解释着存在的真理。

毋庸置疑，在海德格尔的思想中，与生存的理解一道发生的解释并非只是对于科学理论、经典文本的说明与诠释，其根本之处在于对人之生存本质的展开与揭示。在这一展开与揭示中，存在的光照得以澄明，存在者的遮蔽被予以解构，因而展开、揭示、解蔽、澄明、解构都是生存论的解释在现实世界中的一种变式。人在世界中的操心、操持、操劳和艺术的创作、技术的制作都是人解释自身本质的诸种生存论的环节。

经过这一生存论解释的阐明，经典的实践与解释的关系发生重构。解释不再是哲学家对于世界的理论说明，而是人之为人的一种本然的存在方式，人在解释自身的时候必然要有所生命表现，必然会与物发生对象性的关联，又在非对象化的自我确证中实现自身生命的本质。而人作为解释着的生物，在解释自身的同时也发现自身与世界的同构，进而在对世界的理解与解释中发现隐藏于世界之后的那个无之无化的存在，人终于觉察自身的本质源于存在，而对自我的生存本质的确证其实也是对于存在之意义的澄明。

在对人之本质追问的路途上，海德格尔其实与马克思都遇到解释与实践的存在论问题。马克思由于对现实个人与现实世界的关注而将实践作为人的本然存在方式，即人总是在具体的实践活动中才可能生成并实现自身的本质力量。当然，由对象性实践所生成的人之本质力量的对象化是对于生命本质的解释方式，这也是马克思所认同的。但问题在于，马克思否认人的本质是由一个高于人的存在所给予，"人的根本就是人本身"，即便在《1844年经济学哲学手稿》中所说的类本质也是说人的生命的自由与无限可能性，而非说有一个高于人的"类"已经先验地将人的本质予以设置，而且类本质必须进入现实的人的实践活动与社会关系才能予以实现。而在海德格尔看来，人的生存本质已经先在地由存在所给予，人先天拥有的本质在沉沦于世时却晦而不明，所以人要不断地理解、解释、操心、筹划以超越现实的沉沦之态而融入自身的可能之在，而人的一切理解、解释与实践其实都已被存在所给予的前结构所决定。人虽然是自由的能在，并且能够自由地理解与实践，但这种自由还是基于自身的先有、先见和先把握之上，如果没有前结构的赋予，人其实只能如动物一般自在而不能通达自由，人在现实世界中的实践其实是依循着前理解的道路在历史中解释并筹划自身的本质。

虽然在人是否具有先在性本质上海德格尔与马克思思想殊异，但在人之生存的历史性与可能性上他们却相互遭遇。马克思认为人通过对象性的实践而构成了自身历史性的命运，人只有在历史的具体生命活动中才能够实现自身自由全面的发展。海德格尔认为，马克思在历史性维度上超过他之前与之后的许多哲学家，而他在马克思思想的基础上，将历史性阐释为时间性，时间性是向着将来而到时，人也是面向将来而筹划自身的能在。

在对人之本质的诸种阐明中，马克思始终将人的实践作为理解与实现人之本质的核心范畴，人总是在具体的实践活动及对实践的理解与自我确证中才可能展开其自身的本质，此乃人对自身的生命及对象予以解蔽的基础，如若沉迷于理论的玄思，只能是德国哲学家帽子底下的革命。

而海德格尔则将生存论的理解与解释看作实践的根基，如若没有前理解与生存解释的参与，实践只可能是动物性的本能活动。而且人之实践本就是一种解蔽的方式，它在解蔽与遮蔽之间进入了人之生存的解释学境域。

总体而言，马克思的实践观虽然在表面上与认识论意义的解释相对立，他也因此受到海德格尔的批判，但从狄尔泰与海德格尔对于生命解释与生存论解释的阐发再来反思马克思哲学的实践，却可发现它在存在论的层次具有生存论解释的"让……显现""让……展开""使……敞开""解蔽"的多重意蕴。而且马克思并不主张建立实践哲学，而是专注于哲学的实践，这正是将人的本质的解释从经典文本的诠释带入到世界本文的事情本身之中。在此意义上，他与海德格尔的事实性解释学的生存论建构殊途同归。

但海德格尔仅将实践视为人的生存解释的一个基本环节，而非像马克思一样用实践贯穿了生存解释的始终。他用"语言"来贯穿生存理解与解释的各个环节。而他这一思想又导致在他之后哲学解释学中语言与实践的生存论关联。

第三节　语言与实践的生存论关联

其实，并非海德格尔和伽达默尔首次阐发了语言与实践之间的关联。

马克思在批判神学语言观的同时也将语言视为"现存实践的意识"并称之为感性的"生命表现"。他已经注意到语言并非只是表达思想的工具，而且具有内在的实践本性，即语言本身是人的本质与社会生活的表达；它经过人的对象化的实践凝练而成，又在一定程度上表现并规定人的生命活动。以往的哲学家忽略了语言的实践性根源，而将语言异化为独立的存在作为社会生活的根基。

一、语言之为原初的生命实践

海德格尔与马克思对于语言、实践的关联的不同的理解在哲学史上可以找到根由，即语言历来具有"道言"与"人言"两个不同的层次，这在前面对于语言生存论的分析中已有所阐明。在道言的肉身化与人言的精神化的维度上，语言与实践的关联产生了分歧。在基督教的"言成肉身"中，作为逻各斯的"上帝之言"本身就具有无限的创造性与实践性，即上帝的言说导致了万物的生成繁衍，上帝所说出的不仅仅是一堆空洞的话语，它也是上帝的创造行动本身，上帝之"言"与"行"本相一致，而"言"却是"行"的存在论根基。

而在"人言"的层次上，人的内在语言的活动本就是将内在的生命体验转换为精神性的表达。当人们仅仅从外在形式来理解语言时，它似乎是与人的实践行为相互分离的。如狄尔泰就将语言表达作为生命表现的第一个层次，而人的实践行动则属于第二个层次。但当我们深入到内在生命语词的维度之中，一般所谓的实践却成为语言的对象化与自我表现，语言甚而牢牢地涵摄了实践的本质。与黑格尔同时代的洪堡就认为"语言不是一种产品，而是创造活动"①，"精神实际只存在于语言活动之中，除此之外它就别无存在"②。他实际上将语言看作人最原初的生命实践活动，而人的生产与交往只能建基于语言的活动之上。洪堡将语言视为生命的创造活动无疑对海德格尔的语言生存论和伽达默尔的语言世界经验有极大的影响。甚至可以说，海德格尔称之为人之原初实践行为的"思"是对洪堡内在语言活动的深化与解释。洪堡、黑格尔与海德格尔都体验到言与思的内在一体的本质，即思是内在语言活动的筹划与完成，而言是思的根基与元

---

①　［德］威廉·洪堡特：《论人类语言结构的差异及其对人类精神发展的影响》，56页，北京，商务印书馆，1999。

②　同上书，57页。

素，思作为生命体验性的内在语词在精神中的激发，它又通过一定的口语或文字形式表达为外在的语言。

洪堡的内在语言活动、海德格尔的"思"和实践的前理解其实内在相关。凡是关涉到人的实践活动无不有一定的前理解参与其中，如一定的价值判断、基本知识能力的结构及行为的目的等等。没有这些因素的参与，人的实践就很难与动物的本能活动区分开来。而实践的前理解在人的生命之中只是以内在语言活动的形式存在。语言渗入到人的情感、意志与知性的结构之中，将原本潜在的生命元素联结为具有实质性内容的意象与思想，使其在付诸现实行动之前已经对行为有所筹划。在此意义上，具体的实践活动的对象性因素本质上是原初生命内在语词的对象性。内在语词若不将自身通过生命表现的方式外化出来，那它将永远是封闭于地壳中的能量，虽然使自身的理智、情感意志的内在生命世界波涛起伏，却与外在生活世界毫无关涉。而它作为精神生命化与生命精神化的凝聚，终究要在现实世界中展开其生存的本质。

内在语词当然在现实世界中以特定的声响与文字符号来展现其自身的世界，它的这种直接表现方式使人误以为外在话语和文字就是语言的全部。而在话语与文字传达意义的时候，语言也以手势等间接的方式表达自身时，它其实已经处于人们区分语言与实践的临界点。它是以一种行为的方式表达着内在的意义，这种表达既具有语言的象征性的功能，又有实际性的生命活动的参与，它是以实践性的方式表达着自身的生命及对于他人生命的内在理解。

正是在此意义上，伽达默尔认为我们用语言发生交谈，但交谈并非一种理论活动，而是生命实践的活动，它是由实践智慧的参与才可能得以发生。因为独白式的语言作为生命经验的书写，可以在一种纯粹理论状态下完成，然而交谈却是两个乃至多个生命的现实交往。为了使交谈充满意义，语言的使用者都要充分理解对方的生命活动并建构一个可供交流的语境。没有共同语境的交流是很难具有意义的，它将类似于人与动物之间的纯粹依从式的相处，而语境的营造就必须有实践智慧的参与，它促使谈话者将自身的内在语词以适当的方式表达出来，以期在他人的生命中显现自身语言的实践性力量。

二、语言世界经验之为实践性教化的根基

实际上，充满意义的语言交流将使交谈双方的生命都产生微妙的变

化。一方面，对于他人生命表现的理解能扩充自身的本质力量，另一方面，他人对自我表达的理解则使自身本质力量的对象化获得了完满的确证，使人从他人生命中发现了另外一个自我。生命的相互理解与确证使语言作为理解的实践从生命体验的内在性中展现出来，而与实践性的教化相互关联。

从根本而言，教化无论是作为生命的行为还是精神的活动，其本质都是实践的，因为它是对于自然的个体性的塑造，要通过一种生命与精神的异化过程将潜在于个体中的内容发展出来，使自在存在的个体性通过教化的运动直接向对象性本质而发展，也即是向着现实世界而转化。[①] 因此，黑格尔曾经将教化规定为自身异化了的精神，他是从伦理世界的精神变易中觉察到教化这一本质的。

在对教化本质进一步的阐明中，黑格尔领会到语言和教化之间的内在关联，即个体性的异化与教化只发生在语言中，语言实际上就是异化或教化的现实。他说道："在这里出现的语言，具有它独特的意义。——在伦理世界里语言表示着规律和命令，在现实世界里它只表现为建议，在这两种世界里语言以本质为内容，而语言本身则是本质的形式。但现在，语言却以它自己这个形式为内容，并且作为语言而有效准；实现那必须予以实现的东西，其所依靠的力量就在于说话，在于说话本身。"[②]

黑格尔在此表达了语言在现实的教化活动中所具有的实践性本质。无论是在伦理世界还是在现实世界，语言自身既是教化的媒介，又是教化的现实，它作为一种实践的意识参与到伦理精神的建构之中。如中国古语所云："言为士则，行为世范"。伦理世界的言与行并不是两种对立存在，而是语言表现自身的不同方式。作为道德规则、律令的言是语言以纯粹律令的形式将自身镌刻于伦理的规范之中，而作为道德践履的行是对于言的一种外化与实现。在具体的道德行为与道德教化中，语言是以说话的方式表现自身的力量。言说既可以规范他人的行为，也可以使自己理解规范而达到知与行的合一。

伽达默尔在《真理与方法》中对教化做了深入的探讨，他在阐明教化概念的词源学与思想脉络之后说道："人之为人的显著特征就在于，他脱离了直接性和本能性的东西，而人之所以能脱离直接性和本能性的

---

① 参见［德］黑格尔：《精神现象学》，下卷，43 页，北京，商务印书馆，1979。
② 同上书，55 页。

东西，就在于他的本质具有精神的理性的方面。'……人按其本性就不是他应当是的东西'——因此，人就需要教化。黑格尔称之为教化的形式本质的东西，是以教化的普遍性为基础的。从某种提升到普遍性的概念出发，黑格尔就能够统一地把握他的时代对于教化所作的理解。向普遍性的提升并不是局限于理论性的教化，而且一般来说，它不仅仅是指一种与实践活动相对立的理论活动，而是在总体上维护人类理性的本质规定。人类教化的一般本质就是使自身成为一个普遍的精神存在。"①伽达默尔虽然跟随黑格尔区分了理论性教化与实践性教化，但他实际认为教化本身就是一种实践性的行为，理论性教化只是语言在知性领域的实践性运用，它最终的目的还是在于使个体性的生存提升为普遍的精神性存在。而实践性教化则是语言经验在生产、艺术、道德领域的运用，而且语言将理论性教化与实践性教化关联为人之本质生成与实现的生命实践活动。

　　当然，从现实性上看，理论性教化更多地关涉到知性的理解与解释，要想使一个人掌握某种理论，首要的条件就是让他能够理解相关的语言概念，而对于特殊理论概念的理解又必须以个体性的内在语言为根基，因而理论性教化的过程就是内在语言经验与理论概念相异化而又同化的过程，内在语言经验必须通过一种异化的方式在概念中重新发现自身，并与之同化，才可能使自我的生命进入到理论的逻辑结构之中。正是在此意义上，伽达默尔指出："在异己的东西里认识自身、在异己的东西里感到是在自己的家，这就是精神的基本运动，这种精神的存在只是从他物出发向自己本身的返回。就此而言，一切理论性的教化，甚至包括对陌生的语言和表象世界的领会，也只是很久以前开始的某个教化过程的单纯延续。每一个使自己由自然存在上升到精神性事物的个别个体，在他的民族的语言、习俗和制度里都发现一个前定的实体，而这个实体如他所掌握的语言一样，他已使其成为他自己的东西了。"②

　　他这里所说的"前定的实体"类似于海德格尔所说的前结构，它是人之为人的生存本质的根本结构，而语言经验就是生命前结构中最重要的环节，没有语言经验的参与，任何知性理论与文化形态都不可能以传统的方式得到沿承，并使人在教化中通向总体性的精神存在。

---

①　[德] 伽达默尔：《真理与方法》，上卷，14 页，上海，上海译文出版社，2004。
②　同上书，17 页。

相对于理论性的教化而言，实践性的教化并不关注外在的逻辑结构与语言概念，而是直接深入到人的生命结构与内在语言经验之中。无论是亚里士多德称之为实践还是创制的领域中，生命经验而非理性概念占据了教化的中心地位。在生产与艺术的创作中，往往是运用之妙，存乎一心。而道德实践中的实践智慧从根本上而言是从经验而非理论中得来。但是知性概念的退场并不表明实践性教化已经和语言不相干涉，而是将内在语言世界经验在实践的对象性中予以敞开。

伽达默尔的语言经验是基于人的语言性而生成的一种生命经验与世界经验，在语言经验中，人与自身的生命、他人及世界构成了一个总体性的生命结构，普遍性的伦理规则之所以能够形成，就在于人们将自身的道德经验内化为语言经验，再以外在语言的形式发出命令。在此意义上，语言经验统摄着实践的经验与实践性教化的总体性过程。一般所谓的生产经验、审美经验、道德经验其实都是内在语言经验的对象性与非对象性的生命表现。

从伽达默尔所主要关注的道德实践方面来说，语言经验在实践性教化中首先表现为一种共通的道德感。亚里士多德在《尼各马可伦理学》中就将这种道德感称为有别于五官感觉的实践感觉，认为它是努斯在实践经验中的一种展现。之后，维柯将这种道德感发展成为人与人之间共同具有的共通感，他认为人类社会之所以形成，不同的民族之间之所以发生关联，就在于人类所具有的共通感与共同的语言性。从根本上说，共通感与共同的语言性具有同构的关系，即一个集团、一个民族、一个国家乃至整个人类的共同普遍性造就了一种共通的感觉和可以相互交流的语言。虽然各个民族的外在表达方式各异，但按照各种人类制度的本性，应有一种通用于一切民族的心头语言，以一致的方式去掌握在人类社会生活中行得通的那些制度的实质，并且按照这些制度在各方面所表现出的许多不同的变化形态，把它们的实质表达出来。[①] 维柯还用一些历史上的格言谚语为证，这些格言谚语虽然根本的意思相同，但是有多少种民族语言，它们就有多少种表达方式。在他看来，共通感促使人类可以拥有一种共通的心灵语言，而共通的语言又可以使各个民族的习俗、制度和文化传统更为接近，从而形成更为一致的共通感觉。

伽达默尔在维柯思想基础上区分了自然性共通感与社会性共通感，他

---

① 参见［意］维柯：《新科学》，上卷，109页，北京，商务印书馆，1989。

认为共通感不仅是指那种存在于一切人之中的普遍能力，而且它同时是指那种导致共同性的感觉。作为普遍能力存在于人的生命中的共通感具有自然的本性，它与人所先天具有的语言性相类似，二者都是人可以接受教化的内在根基。而社会性的共通感却是经过语言教化的结果，如一个民族形成的同一的道德准则、统一的政治制度，及在此基础上所形成的价值判断的标准，则是一种超越了自然共通感的社会感觉，这即如马克思所言社会人的感觉不同于非社会人的感觉。

毋庸置疑的是，社会性的共通感是由共同的语言经验和语言方式贯通而成，它在道德的实践中就表现为共通的道德感；每一个民族中具有普遍效准的伦理规则、法律规章等都是以该民族中的人所认同并接受的语言形式表达出来，而它们之所以为整个民族所认同，就在于这些规章中蕴含了一种普遍性的语言经验，每个成员在其中都能够发现自己的生命与这种语言经验相契合。

语言经验的普遍性构成了实践性教化的根基，没有共通的语言经验，人与人之间将无法交流，更不可能得到教化。共通的语言经验将情境化的道德行为凝练为普遍的伦理规章，并形成共通的道德感觉。在此基础上，才能够向他人发出命令并为其所理解。而在教化的引导下所发生的道德行为虽然不具有外在语言的逻辑结构，但在更深的层次上说，它也是内在语言经验的一种对象化的表达。以身作则的人虽然未在口头上表达出任何言语，但他的行为本身就已是他的内在语言经验最精练的表达，在这种实践性的教化方式中，语言的实践本质得到完满的展现。

无论语言是作为实践的意识还是创造或教化的活动，它与实践的本质关联都凸显了实践活动对于人的生存的理解与解释的意义。即从根本而言，实践也是理解与解释人的生命存在的一种方式，而语言贯穿了实践与理解、解释的内在关联。

实践虽然以生产、创造、道德践履等形式成为对象性的生命活动，但从生命表现的最内在的层面来说，它以诸多的方式敞开并解释着人的内在生命体验与语言经验。马克思所说的人的本质力量的对象化与自我确证就有力地说明了这一点。狄尔泰虽然认为行动受内在动机与外在条件的限制而使无限性的生命外化为特定的存在，但就实践行动作为生命表现的一个层次来说，他无疑深刻地理解到实践所具有的解释生命经验的性质。

海德格尔由于赋予解释存在论的地位，实践与解释的关联因而在他的思想中发生了重构。一般意义上的实践成为理解与解释的衍生物。只有超越了理论与实践二分意义上的原初实践"操心"与"思"才是人在世存在的基本方式。但就原初实践对人的生存本质的展开与澄明而言，它的生存论根基依然是人对于存在的理解与解释，而语言则是贯穿存在、理解、解释与原初实践的根本脉络。

伽达默尔虽然沿承了海德格尔的生存解释学的路向，但他在根本意义上将海德格尔所关注的生成的存在转化为生命的存在与生活世界的存在，因而生存论的话语与原初实践在他的思想中转化为人的内在生命的语言经验与交往实践，在这一点上他与洪堡和狄尔泰更为接近。他因此在现实生活世界的界域中阐明了语言所具有的实践本质，而经过实践与理解、解释的根本关联的建构，语言才成为能够被理解的存在。

三、生活世界的交往之为语言世界经验的澄明

语言作为能够被理解的存在，它通过对世界的视界化而将之置入人的内在语言世界经验之中。实践与解释因而不再是人与外在客观世界的主客二分的关系，而是人与自身的内部生命存在的非对象性的关联。人的一切实践活动其实都处于语言经验的笼罩之中，它只是对于内在生命之言的外化与解释，而这种外化与解释并非制造出人与对象的二元对立，而是在另一个对象中发现并确证自身的生命本质。

在此意义上，由具体的生命交往所建构的日常生活世界并非一种客观化的世界存在，而是语言世界经验的自我展现与投射。生活世界的交往实践也不是无序的生命单元的任意性的排列组合，而是基于主体间性的语言经验的生存论的解释与展开。交往因而是生命的存在在现实的生活世界对于生成的存在的一种理解与解释方式。若没有生存论的理解与解释，人的社会交往实践很难从动物性的本能交往中绽放出来，并从交往中寻求人自身的本质与生存的意义。

对于解释与实践的重构及语言所具有的实践性本质的阐明，将生存论的理解与解释从生成的存在、生命的存在逐步贯穿到具体生活世界的一体共在之中。从根本而言，具体的生活世界是对于生成的存在与生命的存在的一种现实化的展开，生活世界中的交往实践建基于生命个体对于存在、历史及自身生命的理解与解释。在此意义上，交往固然是人的一种社会性的实践行为，但也是对于人的生命本质的对象性的理解与自我确证。人正是在交往实践中将自身的本质力量充分表现出来，从而在自我的对象化中重新理解并确证自身的生命。

伽达默尔通过对海德格尔前理解的哲学解释学的阐释，其实用语言性的交往统摄了生存交往、生命交往和社会性交往的各个层面。人与存在、人与自身生命及自我与他人的交往只可能在语言世界经验中发生。语言因而不是一种言说的工具，而是人与世界相关联的媒介，是能够被理解的存在。

从生存交往的层面来说，语言作为世界经验和能够被理解的存在，勾连了人对于存在的内在理解。存在除了在语言中，并不能在他处展现与澄明。而人除了在语言中，也不可能在其他事物中理解存在。不过与海德格尔不同之处在于，伽达默尔用语言贯通了海氏所说的大道之道说与人的生命之言说两个维度。海德格尔认为，人只有倾听大道之道说才能理解存在，只有通过生命之言才能阐释生存的意义。而伽达默尔则没有做"道说"与"人言"的区分，他认为人的内在语言经验可以通达世界的存在，因而海德格尔的"存在"在他的理解中已经"世界化"与"语言化"，而生存论的前理解则被转换成传统和先见在语言中所形成的"先见"。在此意义上，人与存在的生存交往其实就是人与历史世界之间的关联，人在对历史的理解中不断领会、解释存在的意义，并形成新的效果历史。

在内在生命交往的层面上，唯有语言才能使现实世界中的自我与自身生命发生交往并形成统一体。伽达默尔通过对亚里士多德"理性"概念的研究确立了语言之为人的存在本质。人的生命存在就在于他能够思想，能够说话，能够通过他的话语表达当下并未出现的东西，并能够为他人所理解。人作为拥有语言的生物，是通过他的语言经验反思到他自身内在的生命结构，并且通过自身的语言性理解将自我生命与他人的生命相互区别开来。

语言对于自我生命的内在理解在柏拉图的"思辩"之中就有着深刻的表达。柏拉图最初是用自我同心灵的对话来阐明"思辩"的意义的。而辩证法作为"对话"其实只是"思辩"的衍生物。如果没有自我和自身心灵的对话并形成内在的理解，那么你既无法将自身的思想用语言表达出来传达给他人，更无法理解他人语言中所蕴含的意义。

伽达默尔对于人的语言性与内在语言经验的阐明就是为了在自我与他人发生交往对话之前先对自我与自身生命的内在交往有所揭示。人所具有的内在语言经验实际就是从柏拉图的"思辩"与奥古斯丁的"内在语词"中延伸而来。在思辩中，自我将自身的生命对象化出来，形成"主我"与"客我"、"内在我"与"外在我"、"精神之我"与"生命之我"的多重对立。当一个人对自身的思想、行为、目的加以反思的时候，这种自我对象化就会出现，对象化所形成的主我与客我之间会产生内在的对话与交流，而自我同生命的交往就是力图消除自我对象性的差异，从而达成生命与精神的同构。

黑格尔在《精神现象学》中对于主奴辩证法的阐释其实也就基于对内在生命交往的理解。他以自我意识的分裂、斗争与承认来表达自我意识与自身生命的内在交往。他认为自我意识要认识自身，必然要对象化出另一个自我意识和它相对立，它才可能走到它自身之外。而由于意识的对象化，两个自我意识间必然要为了承认而斗争，即每一方都要消灭对立，致对方于死命。"它们自己和彼此间都通过生死的斗争来证明它们的存在。它们必定要参加这一场生死的斗争，因为它们必定要把它们自身的确信，它们是自为存在的确信，不论对对方或对它们自己，都要提高到客观真理的地位。"① 在这种自我意识对象性的斗争中，所遮蔽的其实是生命与精神的内在交往与沟通。当然，精神在初始阶段尚只是以自我意识的形式表现自身，而生命作为意识的对象，其实也是普遍意识的否定与扬弃，它将普遍的东西融入到一个具体的自我结构之中，形成一种自我发展的具体的总体性。

生命与意识之间的对象性关联就构成了现实世界中常人对于本真自我予以反思的根源。狄尔泰则是将黑格尔意识包容生命的思想颠倒过来，而让生命具有绝对的优先性。在他看来，对于自我内在生命世界予以反思的意识只是原初生命统一体的衍生物，因而意识只是生命的意识。在生命的原初体验中，意识是无法参与到生命系统的建构之中的，只有在对原初体验加以反思、回忆、理解的过程中，内在的生命体验才经过意识的反刍而成为生命的经验。

在此意义上，生命的原初体验是自我意识与生命发生关联的基点。生命体验所形成的非对象性的内在存在也必须经由意识的反思，才可能成为具体的经验与知识。而对他人生命的理解也建立于生命体验与生命经验的基础之上，即一个人如果没有丰富的内在经验，在与他人的交往中，也不会对对方的生命世界有所理解，这也就是说，自我与内在生命的交往为自我与他人的交往奠定了理解的根基。

而在自我意识与生命的内在交往中，语言作为根本的媒介起着主导的

---

① ［德］黑格尔：《精神现象学》，上卷，126 页，北京，商务印书馆，1979。

作用。黑格尔就认为："语言是纯粹自我本身的特定存在；在语言中自我意识的自为存在着的个别性作为个别性才获得特定存在，这样，这种个体性才是为他的存在。我，作为这样的纯粹的我，除了在语言中以外，就不是存在在那里的东西"，"语言则包含着纯粹的我，只有语言表述着我、表述着我自身。自我的这种特定存在，作为特定存在，是一种本身具有我的真实本性的对象性"①。黑格尔在此所说的与自我同构的语言实际是精神在意识中的一种特定存在。但自我意识与生命的对立在语言中达到了和解，因为语言同时具备了生命精神化与意识生命化的双重因素。语言自身所具备的具体的总体性的特征使生命与意识发生了内在的关联。意识总是在语言中对生命予以观照、反思，而生命也是通过语言的表达来展开自身的内在世界。

当然，这种与生命和意识相互关联的语言也指向了人的意识中的内在语词，而非外在有声的话语和文字。外在的语言是内在语词的对象性表达，黑格尔因此认为人只能在语言中进行思维；他对于生命与意识之间关联的理解虽然已经契入内在生命交往的本质性问题，但他仍然是用意识规定语言，而非用语言规定意识。因而在伽达默尔看来，虽说黑格尔的辩证法也遵循了语言的思辨精神，但根据黑格尔的自我理解，他只想考察语言那种规定思想的反思作用，并让思维通过有意识认识整体性的辩证中介过程达到概念的自我意识，这样，他的辩证法就只停留在陈述的领域，而没有达到语言世界经验的领域。②

伽达默尔因而用语言世界经验作为生命与自我意识交往的内在境域。他与黑格尔的不同之处在于，黑格尔只将语言看作生命与精神和意识的特定存在，而他则将语言视为生命与意识存在的根基，生命与意识实际是一种语言性的存在。在此意义上，自我意识与内在生命的交往就是基于语言的世界经验而形成的思辨过程。

通过交流建构共通的语境并达成相互理解就契入了解释学辩证法的实质。辩证法在古希腊的本源意义即是对话，它也有详加说明或解释的意思，从根本而言就是通过语言与他人发生生命的交往，它在柏拉图的对话中则分别指交谈、讨论与问答，而伽达默尔正是在此意义上认为辩证法是进行某种真正谈话的艺术。

---

① ［德］黑格尔：《精神现象学》，下卷，55 页，北京，商务印书馆，1979。
② 参见［德］伽达默尔：《真理与方法》，下卷，607 页，上海，上海译文出版社，2004。

作为谈话艺术的辩证法是自我意识与内在生命交往的"思辨"的一种延伸与发展。如果自我意识没有运用内在语词与自身生命发生交谈，它是无法与他人形成任何有意义的交流的。这也就是说，只有在与自身生命的内在交往与理解的基础上，对他人生命的交往与理解才有可能发生。

与自我内在生命的交往和同他人交谈的根本不同在于，自我意识与内在生命的对话固然是通过一种对象性的方式来完成，但自我意识与生命的同一性却决定了在对话中必然会有一种内在的理解，这种理解是在生命语词的更深的层面上来保证意识与生命的同构。而在自我与他人的交谈中，即便是通过共通的语言经验达成了相互理解，但这种理解在最宽泛的意义上也只能使自我与他人的视域融合，而不可能形成生命的完全同构，这二者的区别也正是"思辨"与"辩证法"原初区分的根基所在。在古希腊哲学中，苏格拉底的沉思、柏拉图的哲学的迷狂、亚里士多德的理性静观可谓是"思辨"的最原初的表达，在真正的思辨的情境中，哲人通过自我意识的反思对自身生命的融入而与生成的存在发生了生存论的关联。真正的思辨既是自我意识与生命发生的内在对话，更是自我意识与存在之间的非对象性的交往，即思辨中的自我意识与生命的存在通过内在语言世界经验而形成了对于存在之道说的倾听与交谈。

从思辨向辩证法的延伸也就是将语言从天上带回到人间，将内在语言世界经验从生命的理解对道说的倾听中融入到现实生活世界的交谈之中。自我意识与生命之间的内在循环转变为自我与他人生命的外在循环，而外在循环又必须通过内在循环发生效果。每个人都只有在自我理解的基础上才能够理解他人，而对他人生命表现的理解也必然是将他人的话语摄入到我的语言经验之中，经过自我意识的反思，他人不仅是我的一个交流对象，而且是另一个"他我"在与"自我"发生关联。自我与他人在语言经验的共同体中达到了相互理解与视域融合。

第五章 生存的"世界"与"视界"：生活世界合理化及其现代性语境

在明晰生存解释学之内在理论蕴涵后，必须对其外在思想视域有所观照。无论是生存论，还是解释学，其共同的视域是当下的生活世界。生活世界既是人们当下所生存的世界，更是变动不居的生成的世界与存在的界域。

当然，从词源学而言，"生活世界"这个概念并非胡塞尔首创，根据奥尔特等学者的考证，1907/1908 年 H. V. 霍夫曼斯塔尔在其为《一千零一夜》孤岛版所写的序言中就用到"生活世界"的概念；之后在 R. 倭铿的《人和世界：一种生命哲学》一书中也出现"生活世界"这一术语，虽然它的意义并不固定。胡塞尔使用"生活世界"这个词，最早是在 1917和 1919 年的手稿中，之后在 1924 和 1925 年的出版物中也再次出现了。①而海德格尔在 1919/1920 年所做的《现象学之基本问题》讲座中提到了"在其特定形式中的统一的生活世界""实际的生活世界和它的丰富性""被遭遇的生活世界""可经验的生活世界""在其本己的形式中显示自身的生活世界""生活世界的块片""非科学地显明自身的生活世界""宗教的、艺术的、政治的生活世界""生活世界之理论上的可表达性"等思想概念。②

受胡塞尔和海德格尔的影响，伽达默尔在《真理与方法》中认为，"生活世界"这一概念是与一切客观性相对立的，它本质上是一个历史性的概念。他还将生活世界与动物居住的环境和物理的世界做对比，即"人类的生活世界也像动物的环境一样以同样的方式从适用于人类感官的标记

---

① 参见［德］E. W. 奥尔特：《"生活世界"是不可避免的幻想——胡塞尔"生活世界"概念及其文化政治困境》，载《哲学译丛》，1994（5）。

② 参见朱松峰：《胡塞尔和海德格尔谁先影响了谁——就"生活世界"而言》，载《南京社会科学》，2014（1）。

建造起来。如果'世界'以这种方式被认作生物学的计划方案，那就当然
是要以经由物理学而造成的自在存在的世界为前提，因为人们订出了物竞
天择的原则，各种生物就按这种原则从'自在存在'的材料中构筑它们的
世界"①。之后在 1969 发表的题为《生活世界的科学》的论文中，伽达默
尔又从"作为严格科学"的视域专门探讨了胡塞尔的生活世界概念及其
理论。

从思想脉络而言，生活世界理论毕竟是从胡塞尔对近代科学危机的洞
察和实证主义的批判中发端。经历了海德格尔与伽达默尔生存论解释学的
转换，生活世界的意义更加深沉而多元。当许茨力图将生活世界引入社会
学研究时，原本与实证主义相对立的概念，却具有了实证化的趋向。哈贝
马斯意识到生活世界理论对于现代化发展的意义所在，他通过以生活世界
理论为背景，构建了其交往行为理论思想体系。在生活世界的理论转换与
思想构建中，它与生存解释学的内在关联更加彰显出来，成为当代哲学融
入现代化进程的重要思想桥梁。

第一节　生活世界的思想渊源及现代意蕴

虽然哈贝马斯是在《合法化危机》和《交往行为理论》等著作中正式
阐发了他的"生活世界"理论，并将其运用于交往行为理论的建构之中，
但在哈贝马斯早期的阅读和著作中，特别是在他研究现代社会科技发展与
公共领域的结构转型时，"生活世界"概念已经作为一个思想的地平线，
以隐形或显形在场的方式影响着他对现代性问题的理性反思。② 从学术发
展的脉络来说，对哈贝马斯的生活世界理论有着直接影响的是胡塞尔、许
茨、维特根斯坦和波普尔，而具有间接影响的则有威廉·洪堡、马克思、
马克斯·韦伯和海德格尔、伽达默尔、迪尔凯姆等。

一、生活世界理论的现象学之维

哈贝马斯一直关注现象学与解释学的发展，并将现象学与解释学的思

---

① ［德］伽达默尔：《真理与方法》，下卷，585 页，上海，上海译文出版社，2004。
② 如哈贝马斯在 1965 年所写的《技术的进步和社会的生活世界》一文中就引入了"生活
世界"概念。参见［德］哈贝马斯：《作为"意识形态"的技术与科学》，84～87 页，上海，学
林出版社，1999。

想和方法融入到现代社会批判理论的研究当中。他认为，是胡塞尔的生活世界理论开启了他对于当代社会转型的理性思考。他在《交往行为理论》中指出："我是根据一种重建的研究视角，引入了生活世界的概念，使其作为交往行为的补充概念。如同后期胡塞尔现象学的生活世界分析，或者后期维特根斯坦的生活形式分析，形式语用学的分析旨在从特定的生活世界和生活形式的历史变化中探究一种不变的结构。首先，我们使形式与内容分离。只要坚持形式语用学的研究视角，我们就可以在当前的语境下使用研究先验哲学的问题框架，即重点关注生活世界的总体性结构。"① 在这里，哈贝马斯指明了他的生活世界理论的直接思想渊源及其建构生活世界理论的目的。即首先是胡塞尔的生活世界和维特根斯坦的生活形式概念开启了他对生活世界理论的独立思考。但由于胡塞尔的生活世界概念具有一定的先验维度，并不能直接用于交往行为理论之中，因此，哈贝马斯要对生活世界理论予以结构性的创新，给生活世界概念融入新的思想内涵。

　　如所周知，胡塞尔是在反思近代欧洲科学危机的背景下提出了生活世界的概念。当然，他所说的生活世界是相对于科学世界而言的，是一个非课题化、非客观化、直观的原初世界，即："科学的世界（在自然科学的意义上的自然，在作为普遍的实证科学的意义上的世界）对于作为其前提的人和生活世界来说是一个无限开放的目标构成物的区域。我们还需要进一步澄清，生活世界虽是一个'构成物区域'，但不是一个'目标构成物区域'，尽管人属于它的先于一切目标的存在，我们当然知道，人是有目的的，人的一切创作当然也属于生活世界。"② 胡塞尔之所以关注作为社会实践与科学理论之前提的生活世界，就在于他体认到现代性的危机实际是生活意义的危机，其表征就是实证主义与科技理性对意识领域的侵蚀，导致现代人意识形式的实证化和虚无化。胡塞尔的这一观点对哈贝马斯有着深刻的影响，但他更为关注的是当代社会系统化的结构对生活世界结构的侵袭与分化。因此，他要对胡塞尔的生活世界概念做一种理论的转换与思想的位移，将现象学中具有先验维度的生活世界理论予以日常经验化，并用语言哲学的思想和社会学的理论来填充生活世界的思想内涵。因此他

---

① Jürgen Habermas, *The Theory of Communicative Action*, Vol. 2, Boston, Beancon Press, 1987, p. 119.
② 《胡塞尔选集》，下卷，1087～1088 页，上海，上海三联书店，1997。

说道:"如果我们现在放弃胡塞尔借以研究生活世界问题的意识哲学基本概念,我们就可以通过一种文化传统和语言组织的解释模式来思考生活世界。并且,这种观念和语言具有一种内在联系,它们的内在联系使生活世界构成部分相互关联起来,而不必从现象学和知觉心理学的视角加以解释。"① 在这里,不仅仅是胡塞尔和维特根斯坦的思想对他产生影响,甚至洪堡的语言世界观也融入到生活世界的理论之中。因为哈贝马斯认为,生活世界的结构与语言世界观的结构之间有一种内在联系,语言和文化对生活世界具有构成性功能,它们是我们无法逾越的视界,即交往参与者必须借助语言和文化来表达自身所处的生活世界,并在其基础上形成一种总体性的世界观。

哈贝马斯的生活世界思想直接来源于胡塞尔,并且通过生活世界理论吸收了主体间性思想,但他认为胡塞尔生活世界理论虽然对自然科学和实证科学的问题予以深刻批判,但其自身的问题在于对生活世界中人的日常交往实践维度和语言主体间性的忽视,因此他指出:"在论欧洲科学危机的文章中,胡塞尔从理性批判的角度引入了生活世界概念。胡塞尔当时所处的实际情况是:自然科学被认为是唯一的科学;在这种情况下,胡塞尔突出强调日常实践的偶然性语境是遭到排挤的意义基础。因此,生活世界与构成自然科学对象领域的那些理想化概念是相对的。针对理想化的测量、因果假定、数学以及其中实际及技术化倾向,胡塞尔坚持认为,生活世界是现实领域,能够发挥原始的作用。从生活世界的角度出发,胡塞尔对自然科学客观主义遗忘自我的理想化进行了深入的批判。由于语言主体间性构成了主体哲学的一个盲点,因此,胡塞尔也未能认识到,日常交往实践本身就是建立在理想化前提上的。"②

总体而言,哈贝马斯虽然受胡塞尔的重要影响,甚至可以说是胡塞尔对自然科学与实证主义的批判开启了他对生活世界理论的思考,但他和胡塞尔的生活世界思想具有不同的时代语境与理论指向。首先,胡塞尔所处的时代语境是自然科学对人文科学的侵蚀、生活世界的遗忘与生活意义的丧失,他提出生活世界是相对于科学世界而言的;而哈贝马斯所处的时代语境是工具理性对价值理性的控制、社会系统对生活世界的干涉,他提出

① Jürgen Habermas, *The Theory of Communicative Action*, Vol. 2, Boston, Beancon Press, 1987, p. 124.
② [德]哈贝马斯:《后形而上学思想》,75 页,南京,译林出版社,2012。

生活世界是相对于社会系统而言的。其次，胡塞尔的生活世界终究是在意识哲学的大框架中提出的，因此具有先验性的意谓；而哈贝马斯的生活世界是在语言学和实践哲学的框架中提出的，因此更具有现实性的意谓。胡塞尔重视生活世界的不同层次（周围世界、基底世界）及其与人们现实生活之间的关联，哈贝马斯更重视生活世界的内在结构（文化传统、社会秩序、个人）及其与个体社会化之间的关联。最后，胡塞尔将生活世界作为批判自然科学主义和实证主义的理论基础，而哈贝马斯将生活世界作为建构交往行为理论的背景知识和视域。胡塞尔认为生活世界与人的关联媒介是内在意识，而哈贝马斯认为生活世界和人之间的媒介是语言。

胡塞尔的生活世界理论无疑对海德格尔的生存论和伽达默尔的解释学有着重要影响。当然，也可以说，虽然胡塞尔和海德格尔在生存论与现象学维度上存在重要分歧，但在生活世界理论上是相互影响着的。海德格尔在其早期的讲座中就提到"生活世界"概念，并将周围世界、公共世界和自我世界统称为生活世界，称实际的东西就是流向生活世界的生活，指出实际生活总是在一个生活世界之中发现自身，生活世界出自或建基于相关个体的自我生活的结构和流动倾向，它总是在自我的一个经验是对生活世界的去生活化。① 在《存在与时间》中，海德格尔虽然并未专门论述生活世界概念，但他在谈及"世界之为世界"时，曾区分了四个层次的世界：一般意义上的存在者的世界、特定范畴的科学世界、"家常的"周围世界和存在论生存论层次上与此在一体共在的世界。前两个层次是科学化、课题化和对象化的世界，也是胡塞尔和海德格尔共同批判的对象，而周围世界和生存论层次的世界则契入了生活世界理论的核心范畴。在周围世界的层次上，"它不被了解为本质上非此在的存在者和可以在世界之内照面的存在者，而是被了解为一个实际上的此在作为此在'生活''在其中'的东西。世界在这里具有一种先于存在论的生存上的含义"②。虽然这种周围世界是"公众的"和"家常的"世界，但其毕竟融入人们的生活之中，具有一种先在性与自明性，因此它也是生活世界的一种基本样态。当然，周围的日常生活世界的先在性，表现为世界存在的事实性；而从逻辑在先的角度，生存论层次的一体共在的世界才具有真正意义上生活世界的源初

---

① 参见朱松峰：《胡塞尔和海德格尔谁先影响了谁——就"生活世界"而言》，载《南京社会科学》，2014（1）。

② ［德］海德格尔：《存在与时间》，76页，北京，三联书店，2006。

性。而世界在存在论层次上，并非对于此在的存在者样式的特殊规定，而
是此在自身的一种性质，与此在是非对象化的一体共在。因此，生活世界
对人的生存的影响，已经深入到此在的本真性与世俗化的不同存在样态
之中。

虽然，在存在论意义上，伽达默尔更多地跟随着海德格尔而非胡塞
尔的思想脉络，但在生活世界理论上，伽达默尔却更多地关注了胡塞尔
的思考。在《真理与方法》中，他研究胡塞尔的"生命概念"时，发现
生活世界理论的重要性，认为生活世界意味着我们在其中作为历史存在
物生存着的整体。而且，"生活世界同时是一个共同的世界，并且包括
其他人的共在。它是一个个人的世界，而且这个个人世界总是自然而然
被预先设定为正当的"①。他在《生活世界的科学》一文中提出，现象
学的生活世界理论没有将哲学的任务限制在科学的基础方面，而是把它
扩展到日常经验的广阔领域，从本质上看，"生活世界有着一个有限的、
具有不确定的开放边缘域的主观—相对领域的普遍结构。从我们自己有
限的生活世界和对古希腊以来定义明确的各种变化的历史回忆出发，限
制科学领域的客观超验性，就能揭示具有自身有效性的生活世界"②。
在此，伽达默尔虽然没有明确胡塞尔与海德格尔二者的思想关联，但他对
于生活世界的理论分析中，胡塞尔是显性在场，海德格尔则是隐形在
场的。

当伽达默尔在建构自身的哲学解释学时，则将现象学的生活世界概念
转变为"语言世界经验"，当然，在此转变中，洪堡的语言世界观理论和
海德格尔的语言存在论之思发挥了重要作用。伽达默尔并不否认生活世界
的先验性与自在存在的维度，但他从生活世界的存在意义中领会到，世界
本身是在语言中得到表现，因而，生活世界应当从先验的存在领域和日常
生活领域进入到人的语言世界之中，进一步展开生活世界的生存论和解释
学视域。他说道："世界本身是在语言中得到表现。语言的世界经验是
'绝对的'。它超越了一切存在状态的相对性，因为它包容了一切自在存
在，而不管自在存在在何种关系（相对性）中出现。我们世界经验的语言
性相对于被作为存在物所认识和看待的一切都是先行的。因此，语言和世
界的基本关系并不意味着世界变成了语言的对象。一切认识和陈述的对象

①　［德］伽达默尔：《真理与方法》，上卷，321 页，上海，上海译文出版社，2004。
②　［德］伽达默尔：《哲学解释学》，194 页，上海，上海译文出版社，2004。

都总是已被语言的世界视域所包围。这样一种人类世界经验的语言性并不意指世界的对象化。"① 在此意义上，人的语言世界经验不是自在世界的对象化，甚至可以理解为生活世界的非对象化，它与生活世界一体共在，是能够被理解的生活世界或曰生活世界的现实绽放，因为人的语言世界经验，既表现为人的生活世界真实的存在，也表现为人对生活世界的理解与解释的视域。

二、语言学视域中的生活世界

如果只有现象学和生存论、解释学的思想背景，生活世界理论还是具有形而上学的意谓，很难对当下日常生活境域和社会发展境况做出实践性的解释。哈贝马斯因此关注到生活世界理论在社会学领域中的扩展，他通过对许茨和迪尔凯姆等人思想的研究，为生活世界理论建构了坚实的社会学基础。

许茨是将生活世界概念引入社会学并加以拓展的现象学社会学家。他认为现象学就是生活世界的哲学，但他并不满足于生活世界的先验性维度，而试图运用社会学方法分析生活世界的意义结构，从日常生活的层次来解释先验性本身的生活世界基础。哈贝马斯认为，许茨对于生活世界理论的发展很有意义，但仍然指出，许茨的生活世界理论问题在于，他在现象学的生活世界分析和社会学的行动理论之间，采取了一种双重的态度。一方面，许茨看到胡塞尔没有解决主体间性问题，因此他倾向于从一种主体间性构造的生活世界出发，而将生活世界的结构放在一边。另一方面，许茨不是回到交往理论的方法，而是停留在胡塞尔的直观方法上，甚至吸取了先验现象学的建构，在这个范围内把自己的活动理解为一种社会基础存在论。因此可以说，许茨不是把生活世界理解为直接参与语言产生的主体间性结构，而是理解为单个行动者主观体验的反映。②

现象学的生活世界概念和社会学的生活世界是有本质区别的，虽然可以将生活世界概念引入现实的交往行为，但必须做重大的理论拓展与思想改造。因此哈贝马斯关注到现象学社会学家对于胡塞尔生活世界理论向社会学理论的转化。但许茨的社会现象学因为从认识论入手建构生活世界理

---

① ［德］伽达默尔：《真理与方法》，下卷，583～584 页，上海，上海译文出版社，2004。

② Jürgen Habermas, *The Theory of Communicative Action*, Vol. 2, Boston, Beancon Press, 1987, p. 130.

论，所以出现理论与现实之间的断裂。哈贝马斯敏锐洞察到这一问题，他还是想用生活世界理论重新为现代哲学特别是他自身的交往行为理论奠基。因此，他又借鉴了哲学解释学和语言学思想，采取解释学和语用学的方式引入生活世界概念，亦即重视生活世界概念的理解语境及其"言外之意"，而非严格遵循胡塞尔和许茨的生活世界概念的语义学意谓，在此意义上，生活世界理论才能够成为交往行为理论的背景知识，并与之相互交融、相互补充。哈贝马斯通过形式语用学的方式对生活世界理论加以重构，这样，生活世界的参与者可以转变为理论观察和思考的第三者，能够以更为客观的方式对生活世界的背景及结构进行理解与解释。

在现象学和解释学的理论资源之外，哈贝马斯还要用语言哲学与认识论的方法分析生活世界的知识论蕴涵及其现代化语境。如他所言："涉及到情境的视界知识和依赖主题的语境知识也就同生活世界的背景知识区别了开来。生活世界的背景知识具有不同的表现条件，不能通过意向而表现出来；它是一种深层的非主题知识，是一直都处于表层的视界知识和语境知识的基础。"① 也就是说，作为语用学前提，同时也作为语义学前提的涉及情境的视界知识、依赖主题的语境知识和涉及交往行为的生活世界的背景知识这三种知识，既与交往行为理论相关，也与解释学密切相关。

涉及情境的视界知识是一个人因其生活历史的特殊背景，对于某方面的知识具有独特的内涵，能够通过言外之意，或者与话语相关的情境构造而使他人理解自身的话语意义，并确证自身话语的正确性与权威性，或者通过不同的生活方式和生活历史的视域融合获得他人的认同。就如同公园里一群相互不太熟识的晨练者随意讨论金融股市下一轮震荡，其中一人的观点与众不同，大家对其本不太认同，但当其有意无意流露其身份为某金融机构负责人，其他人则会转而附和他的观点。而此时的附和，其实并非对其观点的具体知识的认同，而是对观点之外的特定生活情境和身份的视界知识的认同。

依赖主题的语境知识是指双方拥有共同的生活环境、文化传统、语言方式、教育形式等，在这种环境中形成共同的经验视野，并确立共同的语境知识，即对某一概念和主题的理解，不会引发本质的分歧。在语义学意义上，这种依赖主题的语境知识作为"言内之意"，是相互理解交流的前

---

① ［德］哈贝马斯：《后形而上学思想》，77 页，南京，译林出版社，2012。

提条件。

　　非主题的生活世界知识相对于视界知识和语境知识，似乎并不直接关涉某一特定主题，但它处于视界知识和语境知识更深层的底蕴之中，使视界知识和语境知识可能得以发生。也就是说，在感知层面以及意义层面上，表层的视界知识和语境知识从它们的基础那里获得了一种世界观的特征。视界知识和语境知识是生活世界在某一个层次上的具体展现与绽放。① 如拥有不同的文化传统、社会制度以及教育背景和语言形式的人能够得以交流，就在于他们在视界和语境之中，拥有一个共通的生活世界背景。非主题的背景知识展现的是人与世界之间的本质关联，我们不必去刻意地认知或实践，就已经在此生活世界的背景中相互遭遇、相互关联，而对于世界的存在有着相同或相通的感悟与理解。正因为有此背景知识，人与人之间虽然在视界和生活历史上有着诸多不同，但通过语言媒介，总是能够产生共通的交流语境，并且形成一定的交往共识。在此意义上，生活世界既是人们生活交往的根本背景，也是生存性的理解与解释得以发生的基本境域。在此前提下，哈贝马斯进一步分析了生活世界背景的三个主要特征。如他所言："和一切非主题知识一样，生活世界的背景也是潜在的，通过前反思才能表现出来。生活世界背景的第一个特征是一种绝对的明确性。它赋予我们共同生活、共同经历、共同言说和共同行动所依赖的知识以一种悖论的特征。背景的在场既让人觉得历历在目，又叫人感到不可捉摸，具体表现为一种既成熟而又有不足的知识形式。"② 在生活世界知识的第一个特征方面，哈贝马斯更多地沿用了胡塞尔的相关思想，即生活世界的潜在性与自明性，必须通过前反思才能够得以表现。但他对胡塞尔的生活世界理论予以解先验化，将生活世界融入到我们所处的文化传统、社会世界和个人的主观思想之中，因此生活世界始终在场，却又变动不居，让人很难直接感受生活世界的内部构造及其关联。

　　生活世界的第二个特征是它的总体化力量。生活世界的总体化力量在于它能够将不同的社会空间和历史时间凝聚在一起，能够在现有的解释坐标和表现坐标上重叠所有的文化传统、社会组织和个体的生命体验，并将之形成一个总体性的生命表现和社会关系的网络。而且，生活世界的总体性在于它具有一个确定的中心和诸多不确定的边界，它的中心是由言语情

① 参见［德］哈贝马斯：《后形而上学思想》，79页，南京，译林出版社，2012。
② 同上书，79页。

境构成，既非肉身的，也非精神意义上的，而是蕴含着生命情境的社会空间和历史时间相交融的焦点。这个中心构成了文化、社会和个体生命的解释坐标与表现坐标，它也构成了生活历史中的世界观的总体性特征。在生活世界的中心之外，构成了一个没有确定边界的生活世界的网络纽带。没有确定边界的意义在于：生活世界有自己的界限，这些界限本质上不可逾越，但它们是可以变化收缩的，它们根据视界知识与语境知识而发生转变，在不同的视域中发生拓展和收缩。因而，生活世界的边界和中心都是文化、社会和个体的网络上的纽结，它们由主体间性而形成生活世界的总体化力量。

生活世界的第三个特征是背景知识的整体论，它是和绝对性以及总体化联系在一起的。有了这种整体论，背景知识表面上看起来是透明的，但实际上是无法穿透的。因此，生活世界是一片灌木丛。不同的要素混杂在一起，只有用不同的知识范畴，依靠问题经验，才能把它们分离开来。① 应当说，生活世界是多重元素融合的总体性存在，哈贝马斯因此将之比喻为一片灌木丛。它的意义在于，生活世界作为人们生存于其中的背景知识，这种知识不是单纯的自然科学或人文社会科学就能够完全解释，而是将不同的知识范畴涵括在一起，在根本意义上，生活世界的知识并不同于我们一般意义上的科学知识，而是一种非科学或前科学的知识。而且生活世界的知识不能理解为习得的知识（knowledge），应理解为与生成的存在和人的生命一体共在的良知（conscience），从语言学意义上，它不是具体的语言规则和意蕴，而是内在于现实语言之间的语言性和海德格尔意义上的"道说"，在解释学意义上，它就是人不可避免的天命和不断生成的生存视域。因为有生活世界的存在，人的前见和视域融合及效果历史和文化传统才可能得以形成。在此意义上，哈贝马斯才会说："根据我们从经验当中刚刚得到的确切性，生活世界建立起了一道围墙，用于抵御同样也是来源于经验的惊奇。如果世界知识肯定是后天获得的，而语言知识相对又具有先天性质，那么，悖论的基础则可能在于，世界知识和语言知识在生活世界基础上是整合在一起的。"②

当哈贝马斯认为世界知识和语言知识在生活世界基础上是整合在一起

---

① 参见［德］哈贝马斯：《后形而上学思想》，79～80 页，南京，译林出版社，2012。
② 同上书，80 页。

的时候，他的思想与洪堡、海德格尔和伽达默尔是相通的，即语言通向了存在并构成了人的内在世界，语言是被理解的存在。但当他说世界知识是后天获得的时候，这个知识依然是习得的知识，而非先天的良知。当他说语言知识相对具有先天性质的时候，他同时从认识论和存在论意义上理解语言的功能，即在认识论意义上，现代语言学的转向将语言和康德所说的先天统觉相互关联，而在存在论意义上，语言自身就存在于人的前理解和前结构之中，是与人一体共在的存在，在生存论意义上，语言就如同人先天的良知，与生活世界相互依存。

在此基础上，哈贝马斯进一步通过对生活世界的背景与前景的分析，展现了他对于生存论和哲学解释学的内在理解。哈贝马斯所说的生活世界的背景是指它的中心及其可能的界限，而前景则是指生活世界所能展开的视域。他认为，是"批判经验的问题力量把生活世界的背景和前景区别了开来"。而通过这种批判经验的问题力量，哈贝马斯运用多元化的思想视角对生活世界做了诸多层面的二元区分，如：生活世界的背景与前景，内在世界与外部世界，内在经验与外在经验，工具世界与协同世界，实用意义关系与历史意义关系，协作范围与语言共同体，对待外部自然的技术实践与社会内部的道德实践，审美经验与实践形式，认知工具技巧与道德观念，建构世界与解释世界。他进行二元区分的基点是生存论与认识论的差异，如对实践的二元区分，他效法的是亚里士多德和康德，区分了工具实践与道德实践；对内在世界与外在世界、内在经验与外在经验，以及实用意义关系与历史意义关系的区分，他追随的是康德、狄尔泰和马克思；对审美经验和实践形式的区分，他更多地受到康德、海德格尔和马尔库塞的影响；而关于建构世界和解释世界的语言功能，他似乎在洪堡、黑格尔、马克思和海德格尔之间游离徘徊。

综而言之，哈贝马斯是想通过这些二元区分对生活世界的总体性与复杂性加以阐明，为分析生活世界的内在结构及其与交往行为之间的关联做好奠基。在此阐明中，哈贝马斯虽然是以经验批判的形式展现了生活世界的多元化维度，却将语言生存论之思贯穿到对生活世界内在结构的分析之中；而且内部世界与外部世界、内在经验与外在经验、建构世界与解释世界的思路，从根本而言是在现象学、生存论和解释学思想脉络的衍生，哈贝马斯是以经验形态的分析展现了其内在的生存解释学的思想维度。

当然，作为法兰克福学派第二代领军人物，也作为当代具有原创性的

思想家，哈贝马斯对现象学、生存论和解释学的思想延伸总是带有他自身
的思想特质，甚至他是在一种反思批判意义上拓展了生存论和解释学的理
论视域。特别是对生活世界理论的阐释与分析，就充分展示了哈贝马斯具
有非凡的理论综合与分析能力，他总是能够在传统与现代、思辩与实证、
现象学与语言学、生存论与解释学之间游走徘徊，而始终不受单个流派的
思想限制，但存在论、认识论、解释学、语言学和实践哲学却在他的思想
中独成体系，并且通过生活世界与交往行为理论而圆融贯通。

第二节　生活世界合理化与视域融合

通过对胡塞尔和许茨思想的双重改造，再加上对于语言哲学、波普尔
三个世界理论及社会学行为理论的批判性诠释，哈贝马斯将生活世界概念
和交往行为理论关联起来，使之成为自身思想体系的核心元素。他不但将
生活世界理论引入日常生活交往领域，使其成为与社会系统相对应的展现
人的生活意义与价值的基本境域，而且从文化、社会和个人（个性）这三
个层面深刻揭示了生活世界自身所具有的内涵。他认为，从理解的功能的
角度来看，交往行为是为传统和文化知识更新服务的；从合作行动的角度
来看，它是为社会整合和社会团结服务的；从社会化的角度来看，它是为
塑造人的个性服务的。因此，文化、社会和个人作为生活世界的结构因素
与文化再生产、社会整合和个人社会化的这些过程相适应。他进一步解释
说："我将文化称为知识储存，当交往参与者相互关于一个世界上某种事
物获得理解时，我们就根据知识储存来加以解释。我将社会称为合法的秩
序，交往参与者通过这些合法的秩序，把他们的成员调节为社会集团，并
从而巩固联合。我将个性理解为一个主体在语言和行动方面所具有的能
力，就是说，使一个主体能够参与理解过程，并从而确证自我的同一
性。"① 即在文化层面上，生活世界是文化传统及文化意识纵向的传承与
融合；在社会层面上，生活世界是社会各个组织的横向联合；在个人层面
上，生活世界则是每一个人的自我体验与社会意识，以及为个人所理解并
认同的生活方式与生活境域。

---

① Jürgen Habermas, *The Theory of Communicative Action*, Vol. 2, Boston, Beancon
Press, 1987, p. 138.

一、生活世界的三维结构

哈贝马斯将生活世界的内涵阐释为文化、社会和个人（个性）三个维度，在一定程度上受了迪尔凯姆的影响，但也有他自身的创见。因为当时的社会学理论在实证主义和系统论的笼罩之下，对于日常生活的意义及文化传统的价值缺乏内在探讨。在功利主义和工具理性的主导之下，社会系统以权力和资本为媒介，统治了政治、经济和文化等公共领域，并入侵生活世界的文化再生产、社会组织和个体化的私人领域，使自由的秩序和意义世界成为虚假的表象，呈现出生活世界殖民化的总体趋势。因此，哈贝马斯希望通过交往行为的合理化来达到生活世界中文化传统、社会秩序和个人认同三个层次的均衡发展。

哈贝马斯是在论述生活世界的三大特征之后，直接引入了生活世界的三维结构，即"生活世界的各个部分，如文化模式、合法制度以及个性结构等，是贯穿在交往行为当中的理解过程、协调行为过程以及社会化过程的浓缩和积淀"①。他认为在交往行为过程中，这三维结构会表现为理解过程（文化知识的积淀）、协调行为过程（社会制度规范的拓展与浓缩）以及个体的社会化过程（对于文化传统知识的学习及对社会秩序的理解与遵循）。而经过交往行为的凝练之后，它们又会展现为一些固化的生活世界的背景知识，如文化传统积淀为传统的解释的模式，社会秩序凝固为社会核心价值和规范，个体社会化凝练为个人的立场、资质和感觉及认同方式。在此意义上，形成生活世界的稳定结构的是各种有效的文化知识、群体的协同方式和具有交往能力的行为主体。而且，日常交往实践以语言为媒介，超越了符号学意义上的语用学的约束，为生活世界中的文化传统、社会制度和个体社会化的三维结构的分化与融合，提供了构成与再生产的可能。

当然，诚如哈贝马斯所言，"生活世界"与"交往行为"是一对互补性的概念，虽然这两个概念都并非哈贝马斯原创，但它们却在哈贝马斯的思想中具有原创性的思想维度和奠基性的地位。而且，哈贝马斯思想的一个重要特色在于，当他专门论及解释学或与伽达默尔等人论战时，他的解释学思想更多是认识论、方法论甚或是工具主义维度上的；但当他阐释其自身的交往行为理论和生活世界理论时，他却进入生存论的视域，而他的

---

① ［德］哈贝马斯：《后形而上学思想》，82 页，南京，译林出版社，2012。

相关思想往往契合生存解释学的旨趣。而且他自身似乎并未完全意识到这一思想的不同境况及其内在交织。在此意义上，将哈贝马斯的思想称为批判解释学和交往解释学，或生活世界解释学（当然，在与伽达默尔论战时，他自己曾经用深层解释学的概念表达他的思考），是非常有道理的。因此，为充分展现哈贝马斯生活世界与交往行为理论中的生存解释学之维，我们有必要运用伽达默尔的视域融合、解释学循环和效果历史等概念对哈贝马斯的相关思想予以内在理解与分析，在此分析中，我们可以了解到，虽然哈贝马斯和伽达默尔产生多次论战，对海德格尔也有过专门的评判，他似乎并不完全赞同生存和哲学解释学的全部观点，但就如同只要对某一思想和文本进行理解与解释，甚至是反思与批判，它们必然就会在文本与思想的世界中相互遭遇、相互关联，从而形成一定的视域融合与交往共识，哈贝马斯正是在对海德格尔与伽达默尔相关思想的理解、反思、批判与阐释过程中，内在地契入了生存解释学的旨趣，而且生存解释学也逐渐成为他展开生活世界与交往行为理论分析的思想地平线。

二、哈贝马斯与伽达默尔的"传统"之辩

哈贝马斯在阐释生活世界内在结构时，首先要面对的是如何思考文化传统在生活世界中的功能与定位，以及文化传统与社会秩序及个人（个性结构）之间的内在关联。哈贝马斯通过对胡塞尔、海德格尔和伽达默尔等人思想的反思与发展，将文化传统看作生活世界中最重要的一个知识储存库，社会规范和个体的社会化都是在文化传统的传承与创新中得到发展。

从思想渊源来说，在胡塞尔的思想中，生活世界具有双重维度的存在，即作为基底的原初生活世界和当下实存的周围日常生活世界。如果说当下实存的生活世界是文化传统和科学技术展开的场域，则原初的生活世界既是文化和科技产生的根源，当然也是社会秩序与个性结构生成与发展的源泉。

作为意义之源泉的原初生活世界则类似于庄子所言的尚未分化的世界，即非对象性的世界。这个世界既是一种理想的，也是一种本体论式的存在。在这一世界中，文化、科学和个体的生命境界都是不相区分的，即生命就如其所是的存在着，始终敞开着自身的境域。但一进入现实的日常生活世界，特别是实证主义意义上的世界，则文化、科技和个体的生命境

界区分开来，人必须首先将自己和物相区分，并对象化，才能够去理解生活世界的意蕴和自身生命的意义。在此意义上，日常的生活世界已经丧失了其本真的世界样态，文化的价值和生命的意义得到彰显，却也受到限制。

文化传统和社会秩序及个性结构就是在原初生活世界和日常生活世界的交融中形成并得到发展。就如同海德格尔说，人必然先沉沦，而后才能超越；先要作为常人生存，才可能体悟到此在的命运。如果没有原初生活世界作为文化和生命的根柢，那么文化传统和个体生命就不会形成超越性的价值；如果没有日常生活世界的沉沦，文化传统则缺乏传承的现实维度，个体生命也就缺乏真实而丰满的生活体验。

胡塞尔之所以要在日常生活世界中去探究作为根柢的原初生活世界，就因为他深刻地感受到，现代科技的发展和工具理性的扩张，已经导致人的个性结构的残缺，人们缺乏对自身所处世界和文化传统的内在生命体验，而逐渐成为单向度的人。

文化传统在海德格尔的《存在与时间》中则转化为人的前理解和前结构，他认为人的生活在生存论结构上已经为自身的"前见""前有"和"前结构"所笼罩。在生存论意义上，海德格尔认为作为传统的"曾在"与"现在"和"将在"本是三位一体，即文化传统在当下的生存和将来的生活中已经有所蕴含与展现。

伽达默尔则立足于海德格尔的生存论思想来为"传统"正名。他因此说道："与传统相联系的意义，亦即在我们的历史的诠释学的行为中的传统因素，是通过共有基本的主要的前见而得以实现的。诠释学必须从这种立场出发，即试图去理解某物的人与在流传物中得以语言表达的东西是联系在一起的，并且与流传物得以讲述的传统具有或获得某种联系。"① 在伽达默尔看来，文化传统和当下的社会现实以及个体的意识结构之间不是相互孤立的主客体对象关系，而是三位一体的"效果历史"关联，即文化传统以历史的流传物的形式融入了当下的社会现实，我们每一个个体以自己的"前见"去认知、理解、解释文化传统与社会现实，在此过程中，文化传统、社会现实和个体的知识结构相互融合、相互影响，这一过程，既是个体生命和文化传统及社会现实之间发生的解释学循环，也是各种生命元素的"视域融合"，通过这种融合，文化传统在当下的社会现实和个体

---

① ［德］伽达默尔：《真理与方法》，上卷，381 页，上海，上海译文出版社，2004。

的意识结构中复活，并且创造出新的文化思想脉络。而社会现实因文化传统的融入不断自我更新自我反思，而具有更加丰富的知识储备和合理的秩序规范；个体生命则因为对文化传统和社会秩序的内在理解，而具有更加宽广的生存视域和更加完善的生命创造能力。

在《真理与方法》出版后，伽达默尔的语言存在论以及对于传统和权威的重视引发了诸多争论。其中，哈贝马斯就对伽达默尔的观点提出深刻批判，并且提出"深层解释学"的思想。他认为："伽达默尔根据他对理解的前判断结构之解释学的洞察，得出重建先入之见的地位的结论。他没有看到权威和理性的任何对立。传统的权威并非盲目地自作主张，而仅仅是通过人们对它的反思的承认，这些人本身是传统的一部分，通过运用而理解并发展了这种权威。"[1] 哈贝马斯是从启蒙的理性主义批判前提出发，如果我们过多地依赖传统和权威，就没有办法在新的时代予以启蒙，也就只能在传统和权威的阴影中生活，而无法提出适合于我们这个时代特色的思想，文化、社会和个人也就无法得到更新的发展。他进而指出："只有当人们在这一传统之内能够获得免于压力的自由和关于传统的不受限制的意见一致的时候，才能把对传统的武断的承认，即对这一传统的真理主张的接受，和知识本身等同起来。"[2] 应当说，哈贝马斯在一定程度上洞察到解释学如果毫无批判地将传统和权威融入人的前理解中，将会产生一些难题，即时代发展的动力到底是依赖于传统和权威，还是对于传统和权威的批判。哈贝马斯在法兰克福学派的批判传统之下，认为只有通过文化批判、社会批判和意识形态批判等与传统和权威多维度的作战，才能够从传统和权威的阴影中走出来，把握属于我们自己的时代的思想脉搏。

但伽达默尔却坚持认为，哈贝马斯在一定程度上对哲学解释学思想存在误解，或者将哲学解释学和客观主义诠释学的"传统"和"权威"的理解相互混淆。伽达默尔在《真理与方法》中所表达的权威和传统，与当代现实和思想虽然存在着时间距离，但是二者之间是一种"视域融合"和"效果历史"的关系，而非相互对立的主客体关系。也就是说，当代已经是传统和权威的现实展现，传统和权威其实已经以"前结构"和"前理解"的形式融入到我们的思想和意识形态之中，即便我们对传统和权威予以反思和批判，在一定意义上，也可以说是传统和权威在进行自我反思和批判，如果抛弃传统和权威来谈论批判和启蒙，就如同放弃了历史来谈论

---

① ②　《哈贝马斯精粹》，162 页，南京，南京大学出版社，2004。

现实和发展。他深刻地指出："只有解释学中那种天真的非反思的历史主义才会把历史的解释学学科看作一种能完全摆脱传统力量的崭新的东西。反之，我在《真理与方法》中则试图通过在一切理解中起作用的语言因素清楚地展示出不断的中介过程，通过这种过程社会地转化着的事物（传统）才生存下来。因为语言并非仅仅是在我们手中的一个对象，它是传统的贮存所，是我们通过它而存在并感受我们的世界的媒介。"①

　　哈贝马斯和伽达默尔在这一场关于解释学的普遍适用性的辩论中，虽然并没有取得完全一致的思想共识，但这次辩论对于二者的思想反思的影响无疑都是非常深远的。伽达默尔因为哈贝马斯的批判，重新思考了解释学如何面对文化批判、社会批判和意识形态批判问题，并且将哲学解释学与实践哲学相互关联。而对于哈贝马斯来说，他虽然曾经用马克思、法兰克福学派和英美实用主义的观点批判伽达默尔的语言存在论和理性与传统及权威之间的关系，但在之后，他无疑更多地受到伽达默尔的影响，而将哲学解释学的思想融入到他自己对生活世界及交往行为理论的思考之中，而且语言和文化传统，也成为他建构生活世界与交往行为理论的重要思想元素。

　　哈贝马斯为阐释自身的交往行为理论和批判解释学思想，对生活世界理论进一步延伸，提出了当代社会生活世界殖民化和合理化问题。而在这些问题中，则蕴含着现代人对文化传统的功能和社会个体自我认同之间的内在关联。他在《交往行为理论》中说道："生活世界里储存着前代人所做出的解释努力；任何一次的交往过程都存在着异议的风险，相对而言，生活世界则构成了保守的均衡力量。因为交往行为者只有通过对可以批判检验的有效性要求采取肯定或否定的立场，才能相互达成理解。……因此，生活世界的合理化首先会表现为'规范共识'与'交往共识'的冲突。文化传统越是预先决定，哪些有效性要求在什么时候和什么场合必须被某人接受或必定遭到某人反对，参与者本人也就越是没有机会对他在采取肯定或否定立场时所提供的充分理由加以阐明和检验。"② 在这里，明显可以看出哈贝马斯受到伽达默尔思想的影响，已经将文化传统看作生活世界的重要构成部分，而且，在文化传统的知识储存中，交往行为能够寻

---

　　① ［德］伽达默尔：《哲学解释学》，30 页，上海，上海译文出版社，2004。
　　② ［德］哈贝马斯：《交往行为理论》，第 1 卷，69～70 页，上海，上海人民出版社，2004。

求到共识的前提；当然，他依然认识到文化传统虽然能够作为人们相互交往的重要前提，但文化传统也会对交往行为者的思想与行为方式予以预先规定，从而影响了交往参与者自由发挥的思想空间。

在哈贝马斯看来，要想使一个得到相应解释的生活世界具有合理的行为取向，甚至要想让这些行为取向能够凝聚成为一种合理的生活方式，文化传统就必须具有以下形式特征：（1）文化传统必须为客观世界、社会世界以及主观世界准备好形式概念，必须允许有不同的有效性要求存在，比如命题的真实性、规范的正确性、主观的真诚性等，并且必须促使基本立场有相应的分化，比如客观立场、规范立场以及表现立场等。只有这样，才能在一种抽象的水平上创造出符号表达；这些符号表达不仅有着不同的理由，而且可以得到一种客观判断。（2）文化传统必须与自身保持一种反思的关系；它必须彻底放弃其教条，以便让传统的解释能够接受人们的拷问，并加以批评和纠正。（3）文化传统必须把它的认知部分和评价部分与特殊的论据重新紧密地结合起来，以便相应的学习过程能够在社会层面上得以制度化。沿着这样一条路线，就会出现科学、道德和法律、音乐、艺术和文学等文化亚系统，也就是说，可以形成不同的传统。这些传统不但经过牢靠的论证，而且经受住了不断的批判，最终才得以稳定下来。（4）文化传统还必须这样来解释生活世界，即让目的行为能够摆脱通过交往不断更新的沟通命令，以实现至少能够局部地与交往行为区别开来。①

在第一个特征方面，文化传统应当是具有包容性的存在，它既能够包容客观世界、社会世界和主观世界的不同维度，又能够涵括交往行为中的真实性、规范性和真诚性的要求，以便不同的交往行为者能够在文化传统中获得真实的信息并真诚表达自身的想法，在此基础上，才可能从不同的立场分化中进行比较可观的判断。在第二个特征方面，哈贝马斯依然坚持自身的意识形态批判立场，要求文化传统必须进入生活世界的反思系统，能够在新时代的理解与解释中不断推陈出新。在第三个特征方面，哈贝马斯明显受到伽达默尔的影响，认为要从认识论和价值论上双重看待文化传统，使人们对传统的认知转化为合理化的社会制度与社会秩序；而且通过知识论与价值论的双重改造，传统能够自我分化为科学、道德艺术等不同的亚文化系统，而这些子系统本身就是不断经过理解、解释、反思与批判

---

① 参见［德］哈贝马斯：《交往行为理论》，第1卷，70～71页，上海，上海人民出版社，2004。

的锤炼，从而融入新的文化脉络之中。在第四个特征方面，文化传统在理解与解释生活世界过程中，应当明确生活世界与社会系统、目的行为与交往行为的本质区分，以便当文化传统以知识储备的方式融入社会制度和个性结构中时，能够使目的行为自身与交往行为的命令脱离开来，而形成独立的系统行为结构和方式。

从文化传统的形式特征及其与生活世界和交往行为的关联看，文化传统贯穿了生活世界的总体性结构，并为交往行为提供知识理论的支撑，而生活世界则成为文化传统和交往行为不断创新发展的总体性场域。生活世界之所以成为文化传统和交往行为发生的场域，因为它和人的语言表达密切相关，因此，哈贝马斯认为语言是生活世界中最重要的交往媒介，人的交往行为都是在语言表达和话语协商的基础上形成，必须通过言行一致而与他人建立良好的社会关联，而文化传统也是以语言的形式表达并得以传承，个体生命是通过语言媒介而进入文化领域，并使自身的交往理性不断发展。即"交往行为模式把语言看作是一种达成全面沟通的媒介。在沟通过程中，言语者和听众同时从他们的生活世界出发，与客观世界、社会世界以及主观世界发生关联，以求进入一个共同的语境。这种解释性的语言概念是各种不同的形式语用学研究的基础"①。

虽然，当哈贝马斯与伽达默尔论战时，他还根据马克思的实践哲学和语言工具论的思想反对语言存在论之思，并且认为社会关系这个更大的整体显然不是仅仅由语言推动，而是经由劳动和活动才获得生机，但伽达默尔所说的"因为语言并非仅仅是在我们手中的一个对象，它是传统的贮存所，是我们通过它而存在并感受我们的世界的媒介"② 无疑对哈贝马斯的思想有着巨大影响，因此，在生活世界和交往行为理论的建构中，语言其实已经从工具论的视域中提升出来，成为构成生活世界与交往行为的最重要媒介，而文化（传统）、社会（秩序）和个人（个性结构）也因为语言媒介的作用，形成了生活世界的总体性结构。

三、生活世界结构的生存论意蕴

诚如哈贝马斯所言："生活世界当中潜在的资源有一部分进入了交往

---

① ［德］哈贝马斯：《交往行为理论》，第 1 卷，95 页，上海，上海人民出版社，2004。
② ［德］伽达默尔：《哲学解释学》，30 页，上海，上海译文出版社，2004。

行为，使得人们熟悉语境，它们构成了交往实践知识点主干。经过分析，这些知识逐渐凝聚下来，成为传统的解释模式；在社会群体的互动网络中，它们则凝固成为价值和规范；经过社会化过程，它们则成为立场、资质、感觉方式以及认同。产生并维持生活世界各种成分的，是有效知识的稳定性、群体协同的稳定性，以及有能力的行为者的出现。日常交往实践的网络同在社会空间和历史时间范围内一样，远远超出了符号内涵的语用学领域，并且构成了文化、社会以及个性结构形成与再生的媒介。"① 在此，我们必须运用生存解释学的视域对文化、社会和个人三者的内在关联做总体理解，才能更好地体认生活世界的结构及交往行为理论的生存论内涵。

　　首先，哈贝马斯所说的作为生活世界内在结构的"文化"，似乎一方面指向文化传统，另一方面又指向文化知识。但从根本而言，文化传统可以完整地包含文化知识，文化知识则不能完整地包含文化传统。如果说，文化传统也具有知识论的维度，那么，作为"知识"的文化传统也非主体性的视界知识和语境知识，而是非主题的背景知识，这种"知识"并不包含具体内容，但它涵养着文化的个性与本质特征。这种文化传统与具体的文化知识的关系类似于一个人的气质与容貌的关系，一般而言，容貌漂亮或英俊的人应当是有气质的人，但有时也会相反，容貌漂亮或英俊，但是并没有气质，而有些人很有气质，但并非因为容貌的缘故。另外也类似于思想和具体知识构成的关系，比如一个人的思想应当是忘掉所有知识所剩余的东西，思想可以使知识更加系统化和纯粹化，但并非知识越多就越有思想；思想在一定阶段上，需要特定的知识建构而成，但思想一旦形成，就应当不受任何知识所限制，并且超越于具体知识的结构。因此，作为生活世界内在结构的"文化"，不是一般泛泛所指的文化知识，而是在文化知识基础上所凝练成的"文化传统"与"文化思想"，它与具体的知识的区别类似于海德格尔区分"历史性"与具体的"历史"，也类似于伽达默尔区分"语言性"与具体的"语言"。在此意义上，生活世界才能超越于由具体知识所建构起来的社会系统，并通过文化传统的传承与创新，实现生活世界的再生产与合理化。

　　其次，作为社会的生活世界区别于机制化运作的社会系统，虽然二者

---

① ［德］哈贝马斯：《后形而上学思想》，82 页，南京，译林出版社，2012。

都注重现代社会的秩序及规范的合理化有效运行，但二者的本质区别在于，作为生活世界的社会秩序和规范更加类似于人的有机身体，它自身是一个自足的生命机体，有内在的价值本质与指向，而作为系统的社会秩序与规范，则类似于人造的机器，虽然它也具有内在的运行机制，但其动力和目的是由外在所给予的。如果说社会系统也是符合于理性的，则它所符合的是技术理性与工具理性，而作为生活世界的社会秩序与规范则符合于交往理性与价值理性。

最后，作为生活世界内在结构的个人（个性结构）与一般意义上的个人虽然都是指当下存在的生命个体，且哈贝马斯也并没有借鉴海德格尔的"此在"与"常人"对之进行二元区分，但二者的重要差异在于：生活世界中的个人（个性结构）是以语言媒介作为生存的资质，是以交往理性作为生活的凭借，是通过与文化传统和社会秩序的解释学循环而与他人及整个生活世界相互交融，并且具有主体间性的本质特征，在此意义上，哈贝马斯所说的个人（个性结构）依然具有本真态的维度，类似于在生活世界的合理化进程中不断沉沦与超越自身的此在，总是以语言为媒介与生活世界发生关联；而社会系统中的个人则类似于一个个独立的生命原子，是受工具理性所制约的精致的利己主义者，尚处于主体性范畴之内，与他人的关联是以权力和货币为媒介，充满了权谋与算计。因此，生活世界中的个人是对人的本真状态的现实阐发，也是对世俗中人不断超越自身的理想期待。

哈贝马斯在此对生活世界的三维结构做了详细的解释。在哈贝马斯看来，文化传统的内涵永远都是个人潜在的知识；如果不是个人从解释学的角度占有和继承了文化知识，也就不会有什么传统可言，即使有了传统，也无法流传下来。因此，个人用他的解释活动为文化做出了贡献。但文化本身又是个人的一项资源，因为不能说个人像有机体承载个性结构一样，"担负"着文化传统。相对而言，文化、社会和个人这三维结构与客观世界、社会世界和主观世界这三维世界是同构的，虽然哈贝马斯没有直接说明这一点，但其内在关联非常明确。因为文化传统是由客观的知识储存而成，它可以独立于社会世界和人的主观世界而存在，并且为社会和个体提供知识的蕴藉。社会中的规范与秩序虽然可以拓展创新，但总是在文化传统的基础上奠定，并且持续在文化传统中汲取养料。社会中的个体虽然有着自身独特的生命体验，但个人的经验与生命表现，莫不与特定的传统相关，是在传统的基础上形成自身的知识体系与经验模式，个人可能有独特而创新的语言表达方式，但要与他人发生交流，却必须要用可被大家所理解的方式来进行言说，那么，个人的话语方式和内容都要与传统相关，而文化传统也就承载了社会交往中的制度与语言的纽带功能。

当合法秩序和制度规章与社会组织相交融，就构成了社会世界，社会世界总体而言属于公共领域，它必须由不同的组织团体，通过确定规章制度，建构合法的秩序，从而使生活世界的发展合乎理性规范，也为不同的个体之间的交流提供合法的平台。内在于个体言行的动机与能力，就构成了人的个性结构，个性结构也是人的主观世界的构成元素。个性结构作为个体独特的心理动机与知识行为能力，却蕴含着整个文化传统对个体结构的深层影响与社会秩序规范对个体的内在规制。从总体来说，个性结构属于私人领域的层面，如个体内心的真实想法，语言、行为的动机与能力，包括个人的知识结构、道德准则，以及个体的生命体验等，都是个性化的因素构成，它们构成了一个人真实的此在的状况与视域。如果用中国哲学的话语来说，个性结构就是属于个体生命境界的范畴，它和文化传统及社会规范相关，但决不完全从属于文化传统和社会规范（因此每一个时代都有出类拔萃之人，也有特立独行之人），在一般状况下，人的个性结构决定了他的境界与视域，也决定了他的言行的风格与能力，甚而会在一定范围内影响着文化传统与社会秩序规范。

在交往行为理论的视域内，文化传统如同一束永远在场而自身并不特别显现的光，它为社会交往提供了一个特定场域，不同的个体和社会组织在文化传统的理解与解释中相遇，并相互确证交流；社会秩序是一种无形的约束，使不同的组织和个人在文化传统中不仅仅获得知识，也习得规范；个人的个性结构则使每个人都以自己独特的方式展现自身的生命体验，并且形成主体间的共识。

在交往行为过程中，交往合理性和工具合理性是同时存在的，因此，任何一个行为都是多维度的，既有交往行为的维度，也具有目的行为、策略行为及戏剧行为的维度。但这些行为，都是在言行过程中刹那间完成，导致人们很难加以区分。

从客观世界、社会世界、主观世界这三个维度来理解文化传统、社会秩序与个性结构，也可以理解哈贝马斯话语理论的三大原则与之相互对应，即客观世界的文化知识必须符合真实性原则，社会秩序必须符合正确性（价值评价）原则，个体表达必须符合真诚性原则，在此三原则基础上，交往行为才可能是可理解的并合乎理性化的行为。

在此，我们有必要通过解释学的"视域融合"概念理解生活世界三维结构的内在关联，并阐明生活世界理论的生存解释学向度。

在伽达默尔看来，视域其实就是我们活动于其中并且与我们一起活动的东西。视域对于活动的人来说总是变化的。所以，一切人类生命由之生存的以及以传统形式而存在于那里的过去视域，总是已经处在运动之中。而"视域融合"只会在真正的理解活动中发生，因为"理解其实总是这样一些被误认为是独自存在的视域的融合过程。我们首先是从远古的时代和它们对自身及其起源的素朴态度中认识到这种融合的力量的。在传统的支配下，这样一种融合过程是经常出现的，因为旧的东西和新的东西在这里总是不断地结合成某种更富有生气的有效的东西，而一般来说这两者彼此之间无需有明确的突出关系"①。伽达默尔所说的视域，既是人的理解的前结构与先把握，更是人的内在的语言世界经验，因此，解释者与历史传统和经典文本的相遇，不是客观主义意义上的接受或主观主义意义上的移情和自身置入，而是两种不同的前见与语言世界经验的交集与融合，在此视域融合中，历史传统因新的理解和解释而形成新的生命体验，并且在新的语言世界经验和文本中展现自身效果历史的向度。历史传统、现实生活世界与个体生命因而在视域融合中形成一个总体性的生命脉络。

从本质而言，生活世界既是人当下生存的世界，也是解释者面向文化传统与社会现实的生活视域。因此，在生活世界的三维结构中，文化、社会和个人是以解释学循环和视域融合的关联得以存在，并且在不断的循环与融合中规范着生活世界合理化与再生产的进程。

生活世界在传统的形成与传承过程中形成一种文化的视域，在此视域中，社会规范和人的个性结构都受到特定文化之光的照射与折射。如同培根所说的四种假相，其中"种族假相"就可以理解为特定生活世界的文化视域，它既是社会规范和人的个性结构发展的前提，也在一定程度上成为遮蔽社会规范与人的个性结构发展的"假相"，毕竟，因为有着现成的视域，人们就不愿意再进一步突破自身理性遥望的空间，而在此视域中对社会世界和自身的主观世界予以观照。而"洞穴假相"其实是个体的个性结构和知识结构所形成的个体化视域，这一"洞穴"使我们具有自身的"成见"，而难以接受与我的视域异质性的文化知识元素。"市场假相"则是一

---

① ［德］伽达默尔：《真理与方法》，上卷，396 页，上海，上海译文出版社，2004。

种社会化的语言媒介，它使社会规范性的知识系统得以形成，但在此"市场"中，人们只是获得知识的表层的幻象，其深沉的思想理念往往会被忽略。而与市场假相相关的"剧场假相"，它是权威专家用特定的场景和道具展示自身的文化知识的视域，并用此视域去获得他人的认同，而在此认同中，他人其实是被"剧场"和"道具"所欺骗，并未真正理解深层次的思想与文化。当然，培根的假相说展示了文化传统和人的视域的有限性及其异质性，但在解释学的思想中，恰恰是人的视域的前在性与有限性使人成为一个特定的生命的存在，人也因此需要在生活世界中与文化传统和社会规范不断发生视域融合，从而与文化、社会发生总体性的生命关联。

应当说，如果将生活世界看作一个生命的共同体，那么从"生命表现"视域，我们可以阐释文化、社会和个人之间的本质关联。[①] 狄尔泰曾经区分了"概念判断"及"较大的思想结构""实践行为""生命体验的表达"等不同层次的生命表现。在生活世界的结构中，文化传统、社会秩序和个性结构，其实也是不同层次和不同类型的生命表现。文化传统作为历史文化的积淀，是在社会发展过程中不断传承和创新的客观精神的总体性生命表现，文化传统不属于哪一个具体的人，却为社会中的个体所分有。因此，它是以生命脉络的方式传承着历史文化中最经典的内涵。

在生活世界的视域中，文化传统的传承与发展必定要依托于特定的生命个体，以一种独特的生命表现和客观精神的方式得以展现与延伸。如同庄子所言"薪火相传"，在文化的传承中，火是指文化传统，而薪则是指个体生命，个体生命和文化传统之间，是通过特定的生命表现和客观精神得以关联。这诚如哈贝马斯所言："文化传统的内涵永远都是个人潜在的知识；如果不是个人从解释学的角度占有和继承了文化知识，也就不会有什么传统可言，即使有了传统，也无法流传下来。因此，个人用他的解释活动为文化作出了贡献。"[②]

生活世界中的社会秩序与规范，可谓是社会有机体的生命表现的特殊样式。相对于文化传统而言，社会秩序和规范是生活世界的横向展现，它要表达出生活世界本身是一个有机的组织，但并非系统的机制，因此，从

---

① 　我们之前已经对马克思、狄尔泰的"生命表现"概念做了翔实的阐释，而且在海德格尔和伽达默尔论述生存论、解释学的理解循环时，"生命表现"的思想已经深刻地蕴含于其中。笔者认为，"生命表现"应当成为建构"生存解释学"的核心概念。

② 　[德] 哈贝马斯：《后形而上学思想》，86页，南京，译林出版社，2012。

生命表现意义上理解社会秩序与规范，能够区别于以工具理性为核心的社会系统理论。而相对于社会中的具体个人而言，社会秩序和规范则是一个总体性的生命关联，它使诸多个体在社会组织中结合成为社会化的交往共同体。

　　生活世界中的人的个性结构，无疑是生命表现的最基本层次，它类似于一个个独特的生命单子，不断绽放自身的思维判断与行为方式，但这一切都以个体的意识形态结构和生命体验作为根基。人的个性结构虽然自成一个内在的世界，但它要与文化传统和社会秩序发生生命的关联，就必须将自身外化和对象化出来，以生命表现的形式展现自身对文化社会的理解与解释，并在其中寻求到个体社会化的平衡以及他人的认同。而且，个体学习文化知识和适应社会规范的过程，其实就是人的个性结构以生命表现的方式不断与文化传统和社会发生生命的交融与视域的融合。在此融合中，个体的意识结构逐渐形成独特生活世界的视域，外部生活世界投射到个体的生命体验，成为人的个性结构的一部分，文化传统和社会规范既成为人的外在社会关系的情境与规定，也成为人的内在个性结构的本质元素。而生活世界也就在此过程中，构成一个在社会空间和历史时间中分叉开来的交往行为网络。

第三节　　生活世界视域中交往理论与生存解释学的建构

　　在生存解释学的视域中，生活世界首先是作为人的生存世界的实体而存在，它包容文化传统、社会秩序和个性结构，并在三者的融合中形成生活世界的合理化与再生产。生活世界的合理化与再生产，从根本来说，依赖于文化、社会和个人的再生产，亦即文化传统的反思创新，社会秩序的协调整合，个人的社会化与相互认同。而在现实生活中，人们的交往行为构成了生活世界合理化与再生产的基本样态。哈贝马斯通过交往行为将生活世界与社会系统区别开来，而他认为交往行为表现为解释机制，就表明交往行为理论具有解释学的维度。而交往行为总是在理解—解释—实践的转化中不断循环，其本身就是生存解释学的实践样式。

　　在交往行为理论的建构中，生活世界既作为生存的世界而存在，更重要的是它转化为交往参与者的生活视域，以背景知识的方式为交往行为提供交流的平台和语境，在此转化中，生活世界的本质特征和内在结构依然蕴含于交往行为之中，成为交往实践中的主体性内容。

如同生活世界理论一样，交往理论在哈贝马斯的思想中成为一个核心理论体系，既是哈贝马斯对于现代性发展的批判性体验，也是对相关思想家理论的反思积淀。因此，他所建构的交往行为理论，其实是一个多元化的综合思想体系，在其中，黑格尔、马克思、维特根斯坦、奥斯汀、伽达默尔等人的思想或显或隐地产生着影响。哈贝马斯自己也承认，交往行为模式贯穿由米德的符号互动论、维特根斯坦的语言游戏概念、奥斯汀的言语行为概念以及伽达默尔的解释学等共同开创的不同的社会科学传统，并且充分注意到了语言的各种不同功能。① 虽然，哈贝马斯认为通过语言媒介的功能，可以将这一系列思想与交往行为理论关联起来，但实际上，更为根本的是，对于生活世界和个人的生存的理解与解释，才能够更好地将交往行为理论的思想内涵发挥出来。因此，我们有必要从生存论和解释学的视域对交往行为理论予以解释性的重构，从而阐明其中蕴含的生存解释学的思想维度。

一、"理解"对交往理论的奠基性作用

当然，重构并非意味着批判与解构，而是反思性的建构，是要通过内在性的理解与反思，阐释出交往行为理论可能包含的更为深刻的思想内涵，以及它在现代性语境中的现实意义。理解、语言、解释、共识等概念构成了交往行为理论的核心范畴，而它们同时具备生存解释学的意谓，因此，对"理解"等概念在交往行为中的奠基性作用进行理论分析，就能够阐明交往行为理论在何种意义上可以被称为交往解释学，而且它本身所蕴含的生存论的思想内涵也能够得以凸显。

无论是受到马克思、韦伯、许茨还是海德格尔和伽达默尔的影响，哈贝马斯在建构交往行为理论中的首要问题是自我与他人及文化传统和社会之间的相互理解问题。他认为，海德格尔和伽达默尔继承了狄尔泰和胡塞尔的传统。在这个传统中，理解具有本体论的特征：海德格尔在《存在与时间》中，把理解看作人类此在的基本特征；伽达默尔在《真理与方法》中则认为，理解是历史生活的基本特征。应当说，哈贝马斯对海德格尔和伽达默尔的相关思想有着非常深入的理解，而且也从生存论和解释学中领

---

① 参见［德］哈贝马斯：《交往行为理论》，第 1 卷，95～96 页，上海，上海人民出版社，2004。

悟到理解在人的生存与交往中的重要作用。

　　哈贝马斯在交往行为理论中首先借用了海德格尔和伽达默尔的前理解概念，他认为：“任何一种沟通过程都发生在文化前理解的背景上。整个背景知识都是没有问题的；只有互动参与者用于解释而使用并表现出来的部分知识才要接受检验。参与者自身可以通过协商，对语境加以明确，因此，就新语境所展开的每一次协商，同时也明确了关于生活世界的表现内容。”① 哈贝马斯所说的“文化前理解”其实指向的是作为生活世界背景的文化传统脉络，它已经以一种前结构或先见的形式潜存在人们的交往行为之中，比如，交往参与者尊重共同的文化习俗，了解共同的文化背景，遵守共同的社会规范等，人们将这些方面当作应当的背景知识而接受，形成基本的交往共识和规范共识；而对于并非双方共识层面的知识，必须经过交往参与者相互明确语境，表达自己真实的意图，并通过协商而形成共同的交流语境，在此过程中，双方对于生活世界的背景以及相关语境知识的理解与解释占据首要地位，如果没有文化前理解的存在，更加深入的理解与共识就无法形成。

　　当然，如果按照我们之前所做的理解的四重境域的区分来说，哈贝马斯所建构的交往行为理论中的“理解”概念具有多重的维度与意蕴。当他对交往行为语境做基本分析时，理解是知识论意义上的知性理解；当进入交往行为具体内容之中，将交往行为看作人的根本的实践层次时，其实指向了实践性的理解内涵；当他认识到“理解”问题在精神科学与社会科学领域中的重要意义时，其实已经契入了生命的理解与体验的内在层次。如他所言：“在精神科学和社会科学当中，‘理解’问题之所以具有重要的意义，主要是由于科学家仅仅通过观察是无法进入由符号先行建构起来的现实的，他们在方法论上不能把意义理解与经验观察混为一谈。社会科学家进入生活世界的途径和外行没有什么本质的区别。他们自己必须在一定程度上属于他们试图描述其组成部分的生活世界。为了描述生活世界，他们必须理解生活世界；为了理解生活世界，他们必须全身心地投入到生活世界的创造过程当中；而全身心投入的前提是他必须属于生活世界。”② 全身心地投入生活世界，实际是用自己的生命存在去感悟、体验生活世界的变动不居及内在结构，而人与生活世界的一体共在性又决定了对于生活世

---

① ［德］哈贝马斯：《交往行为理论》，第 1 卷，100 页，上海，上海人民出版社，2004。
② 同上书，108 页。

界的内在体验和理解就是人的生命存在的特质，它也成为描述生活世界的
基本前提。从交往理论来说，自然科学研究的是人与自然、人与物的交
往，其中最重要的方法是客观主义的说明，而不需要生命的内在体验与理
解，但精神科学和社会科学研究的是人与社会、人与历史及人与人之间的
交往，而用客观主义的说明，无法洞察其中的生活世界的结构和本质，必
须运用人内在的生命体验，与对象达成主体间性式的理解，才可能使交往
成为一种生活世界的互动和生命脉络的内在绵延。

在哈贝马斯看来，社会科学家在理解历史传统和经典文本时，必须
奠基于自身前理解的结构之上，不过，哈贝马斯尚没有在生存论层次上
分析前理解结构的存在论内涵，而是将之外在化为文化与社会的符号化
结构，也就是说，社会科学家在交往行为中所遇到的是用符号先行建构
起来的对象，它们所体现的是前理论知识的结构，具有言语和行为能力
的主体就是依靠这种前理论知识创造出这些对象的。用符号先行建构起
来的现实，其特征是社会科学家在建构其客观领域时遇到的，它隐藏在
客观领域当中具有言语和行为能力的主体直接或间接建立起社会生活关
系所依靠的创造规则当中。① 社会科学的客观领域不同于客观的自然世
界，而是由言语行为、文本、传统、作品、物化财富以及社会制度和个性
结构等构成的生活世界的组成部分，其他人的生命体验其实已经蕴含于其
中，因此，必须用个体内在化的主观世界来理解外在化的符号建构起来的
客观领域。

从对客观领域的理解延伸到对交往行为实践过程的理解，其实是人生
命体验和实践性理解与知性理解的综合交融过程。在交往行为过程中，交
往参与者处于一个动态的实践与理解过程之中，与对传统文本和历史本文
的理解的不同之处在于，交往双方是在现实语境中，可以相互协商、相互
协调，在此过程中的理解与解释一体共在，通过合理的解释能够让对方理
解自身的表达意义及其蕴含的内在经验。

虽然，在交往行为理论中，哈贝马斯并未直接将理解从知识论、实践
论和生命体验的层次提升到存在论的范畴，但他无疑对生存论层次的理解
有着自己的独特体认，他认为交往中的理解本身具有存在论的特质。而
且，如果用生存论的范畴来重构交往行为的"理解"，更能够凸显其中蕴

---

① 参见［德］哈贝马斯：《交往行为理论》，第 1 卷，107 页，上海，上海人民出版社，
2004。

含的生存解释学之维。如前所言，海德格尔在建构生存论时，实际上将狄尔泰的生命性的内在体验还原到生存性的理解，而走上了生存解释自身的自动理解的捷径。在此意义上，理解是此在通往存在的根本途径，而解释、操心、沉沦、被抛与筹划都只是生存理解的各个环节的衍生物。理解并非人的行为方式，而是存在方式。

在交往理论的重构中，也应当将交往和理解看作人的存在方式，而非仅仅是人的一种行为方式。从根本而言，交往首先是一种行为方式，它与生产有着本质区别，甚至在实践论意义上，交往行为比生产行为更为源始，毕竟，任何生产活动都是建立在人与物和人与人的交往基础之上。因此，哈贝马斯将交往行为作为实践活动的根本方式，并以此为基础重构唯物史观，他在现代性的语境下对马克思主义理论做了有意义的延伸与发展。

但在生存论的视域下，交往不但是人的一种行为方式，更是人的一种基础性的存在方式，人最根本的存在特质，就是人与人、人与物、人与社会历史之间的交往实践。如马克思所言："人的本质不是单个人所固有的抽象物，在其现实性上，它是一切社会关系的总和。"① 人的本质，其实就是人在世存在的根本特质，而"社会关系的总和"，所指的就是人在社会交往中所建立的总体性的社会关系脉络。在生存论意义上，它所表达的是人的本质在社会历史中的生成性与实践性，而人的本质的生成性与实践性一体共在，它们都是通过人自身与客观世界、社会世界及内心的主观世界相交往而存在，因而，交往本身就是人的本质生成与人的实践生存的内在根据，如果没有交往行为，人的存在就只能是一个孤零零的永恒不动的封闭化的单子。因此，马克思阐释人的本质力量时，既用生命表现等概念，也用对象化与自我确证等思想，而对象化与自我确证，只有在人的交往实践过程中才能够得以实现。

从根本而言，具体的生活世界是对于"生成的存在"与"生命的存在"的一种现实化的展开，生活世界中的交往实践建基于生命个体对于存在、历史及自身生命的理解与解释。在此意义上，交往固然是人的一种社会性的实践行为，但也是对于人的生命本质的对象性的理解与自我确证。人正是在交往实践中将自身的本质力量充分表现出来，从而在自我的对象化中重新理解并确证自身的生命。

无论是从行为方式还是存在方式来说，交往实践由于与人的本质的生

---

① 《马克思恩格斯选集》，2 版，第 1 卷，56 页，北京，人民出版社，1995。

成性相互关涉，就已经内在地与生存论的理解与解释和语言相互关联。马克思将人的本质规定为社会关系的总和，实际是在社会性交往的层面上来探讨人的本质生成与自我理解。因为任何社会关系的形成都建基于一定的社会交往及对这种交往的理解之上，没有对于自身的生命及社会历史的理解的参与，不但社会关系不可能形成，人与人的交往也只能处于动物本能交往的层次。

而狄尔泰从社会性的理解深入到生命理解之中，其实已将一种外在性的社会化交往转入到生命的内在交往之中。与生命理解相关联的交往在最深层的意义上是生命体验中自我生命与对象融入到原初统一体之中，是在一种非对象化的内在交往中建构起生命与事物的非对象性关联。而在现实世界中显现出来的人与人、人与物的交往则是生命内在交往的一种客观化的表达，作为客观精神的哲学、经济学、法律、艺术等正是在内在交往与外在交往的关联中产生的生命客观化的结果。

海德格尔则从狄尔泰的生命内在交往中领会到人与存在的根本关联。在生存论的视域中，最原初的交往还不是人与自身生命的内在交流，而是人与存在的生存论关联。如庄子所谓"独与天地精神相往来，而不敖倪于物"（《庄子·天下》）就类似于人与存在之间的内在交往，而人与自身生命、人与他人的社会性交往则只是原初生存论交往的衍生物。

海德格尔在《存在与时间》中深刻阐释了此在交往的生存论存在论意蕴。他用"操心"指涉此在的存在论层次的交往的本真状态，而用"操劳"和"操持"分别指涉人与物、人与人之间的本真态交往，他说道："因为在世本质上就是操心，所以在前面的分析中，寓于上手事物的存在可以被把握为操劳，而与他人的在世内照面的共同此在共在可以被把握为操持。寓于……的存在是操劳，因为这种存在作为'在之中'的方式是由它的基本结构即操心规定的。操心并不是只描述与实际性及沉沦都脱了节的生存论结构，而是包括这些存在规定之统一的。因此操心也不是主要或专门指'我'对'我'本身的一种孤立行为。"①

人与存在的原初交往必然以生存论的前理解为内在根基。即便是人被抛于世，已经在世界中沉沦物化，但他自身的先行具有、先行视见和先行把握的前结构已经规定了人与存在之间的交往不可能被完全切断，而是在

① ［德］海德格尔：《存在与时间》，222～223 页，北京，三联书店，2006。

生存论的理解与解释中将这种原初交往予以敞开与澄明。

在生存论交往的基础之上，人与自身的本真生命及自我与他人的社会性交往才有可能发生。无论是本真的此在还是非本真的常人，都在一定的程度上分有了对于存在的理解。其区别在于，存在的意义在此在的理解中无蔽地涌现，而在常人的理解中往往蔽而不显。对于存在的不同理解就决定了人与自身生命并非完整的统一体，它尚要在内在生命交往中来澄明存在的意义。

内在生命的交往是对生命自我的理解与解释。如苏格拉底的"认识你自己"其实就是对于内在生命交往的追问与反思。但人们往往忽视了这一命题所具有的生存论意义，而将之导向了知识论的理解，因此，人与自身生命的内在交往只是在自我与他人的交往中才以疏异化的形式出现。从根本而言，自我与他人的交往可能只是境遇性的，而与自身生命的交往却贯穿着生命的始终。

在海德格尔看来，在现实的生活世界中，自我与他人的社会性交往行为是以"闲言""好奇"与"两可"的方式得到表现。人作为共在是在一种平均化与附庸化的状态中迎合了常人的专政，人们往往终日与他人交流却不知交流者为何，这种日常交往之所以使人与自身生命相互疏异，就在于它在沉沦状态中遗忘了自身与存在的生存论关联。

当然，从海德格尔的生存论理解中阐发出来的三种交往方式在具体的交往实践中并非相互分离，而是任何具体的交往行为中都已经内在地包含了生存的原初交往、内在的生命交往及自我与他人的社会性交往三重维度。即便是在沉沦性的社会交往中，此在在与他人相互打交道中就已内在地涵摄了此在对于存在和本己生命的理解。只有在此意义上，"操心"作为此在在世的基本方式才可能面向存在筹划自身本己的能在。

在生存解释学的视域中，交往与理解既是人存在的方式，也是生活世界合理化发展的根本动力。人在世界中生存，总是以不同的交往方式展现自身的本质力量，这种本质力量的展现，在马克思和狄尔泰看来，是生命表现的样式，而在海德格尔和伽达默尔看来，则是人与世界打交道的基本方式。而交往又必然与理解相伴随，没有人能够在不理解的状况下与生活世界发生内在的关联，理解具有不同的样式和层次，交往也同样具有相应的样式和层次。

在海德格尔看来，理解作为此在的展开状态，一向涉及在世的整体。在对世界的每一理解中，生存都一道得到领悟。同样，交往也是人在生活

世界中的展开状态，通过交往，人的内在本质及对生活世界潜在的理解都
绽放开来，从而让自身的主观世界与客观世界、社会世界融为一体。人绽
放自身的本质与前理解的过程，既是交往行为的实现过程，也是人生命表
现的对象化与生命经验的解释过程，这一过程既贯穿了生活世界的存在，
也通达了生命的存在与生存的存在，人只有在交往和理解的过程中，才能
体验到自身不断生成的生存本质和生命的内涵。

二、交往理性的生存论澄明

虽然，哈贝马斯并没有跟随海德格尔和伽达默尔，直接从存在论的层
次论述交往和理解问题，但他以生活世界作为基本的境域和视域来阐释交
往行为与理解的实践性和现实维度，却契入了生存解释学的思想旨趣。特
别是他对于交往理性和语言媒介的阐明，已经内在地将生存论与解释学的
思想蕴含于其中。

当他对主体性哲学与传统及纯粹理性和实践理性予以反思批判时，其
实已经受到现象学、生存论和解释学的多重影响，因此他认为，从以主体
为中心的理性到交往理性的范式转变，也鼓励我们把现代性从一开始就具
有的反话语再一次接受过来。无论是在形而上学批判路线（谱系）当中，
还是在权力理论路线（谱系）当中，都不可能贯彻尼采的激进理性批判，
因此，我们要另辟一条走出主体哲学的途径。[①]

哈贝马斯认为走出主体哲学的路径在于通过主体间性的视域而建立交
往理性的行为法则。在现象学的思想中，主体间性又被称为交互主体性，
即在社会交往过程中，不是以自我利益为中心，将他人只是看作自己的对
立面，而是将他人看作另一个"他我"的存在，以同情之理解甚至是移情
的方式与他人产生交流与共识。相对于主体性哲学而言，主体间性的视域
是将自我与他人看作在生活世界内在相关的交往共同体，相互之间通过交
往理性和语言媒介而发生关联。

在哈贝马斯看来，交往理性能够将主观或客观知识转变为主体间性的
知识，它必须符合真实性、真诚性、规范正确性和审美和谐性等基本标
准。如他所言："我们一旦把知识看做是以交往为中介的知识，那么，理
性所要衡量的就是，负责的互动参与者能否把主体间相互承认的有效性要
求作为自己的取向。交往理性发现，其标准在于直接或间接兑现命题真实

---

① 参见［德］哈贝马斯：《现代性的哲学话语》，352 页，南京，译林出版社，2011。

性、规范正确性、主观真诚性以及审美和谐性等有效性要求所使用的论证程序。"①

哈贝马斯进一步确定交往理性的四个规范：可理解性、真诚、真理和规范的正确性。在这里，审美和谐性这一规范由可理解性所取代，其他三个规范即真诚、真理和规范的正确性依然存在。

根据哈贝马斯的观点，在任何合理的社会交往中，可理解性、真诚、真实和规范的正确性这四个规范的有效性将不可避免地显示出来。也就是说，在合理的社会交往中，参与者都自动自觉地遵守这四个规范。交往行为的四重规范，既是交往理性所必须符合的标准，也是在交往过程中交往参与者话语的基本规范。首先，从交往的前提来说，交往话语必须具备真诚性，即交往参与者的话语都是出自内心的真诚想法，而非有意的谎言欺骗；其次，从交往的过程来说，参与者的话语必须具有可理解性，既包括话语形式的可理解性，也包括话语内容的可理解性；第三，从交往的共识来说，话语必须具有真实性，即话语内容和传达的信息必须是真实的，必须具有真理性的成分，在事实判断的基础上，方可形成交往双方的共识；第四，从交往的规范要求来说，交往参与者的话语形式和内容必须具有规范性，交往双方具有共通的价值判断，才可能形成价值共识和交往共识。②

在哈贝马斯思想中，交往理性其实同时涵盖实践理性和工具理性的因素，但其本质更偏向实践理性和价值理性，因此，当其潜能从生活世界中绽放出来时，能够同时对生活世界和社会系统发生双向作用。当交往理性的潜能释放出来时，经济系统和政治系统能够获得自由的权力，因而对日常生活实践形成内在性的影响，在此影响之下，工具理性则与实践理性发生博弈，其结果是，交往理性的潜能在生活世界合理化与社会系统复杂化的现代化进程中，既得到丰富与完善，同时也受到压抑与侵蚀。即如他所言："交往理性潜能首先必须在现代生活世界形态中释放出来，才能让获得解放的经济亚系统和行政亚系统的命令回过头来对遭到破坏的日常生活实践施加影响，促使认知—工具因素支配遭到压制的实践性理性因素。交往理性潜能在资本主义现代化进程中既得到了释放，又遭到

---

① ［德］哈贝马斯：《现代性的哲学话语》，366～367 页，南京，译林出版社，2011。
② 参见陈勋武：《哈贝马斯评传》，163～164 页，广州，中山大学出版社，2008。

了破坏。"①

交往理性在现代生活世界释放潜能的过程，能够澄明交往理性自身所具有的生存论意蕴。相对于传统的理性而言，交往理性更具有生成性的特质，它是在交往过程中形成并规范参与者行为的理性，而且，它在交往的发生过程中进一步发展自身。交往理性具有自身的价值准则和规范要求，但没有一成不变的理性模式。

从生存论的视角看，交往理性与人的生命存在和生活世界内在关联。交往理性区别于传统理性的最大特征在于同生活世界的一体共在性关联。传统理性以外在于生活世界的方式，统摄并规制着生活世界的发展过程。而交往理性的主体间性特质就表明其与生活世界的关系更加内在化和本质化。

对于哈贝马斯而言，交往理性其实是调节公共领域和私人领域、国家和市民社会、社会系统和生活世界、社会规范和个人权利之间平衡的一种具有现代性价值指向的实践理性和公共理性。当然，交往理性并不同于传统意义上的实践理性。他认为传统理性观念是一种对象性和知识性的范畴，它导致了社会向科技理性和工具理性的单向度发展。而交往理性是双维或多维的，涉及不同行为者的对话和实践关系，它通过主体间相互理解的方式得到表达，并寻求双方的交往共识。在此意义上，交往理性的前提是人作为一个社会总体性存在物的主体间性，即交往者都是在同一个生活世界中生存，通过可以相互传达的语言符号表达自身的生命体验和知识体系，由此保持社会的一体化、秩序化和合理化。而交往理性也是一个生命个体在理解传统文化以及社会关系、道德规范时所形成的个人内在的生命体验以及语言表达的能力。从根本来说，交往理性之所以区别于实践理性，是"因为它不再被归诸单个主体或国家——社会层次上的宏观主体。相反，使交往理性成为可能的，是把诸多互动连为一体、为生活形式赋予结构的语言媒介"②。在主体间性的角度上，交往理性并不是个体的实践理性和价值理性，而是社会共同体在生活世界的背景中所形成的公共理性。它能够为公共领域和生活世界的发展提供行为规范和商谈语境。

---

① ［德］哈贝马斯：《现代性的哲学话语》，367～368 页，南京，译林出版社，2011。

② ［德］哈贝马斯：《在事实与规范之间：关于法律和民主法治国的商谈理论》，4 页，北京，三联书店，2011。

在生存论意义上，交往理性是一种多维度的包容性的公共理性和实践理性，它首先能够在交往主体间的理解与相互承认过程中起到约束的作用，其次，它又能够将理性和非理性融合在普遍的生活世界和交往共识之中。如同哈贝马斯所言："交往理性在主体间的理解与相互承认过程中表现为一种约束的力量。同时，它又明确了一种普遍的共同生活方式。在这种生活方式中，我们不能像巴门尼德区分无知与知那样，把非理性和理性截然分开（按照巴门尼德的理解，知作为一种绝对的肯定力量，主宰着无知）。"[1]

而且，交往理性不仅仅受到外部条件制约并约束着交往的外部条件（日常生活方式），还会在日常实践中分化为实践、空间、生命的肉体和实验等实践理性的不同维度。因此，交往理性本身就是一种直观的总体性的知识，它通过语言媒介和生活世界的资源及结构紧密地结合在一起。在此，哈贝马斯将交往理性融合于生成的存在、生命的存在和生活世界的不同维度之中，并且通过交往共识将之与实践和话语产生内在的勾连。

三、交往实践的语言学转向

哈贝马斯认为马克思和西方马克思主义的社会实践概念实质是生活世界和日常生活实践的循环过程，而这其实也是交往行为理论的核心范畴。在马克思主义的社会实践中，依赖于肉体生命而得以展现其历史性的个体面对自然理性，必须通过同他人的社会交往确证自身的存在价值。交往行为理论也可以说是将生活世界与日常生活实践相融合的实践哲学；在此意义上，它和马克思主义的社会实践具有同样的历史使命，即将理性的实践方式理解为在历史、社会、个体生命和语言中绽放的实践理性。

在此基础上，哈贝马斯所谓的实践哲学的语言学转向是对话语理论和交往理论的新界定，其实也是生存解释学的重要特征，在这一点上，他的思想与伽达默尔"作为实践哲学的解释学"相通。实践哲学在此与语言学相融合，而区别于一般所谓的实践哲学转向或语言学转向。他在《走出主体哲学的另一条路径：交往理性和以主体为中心的理性》一文中指出："实践哲学的语言学转向同样也没有导致范式转型。言语主体要么是语言系统的主人，要么是语言系统的守望者。他们要么使用语言创造意义，以便不断地揭示世界；要么总是在一个揭示世界的不定视域中活动。对他们

---

① ［德］哈贝马斯：《现代性的哲学话语》，376 页，南京，译林出版社，2011。

来说，揭示世界依靠的是语言自身——语言成为一种创造性实践的中介
（卡斯托里亚迪斯）或成为一种差异性的事件（海德格尔和德里达）。"①
在此观点上，哈氏更偏向海德格尔，而非马克思；因为马克思将解释世界
与改变世界区分开来，实际为实践哲学和语言哲学划下了鸿沟，而海德格
尔则认为解释世界的同时也是在改变世界，将生存论的解释学与实践哲学
关联起来。哈氏认为，语言的功能在于创造意义，揭示世界，以及在解释
世界的生成视域中活动，这一观点更多地与海德格尔和伽达默尔接近。总
体而言，语言在揭示世界的同时也就成为一种创造性实践的中介，这一思
想合乎生存解释学的旨归。

　　如果根据威廉·洪堡的思想——语言建构人的世界观，或根据海德格
尔的思想——语言就是存在自身之道说，那么语言和事物之间，建构性的
世界观和建构起来的内在世界之间，不会存在本体论的差异，而应当是语
言自身就是一种生成的存在。语言揭示着生活世界的意义视域，那么语言
究竟是一种工具还是自身即是存在显现，显然哈贝马斯还是在语言工具论
和语言存在论之间徘徊。语言揭示世界的功能类似于先验意识的创造功
能，这一观点是将语言哲学和康德的先验认识论以及胡塞尔的意向性思想
相互关联，凸显了语言世界观的先天性结构。关键是如何理解语言世界观
和生活世界的内在结构之间的关联，这一点是理解哈贝马斯交往解释学的
核心所在。

　　哈贝马斯的交往行为理论关注了解释世界与改变世界的融合及二元
区分问题。在他看来，实践哲学的主旨在于建构世界和改变世界，在此
基础上来阐释具有历史意义的先在自然；实践哲学和历史唯物主义依然
是现代哲学的核心，但将改变世界和解释世界单纯二分，以及认为上层
建筑依赖于经济基础的观点是有问题的。实际上，由语言所建构起来的
观念世界和由实践所建构的内在世界是相互交融的：一方面，语言世界
观受到实践过程和世界建构的影响；另一方面，通过语言对于世界意义
的理解，使人们的实践得以可能（任何实践其实都是在语言世界观观照
之下的实践），而且人的实践和学习过程也表现在世界观结构的变化
之中。

　　虽然哈贝马斯对语言世界观有着非常深刻的体认，而且将语言看作交
往行为中最为关键的媒介，但他还是不赞同海德格尔的语言存在论，认为

---

① ［德］哈贝马斯：《现代性的哲学话语》，370 页，南京，译林出版社，2011。

海德格尔把对意义视域的揭示与富有意义的表达的真实性等同起来，这样做实际上是错误的；而只有命题有效性的条件才随着意义视域的变化而改变——对意义的不同理解必须在经验中、在与出现在视域中的一切交往的过程中证明自身。① 在语言与世界的关联上，他依然带有认识论的指向，认为语言对世界的解释是多维度的，但世界的真实存在只可能是一维的。

而且，哈贝马斯还从交往行为的内在反思性中察觉到交往实践与话语之间的内在关联。如他所言："日常交往实践自身内部仿佛具有反思性。不过，'反思'已不再是认知主体的事情（认知主体通过客观的方式与自身建立起联系）。这是一种前语言的孤立的反思，取代它的是交往行为中话语和行为的分化。"② 虽然哈贝马斯并未阐明"前语言的孤立的反思"与胡塞尔的前谓词经验是否相通，但它和海德格尔、伽达默尔的语言存在论却并不相融。反思是否能够在前语言的状态下发生？在生存论解释学中这是一个核心问题。哈贝马斯认为交往行为的话语和行为的分化可以取代前语言的孤立反思，那他还是认为语言（话语）可以存在于内在世界的反思经验之中。但从生活世界的视域来看，在交往行为中，生活世界的背景知识也要不断接受全面的审视与检验。因此，我们才可以通过与内在世界的交往，而间接地修正揭示世界的语言系统所具有的具体的先在性和存在论前提。

当进入生活世界领域时，我们的行为必然在精神生活和物质生活层面以符号再生产和物质再生产的方式发生。在哈贝马斯看来，生活世界的符号再生产和物质再生产之间具有内在联系，但也有着本质的区别，前者是以语言为媒介，以理解为中介得以进行，属于交往行为范畴，后者是以社会成员的工具性劳动实践得以进行，属于工具行为范畴（如规范行为、目的行为和戏剧行为等）。但生活世界的符号再生产和物质再生产之间的内在关联在于：工具行为和交往行为相互交错；工具行为需要一定的计划和目的，而它的计划和目的在制定和执行过程中必然要得到相关社会成员的"理解"，才可能得以进行。也就是说，"生活世界"是交往行为与工具行为、交往理性与工具理性相互交融的背景，而主体间的"理解"是二者相互交融的实现中介。

---

① 参见［德］哈贝马斯：《现代性的哲学话语》，372 页，南京，译林出版社，2011。
② 同上书，375 页。

　　交往行为者通过主体间性而达致的"理解"，在生活世界背景知识的
交融中就构成了以交往理性为基础的"交往共识"。当然在交往行为的
"理解"与"共识"形成过程中，存在的重要问题是：如何让"理解"与
"共识"具有普遍有效性；如何用有效性要求来对交往共识予以衡量；衡
量的标准是什么；有效性要求和生活世界的语境及日常生活实践的关联是
什么。哈贝马斯认为，通过交往而达致的共识，可以用主体间对有效性要
求的承认来加以衡量，它使得社会互动和生活世界语境连为一体。当然，
有效性要求有其两面性：作为要求，它们超越了任何一个局部语境；但
是，如果它们想让互动参与者通过协调达成共识的话，它们又必须于一定
的时空范围内提出来，并切实得到承认。普遍有效性的超越性打破了一切
局限性；而接受这些有效性要求又有一定的时空约束，这种约束力就使得
它们成为依附于语境的日常生活实践。[①]

　　哈贝马斯在此提出的有效性要求是相对于生活世界的意义理解而言
的，有效性是实践哲学和价值哲学的一个核心标准，和真实性、正确性同
样重要，虽然交往行为理论重视对于内在世界意义的理解，但同样要将有
效性作为一个重要的衡量标准。交往共识用主体间对有效性要求的承认来
加以衡量时，就使社会化交往和生活世界的意义理解相互融合。有效性要
求的双重维度在于：它可以超越生活世界中的一个局部的视域和历史语
境，也就是说这种有效性要求具有一种普遍性和超越性；但有效性要求
在提出时，必须具有确定的鹄的，而不能无的放矢，也就是说有效性要
求又具有确切性和具体性。因此，在衡量交往共识的有效性要求时，交
往行为者一定要根据日常生活实践做出正确的、真实的、真诚的表达和
判断。

　　总体而言，生活世界作为交往行为的总体性视域和资源，是交往共
识形成的前提性条件。生活世界作为资源，是一种生成性的世界与视
界。它使交往行为能够相互理解。当生活世界和交往行为相融合时，交
往理性和具体的生活方式就代替了康德先验性的理性统觉和胡塞尔先验
性的意向性结构，而通过生活世界的结构和交往行为经验构成了理性的
现代性发展与运用，如文化的自我理解、社会组织的团结和个体社会化
的自我认同等。诸多具体的生活方式通过交往行为发生内在关联，从而
构成生活世界共同的三维结构。生活世界的共同结构只有以理解为取

---

① 参见［德］哈贝马斯：《现代性的哲学话语》，374 页，南京，译林出版社，2011。

向，以语言为媒介，使具体的生活方式形成社会化的再生产，才能对诸多具体生活方式产生深刻的影响。而在生存论的意义上，我们对于生活世界的内在结构与外在视域的拓展，也正是交往理论与解释学思想相融合的过程。

结语　生存解释学的方法论批判

　　生存解释学以语言和生存的关联贯穿了文本与本文、理解与解释的思想脉络，它在对解释学核心概念的阐释中凸显了从狄尔泰到海德格尔和伽达默尔的解释学存在论转向中所具有的生存论意蕴。语言因而不是方法论意义上的工具与中介，而是生成的存在和生命的存在在生存论的境域中所展现的真理的光照，它以语言世界经验的方式在人的生命精神化的历程中展开为一个共同的生活世界。

　　语言生存论的彰显必然会招致分析哲学和方法论诠释学的双重诘难。前者以拒斥形而上的语言而专注于语法和语用学的探究，在笔者看来，这种研究方式会导致人的精神和生命的相互异化，语言作为一种纯粹精神的踪迹和表达的工具将会丧失其原初的生命表现的本质，所有想象、诗意、隐喻、修辞的语言生命将沉沦于技术性的分析之中，语言与逻各斯和努斯的原初关联将在逻辑分析的单维侧显中被予以遮蔽。

　　而方法论诠释学对于生存解释学的诘难则源于文本与本文的根本区分。对于书写文本的诠释是方法论解释学的出发点和基本要求，它以追求作者的原意和移情式的理解作为解释学的最高目的。因而，语文学和历史语境的相互依循，字句、段落和章节的理解循环构成了它基本的理论脉络。然而，作为书写文本之根柢的历史性本文始终在方法论解释学的视域之外，它既无法超越外在语言去倾听生命的内在语词和大道之道说，更不能承认理解和解释在生存论意义上是人之存在方式而非行为方式。

　　无论招致怎样的非难和批判，生存解释学都无疑昭示了更为深远的理论境域和实践前景。作为解释学之存在境域的生存论使解释学不再拘泥于书写的文本，而面向生成的历史性本文和变动不居的生命存在，超越性的存在通过生命的理解与解释而在生活世界中澄明了人与世界之间的本己关联，被疏异和遗忘的存在在生存论话语和语言世界经验中被重新加以照亮。

　　经过语言生存论的存在论奠基后，解释学可以运用新的视域来关注自身所处的生活世界。伦理、政治生活与瞬息万变的历史世界成为生存解释学横向和纵向的两个根本维度。从横向的社会世界来说，个体生命要更深刻地理解自身与世界的关联，就必须通过充分的社会性交往将自身的本质对象化出去，从而在交往中理解并确证自我的生命本质。现代的伦理交往和政治交往正是在这一方面成为理解人的内在本质的媒介，在此意义上，哈贝马斯所建构的交往行为理论是生存解释学的一种理论延伸。

　　从纵向的历史世界来说，历史总是以时间性的方式展现着存在的生成性本质及其与生命之间的本真勾连。历史既是生命脉络的总体，也是存在的时间化展延。历史作为生存的本文需要在生命存在的理解与解释中才能澄明存在的意义；而个体生命与历史的同构性又决定了人并不是通过外在的格物致知来理解历史，而要反观自身内在的生命，在与自身生命对话的基础上才可能达到对于历史本真的领会。在同样意义上，人也并不是仅通过体验来理解自身的生命，而是在生命客观化物的生成中领会到自我内在的精神。因此，历史哲学与解释学的关联并非外在方法论的相互依循，而是在生存论根基上就已经和生存的解释一体共在。

参考文献

1. 中文著作类

[1] 马克思恩格斯全集：第 1 卷［M］. 中文 1 版. 北京：人民出版社，1956.

[2] 马克思恩格斯全集：第 3 卷［M］. 中文 1 版. 北京：人民出版社，1960.

[3] 马克思恩格斯全集：第 23 卷［M］. 中文 1 版. 北京：人民出版社，1972.

[4] 马克思恩格斯全集：第 42 卷［M］. 中文 1 版. 北京：人民出版社，1979.

[5] 马克思恩格斯选集：第 1—4 卷［M］. 2 版. 北京：人民出版社，1995.

[6]［德］马克思. 1844 年经济学哲学手稿［M］. 北京：人民出版社，2000.

[7] 柏拉图全集：第 1—4 卷［M］. 北京：人民出版社，2002.

[8]［古希腊］亚里士多德. 形而上学［M］. 北京：商务印书馆，1959.

[9] 亚里士多德全集：第 1 卷［M］. 北京：中国人民大学出版社，1990.

[10] 亚里士多德全集：第 3 卷［M］. 北京：中国人民大学出版社，1992.

[11] 亚里士多德全集：第 7 卷［M］. 北京：中国人民大学出版社，1993.

[12] 亚里士多德全集：第 8 卷［M］. 北京：中国人民大学出版社，1992.

[13]［古希腊］亚里士多德. 尼各马可伦理学［M］. 北京：商务印书馆，2003.

[14]〔英〕罗斯. 亚里士多德〔M〕. 北京：商务印书馆，1997.

[15]〔德〕康德. 纯粹理性批判〔M〕. 北京：人民出版社，2004.

[16]〔德〕康德. 实践理性批判〔M〕. 北京：人民出版社，2003.

[17]〔德〕黑格尔. 哲学史讲演录：第4卷〔M〕. 北京：商务印书馆，1978.

[18]〔德〕黑格尔. 精神现象学：上下卷〔M〕. 北京：商务印书馆，1979.

[19]〔德〕黑格尔. 小逻辑〔M〕. 北京：商务印书馆，1980.

[20]〔德〕黑格尔. 精神哲学〔M〕. 北京：人民出版社，2006.

[21]〔德〕黑格尔. 历史哲学〔M〕. 上海：上海书店出版社，2001.

[22]〔丹麦〕克尔凯郭尔. 非此即彼〔M〕. 北京：中国工人出版社，1997.

[23]〔德〕海德格尔. 存在与时间〔M〕. 北京：三联书店，2006.

[24]〔德〕海德格尔. 形而上学导论〔M〕. 北京：商务印书馆，1996.

[25]〔德〕海德格尔. 路标〔M〕. 北京：商务印书馆，2000.

[26]〔德〕海德格尔. 在通向语言的途中〔M〕. 北京：商务印书馆，2004.

[27]海德格尔选集：上下卷〔M〕. 上海：上海三联书店，1996.

[28]〔德〕海德格尔. 面向思的事情〔M〕. 北京：商务印书馆，1996.

[29]〔德〕海德格尔. 林中路〔M〕. 上海：上海译文出版社，1997.

[30]〔德〕狄尔泰. 精神科学引论：第1卷〔M〕. 北京：中国城市出版社，2002.

[31]〔德〕狄尔泰. 体验与诗〔M〕. 北京：中国城市出版社，2002.

[32]〔德〕狄尔泰. 历史中的意义〔M〕. 北京：中国城市出版社，2002.

[33]〔德〕伽达默尔. 真理与方法：上下卷〔M〕. 上海：上海译文出版社，2004.

[34]〔德〕伽达默尔. 哲学解释学〔M〕. 上海：上海译文出版社，2004.

[35]〔德〕伽达默尔. 科学时代的理性〔M〕. 北京：国际文化出版公司，1988.

[36]伽达默尔集〔M〕. 上海：上海远东出版社，1997.

[37]〔德〕伽达默尔. 赞美理论——伽达默尔选集〔M〕. 上海：上

海三联书店，1988.

［38］［德］伽达默尔．伽达默尔论黑格尔［M］．北京：光明日报出版社．1992.

［39］［德］伽达默尔．美的现实性——作为游戏、象征、节日的艺术［M］．北京：三联书店，1991.

［40］［德］伽达默尔．伽达默尔论柏拉图［M］．北京：光明日报出版社，1992.

［41］［美］理查德·罗蒂．哲学与自然之镜［M］．北京：商务印书馆，2003.

［42］［德］威廉·洪堡特．论人类语言结构的差异及其对人类精神发展的影响［M］．北京：商务印书馆，1999.

［43］洪汉鼎主编．理解与解释——诠释学经典文选［C］．北京：东方出版社，2001.

［44］［德］胡塞尔．逻辑研究：第2卷第1部分［M］．上海：上海译文出版社，2006.

［45］［德］胡塞尔．欧洲科学的危机和超验现象学［M］．上海：上海译文出版社，2005.

［46］［德］胡塞尔．内在时间意识现象学［M］．北京：华夏出版社，2000.

［47］［德］哈贝马斯．交往行为理论：第1卷［M］．上海：上海人民出版社，2004.

［48］［德］哈贝马斯．交往行动理论：第2卷［M］．重庆：重庆出版社，1994.

［49］［德］哈贝马斯．现代性的哲学话语［M］．南京：译林出版社，2011.

［50］［德］哈贝马斯．后形而上学思想［M］．南京：译林出版社，2012.

［51］哈贝马斯精粹［M］．南京：南京大学出版社，2004.

［52］［德］哈贝马斯．在事实与规范之间：关于法律和民主法治国的商谈理论［M］．北京：三联书店，2011.

［53］［德］哈贝马斯．公共领域的结构转型［M］．上海：学林出版社，1999.

［54］［德］哈贝马斯．作为"意识形态"的技术与科学［M］．上海：学林出版社，1999.

[55] [德] 哈贝马斯. 合法化危机 [M]. 上海: 上海人民出版社, 2000.

[56] [古罗马] 奥古斯丁. 独语录 [M]. 上海: 上海译文出版社, 1997.

[57] [古罗马] 奥古斯丁. 论三位一体 [M]. 上海: 上海人民出版社, 2005.

[58] [法] 德里达. 论文字学 [M]. 上海: 上海译文出版社, 1999.

[59] [意] 维柯. 新科学: 上下卷 [M]. 北京: 商务印书馆, 1989.

[60] [英] 柯林武德. 历史的观念 [M]. 北京: 商务印书馆, 1997.

[61] [法] 卢梭. 论语言的起源 [M]. 上海: 上海人民出版社, 2003.

[62] [古罗马] 奥古斯丁. 忏悔录 [M]. 北京: 商务印书馆, 1963.

[63] [德] 卡西尔. 人论 [M]. 上海: 上海译文出版社, 2004.

[64] [德] 卡西尔. 语言与神话 [M]. 北京: 三联书店, 1988.

[65] [美] 默罗阿德·韦斯特法尔. 解释学、现象学与宗教哲学 [M]. 北京: 中国社会科学出版社, 2005.

[66] 卡尔·雅斯贝斯文集 [M]. 西宁: 青海人民出版社, 2003.

[67] [德] 卡尔·雅斯贝斯. 生存哲学 [M]. 上海: 上海译文出版社, 2005.

[68] [德] 卡尔·雅斯贝斯. 时代的精神状况 [M]. 上海: 上海世纪出版集团, 2003.

[69] [英] 休谟. 人类理解研究 [M]. 北京: 商务印书馆, 1957.

[70] 莱布尼茨自然哲学著作选 [M]. 北京: 中国社会科学出版社, 1985.

[71] [德] 莱布尼茨. 人类理智新论: 上下卷 [M]. 北京: 商务印书馆, 1982.

[72] [英] 洛克. 人类理解论: 上下卷 [M]. 北京: 商务印书馆, 1959.

[73] [法] 保罗·利科. 解释学与人文科学 [M]. 石家庄: 河北人民出版社, 1987.

[74] [法] 保罗·利科. 活的隐喻 [M]. 上海: 上海译文出版社, 2004.

[75] [法] 保罗·利科. 历史与真理 [M]. 上海: 上海译文出版社, 2004.

[76] [法] 保罗·利科. 诠释学与人文科学——语言、行为、解释文集 [M]. 北京: 中国人民大学出版社, 2012.

［77］［加］让·格朗丹. 诠释学真理——论伽达默尔真理概念［M］. 北京：商务印书馆，2015.

［78］［加］让·格朗丹. 哲学解释学导论［M］. 北京：商务印书馆，2009.

［79］［美］乔治娅·沃恩克. 伽达默尔——诠释学、传统和理性［M］. 北京：商务印书馆，2009.

［80］［美］理查德·E·帕尔默. 诠释学［M］. 北京：商务印书馆，2009.

［81］［德］卡尔-奥托·阿佩尔. 哲学的改造［M］. 上海：上海译文出版社，2005.

［82］［英］卡尔·波普尔. 客观知识——一个进化论的研究［M］. 上海：上海译文出版社，2005.

［83］［美］约翰·塞尔. 心灵、语言和社会——实在世界中的哲学［M］. 上海：上海译文出版社，2006.

［84］［法］雅克·德里达. 声音与现象——胡塞尔现象学中的符号问题导论［M］. 北京：商务印书馆，2005.

［85］［法］米歇尔·福柯. 词与物——人文科学考古学［M］. 上海：上海三联书店，2001.

［86］［法］列维·布留尔. 原始思维［M］. 北京：商务印书馆，1997.

［87］［瑞士］费尔迪南·德·索绪尔. 普通语言学教程［M］. 北京：商务印书馆，2005.

［88］［法］梅洛·庞蒂. 符号［M］. 北京：商务印书馆，2005.

［89］［法］皮埃尔·布尔迪厄. 言语意味着什么——语言交换的经济［M］. 北京：商务印书馆，2005.

［90］［美］鲁道夫·马克瑞尔. 狄尔泰传［M］. 北京：商务印书馆，2003.

［91］［法］马克·弗罗芒-默里斯. 海德格尔诗学［M］. 上海：上海译文出版社，2005.

［92］殷鼎. 理解的命运［M］. 北京：三联书店，1988.

［93］周伟驰. 记忆与光照——奥古斯丁神哲学研究［M］. 北京：社会科学文献出版社，2001.

［94］邓晓芒. 思辨的张力——黑格尔辩证法新探［M］. 长沙：湖南教育出版社，1992.

［95］孙周兴. 说不可说之神秘——海德格尔后期思想研究［M］. 上海：上海三联书店，1994.

［96］北京大学哲学系外国哲学史教研室. 西方哲学原著选读：上下卷［C］. 北京：商务印书馆，1982.

［97］张汝伦. 历史与实践［M］. 上海：上海人民出版社，1995.

［98］张汝伦. 意义的探究——当代西方释义学［M］. 沈阳：辽宁人民出版社，1986.

［99］洪汉鼎. 诠释学——它的历史和当代发展［M］. 北京：人民出版社，2001.

［100］章启群. 伽达默尔传［M］. 石家庄：河北人民出版社，1998.

［101］章启群. 意义的本体论——哲学诠释学［M］. 上海：上海译文出版社，2002.

［102］严平. 走向解释学的真理［M］. 北京：东方出版社，1998.

［103］张能为. 理解的实践——伽达默尔实践哲学研究［M］. 北京：人民出版社，2002.

［104］金惠敏. 后现代性与辩证解释学［M］. 北京：中国社会科学出版社，2002.

［105］郑文先. 社会理解论［M］. 武汉：武汉大学出版社，1998.

［106］俞吾金. 实践诠释学［M］. 昆明：云南人民出版社，2001.

［107］潘德荣. 文字·诠释·传统——中国诠释传统的现代转化［M］. 上海：上海译文出版社，2003.

［108］谢地坤. 走向精神科学之路——狄尔泰哲学思想研究［M］. 南京：江苏人民出版社，2003.

［109］张曙光. 生存哲学——走向本真的存在［M］. 昆明：云南人民出版社，2001.

［110］张曙光. 人的世界与世界的人——马克思思想历程追踪［M］. 郑州：河南人民出版社，1994.

［111］欧阳康. 社会认识方法论［M］. 武汉：武汉大学出版社，1998.

［112］张廷国. 重建经验世界［M］. 武汉：华中科技大学出版社，2003.

［113］邹诗鹏. 实践——生存论［M］. 南宁：广西人民出版社，2002.

［114］邹诗鹏. 生存论研究［M］. 上海：上海人民出版社，2005.

［115］何卫平. 通向解释学辩证法之途［M］. 上海：上海三联书

店，2001.

　　［116］高宣扬. 解释学简论［M］. 台北：远流出版事业公司，1988.

　　［117］张祥龙. 海德格尔思想与中国天道——终极视域的开启与交融
［M］. 北京：三联书店，1996.

　　［118］王庆节. 解释学、海德格尔与儒道今释［M］. 北京：中国人
民大学出版社，2004.

　　［119］杨大春. 沉沦与拯救——克尔凯戈尔的精神哲学研究［M］.
北京：人民出版社，1995.

　　［120］徐长福. 理论思维与工程思维——两种思维方式的僭越与划界
［M］. 上海：上海人民出版社，2002.

　　［121］龚群. 生命与实践理性——诠释学的伦理学向度［M］. 北京：
中国社会科学出版社，2004

　　［122］宋祖良. 青年黑格尔的哲学思想［M］. 长沙：湖南教育出版
社，1989.

　　［123］吴晓明，王德峰. 马克思的哲学革命及其当代意义——存在论
新境域的开启［M］. 北京：人民出版社，2005.

2. 中文类期刊

　　［1］［法］F. 费迪耶，等. 晚期海德格尔的三天讨论班纪要［J］. 哲
学译丛，2001（3）.

　　［2］［德］E. W. 奥尔特. "生活世界"是不可避免的幻想——胡塞尔
"生活世界"概念及其文化政治困境［J］. 哲学译丛，1994（5）.

　　［3］徐长福. 一份最简明的西哲史提纲——高尔吉亚三原则的内蕴与
启示［J］. 中国人民大学复印报刊资料•外国哲学与哲学史，1994（6）.

　　［4］朱松峰. 胡塞尔和海德格尔谁先影响了谁——就"生活世界"而
言［J］. 南京社会科学，2014（1）.

3. 外文参考文献

　　［1］Martin Heidegger. Being and Time. Basil Blakwell，The Camelot
Press Ltd.，1962.

　　［2］Karl Jaspers. Reason and Existenz. Milwaukee：Marquette U-
niversity Press，1997.

　　［3］C. J. F. Williams. What Is Existence?. Oxford：Clarendon
Press，1981.

　　［4］Parviz Morewedge. Philosophies of Existence：Ancient and Medieval. New York: Fordham University Press, 1982.

[5] Walter Kaufmann. Existentialism: From Dostoevsky to Sartre. New American Library, 1975.

[6] Jean-Poul Sartre. Between Existentialism and Marxism. Thetford Press Ltd. , 1974.

[7] Hans-Georg Gadamer. Truth and Method. China Social Sciences Publishing House Chengcheng Books Ltd. , 2002.

[8] Hans-Georg Gadamer. The Relevance of Beautiful and Other Essays. New York: Cambridge University Press, 1986.

[9] Hans-Georg Gadamer. Plato's Dialectical Ethics. New Haven: Yale University Press, 1969.

[10] Hans-Georg Gadamer. Hegel's Dialect: Five Hermeneutics Studies. New Haven: Yale University Press, 1976.

[11] Hans-Georg Gadamer. Heidegger's Ways. State University of New York Press, 1994.

[12] Hans-Georg Gadamer. Literature and Philosophy in Dialogue. State University of New York Press, 1994.

[13] Jürgen Habermas. The Theory of Communicative Action. Vol. 2, Boston: Beancon Press, 1987.

[14] ST. Thomas Aquinas. Summa Theologiae. Vol. 3. Knowing and Naming God. Lighting Source VK Ltd. , 1963.

[15] Ingrid Scheibler. Gadamer: Between Heidegger and Habermas. Rowman and Littlefield Publishers, 2000.

[16] Jean Grondin. Hans-Georg Gadamer. New Haven: Yale University Press, 2003.

[17] Jean Grondin. Introduction to Philosophical Hermeneutics. New Haven: Yale University Press, 1994.

[18] Osman Bilen. The Historicity of Understanding and the Problem of Relativism in Gadamer's Philosophical Hermeneutics. The Council for Research in Values and Philosophy, 2000.

[19] Martin Heidegger. Poetry, Language, Thought. China Social Sciences Publishing House Chengcheng Books Ltd. , 1999.

[20] Christopher Macann. Critical Heidegger. London: Routledge

Press, 1996.

[21] Derek Robert Mitchell. Heidegger's Philosophy and Theories of the Self. Aldershot, Hants: Ashgate Publishing, 1996.

[22] Jennifer Lackey. Learning from Word, Philosophy and Phenomenological Research, Vol. LXXIII, 2006.

[23] Baron Reed. Epistemic Circularity Squared: Skepticism about Common Sense. Philosophy and Phenomenological Research, Vol. LXXIII, 2006.

[24] Maurizio Pagana. The Univsersal and the Hermeneutical Experience. Philosophy Today, Vol. 49, 2005.

[25] Vincenzo Vitiello. Hermeneutical Topology. Philosophy Today, Vol. 49, 2005.

[26] David Vessey. Gadamer's Account of Friendship as an Alternative to Intersubjectivity. Philosophy Today, Vol. 49, 2005.

[27] Lauren Suayne Barthold. How Hermeneutical Is He? A Gadamerian Analysis of Richard Rorty. Philosophy Today, Vol. 49, 2005.

[28] Scott Campbell. Heidegger and the Educated Life. Philosophy Today, Vol. 48, 2004.

[29] David Pellauer. Hermeneutics and the Philosophy of History: Ricoeur at Niney. Philosophy Today, Vol. 47, 2003.

[30] Jamey Findling. Gadamer and the Living Virtuality of Speech. Philosophy Today, Vol. 47, 2003.

[31] Daniel Tate. The Speechless Image: Gadamer and the Claim of Modern Painting. Philosophy Today, Vol. 45, 2001.

[32] Karen Feldman. The Performative Difficulty of Being and Time. Philosophy Today, Vol. 44, 2000.

[33] David Vessey. Gadamer and the Body Across Dialogical Contexts. Philosophy Today, Vol. 44, 2000.

[34] Matthew A. Daigler. Being as Act and Potency in the Philosophy of Paul Ricoeur. Philosophy Today, Vol. 42, 1998.

[35] Eleanore Holveck. The Birth of American Existentialism: Hazer E. Barnes, A Singular Universal. Philosophy Today, Vol. 42, 1998.

[36] Catherine Osborne. Socrates in the Platinic Dialogues. Philosophical Investigations. Vol. 29, 2006.

［37］Richard Hudeloson. Marx for the Present. Philosophy of the Social Sciences, Vol. 36, 2006.

［38］Lin Ma and Joap Van Brakel. Heidegger's Comportment towards East-west Dialogue. Philosophy East and West, Vol. 56, 2006.

［39］Frank W. Stevenson. Zhuangzi's Dao as Background Noise. Philosophy East and West, Vol. 56, 2006.

［40］Michael J. Matthis. Becoming Subjective: Kiekegaard Existential Revolution. Philosophy Today, Vol. 50, 2006.

［41］Stephen Wang. Reason and the Limits of Existential Freedom: Why Sartre is not a Voluntarist. Philosophy Today, Vol. 50, 2006.

［42］James Gilbert-Walsh. Transcendental Exhaustion: Repeating Heidegger's Fundamental Ontology. Philosophy Today, Vol. 50, 2006.

［43］Chris Fraser. Language and Ontology in Early Chinese Thought. Philosophy East and West, Vol. 57, 2007.

后　记

　　岁月蹉跎，不知不觉已在哲学门中耕耘思索了十余年，其中，前五年在四季葱郁的江城喻家山下学习生活，其后在金陵绿荫环抱的仙林大学城从事教学研究。值此而立之后，将至不惑之年，自己多年的研究成果，终于以"学术专著"的形式问世，它的问世，也蕴含着我学术研究的心路历程，因此心中难免多生感慨。

　　十三年前，我是凭着纯粹个人兴趣在哲学园地中遨游，在其中领略到诸多逍遥之趣。但这种逍遥无疑也是散漫的，它使我的心灵生命对于自然之道有过领悟与兴会，却不能用外在的言语将之加以表达。

　　在 2003 年进入华中科技大学哲学系后，曾与一位相得的老师说起以往对于"道""理"的直观，他笑言："你以前是走了太多的弯路了，要不然会早有所得。"而我的内心由此激发出来的想法却是"人间正道是沧桑"。的确，与一帆风顺在哲学门中成长起来的学者相比，我在读研之前，曾经远离经院，在学术的边缘地带与世浮沉，似乎"浪费"了数年的光阴，但那几年漂泊孤零的心境与对"思想"的执着情怀，却使我对于哲学的根本问题有着诸多的生命体验，这些体验也许是在经院之中难以获得的。

　　毋庸置疑，原初的生命体验、基本知识的积累和前沿问题的研讨是窥探哲学堂奥的根本条件，如果没有导师张曙光、张廷国教授在这三个方面对我加以引导、训练，我不可能从对哲学的直观兴趣进入到严谨的学术研究之中。张曙光教授虽在 2004 年已调到北师大任教，但依然时常通过邮件关注我的学习情况，在近年更是经常微信交流，并做思想的点拨。张廷国教授对我博士学术论文的选题与定稿倾注了大量的心血。两位导师的思想、品格都堪为我治学、为人的典范。

　　除了导师的直接教诲外，华中大哲学系良好的师资力量与学术氛围也使我受益匪浅。欧阳康教授、李耀南教授等都曾为我传道解惑，并对我的学术论文提出诸多中肯的意见，在此一并诚表谢忱。

复旦大学的邹诗鹏教授和中山大学的马天俊教授，在我读研期间曾于华中大任教，他们对我学术上的知遇、提携之情令人难以忘怀。

我在 2006 年间曾混迹于武汉大学的哲学课堂，得以聆听邓晓芒教授与何卫平教授的原著课程讲授，他们对我这位外来的旁听者无丝毫门户之见，如同自己的学生般亲切交流。两位教授既是我博士论文的主要评审人，也是我申报国家社科基金后期资助项目的推荐人，借此机会向他们致以诚挚的谢意。

2008 年底到南京财经大学马克思主义学院工作后，对教学和研究有了新的兴趣和重心，但生存解释学依然是我一个坚定的研究方向。当然，近年来，我在对西方马克思主义及相关经典文献的阅读中，对生存解释学的学术资源与研究思路有了新的拓展与构思，特别是对意识形态理论的研究，让我确信，生存解释学要回归生活世界，必须以意识形态研究作为现实桥梁，才能够从纯粹的学术研究中通向当代人的生存境遇。这些年在南京财大的工作与生活是繁忙而充实的，从在马克思主义学院任教到任职于党委宣传部，学校、学院和部门领导及同事都对我多有关心与帮助，特别是陈章龙书记、焦富民副书记、韩力争部长、叶昌友教授等诸位师长，在学术与行政方面的指导，让我受益良多，在此一并致谢。

在 2014 年下半年，我以博士学位论文作为底板，对相关章节做了修改，并增加一些新的内容，申报了国家社科基金后期资助项目；项目获批后，我又将近些年关于哈贝马斯及生活世界理论的相关研究充实到书稿中，最终形成本书定稿。特别感谢张曙光教授拨冗为本书作序。

多年来，在沉潜学术的名义下对家庭贡献甚少。我的家人承担了大部分家庭事务的操劳，使我能从容遨游于经典之中，此种亲情已非一谢可以了然。儿子梅嘉瑄正是在我沉浸于博士学位论文的构思之时降生，论文的开题、写作乃至本书定稿，都与他成长的足迹相伴随，而他曾经的咿呀学语与率性表达也为我对内在语词的探讨激发了诸多的灵感。

在本书即将付梓之际，特别感谢全国哲学社会科学规划办公室的相关老师和中国人民大学出版社的编辑为本书出版所做的工作，是诸位老师和我一起见证了"生存解释学"的"诞生"。

梅景辉

2016 年 7 月记于仙林诚品城

图书在版编目（CIP）数据

生存解释学研究/梅景辉著 . —北京：中国人民大学出版社，2016.8
国家社科基金后期资助项目
ISBN 978-7-300-23292-8

Ⅰ.①生… Ⅱ.①梅… Ⅲ.①生存-解释学-研究 Ⅳ.①B086②B089.2

中国版本图书馆 CIP 数据核字（2016）第 195323 号

国家社科基金后期资助项目
生存解释学研究
梅景辉 著
Shengcun Jieshixue Yanjiu

出版发行	中国人民大学出版社		
社　　址	北京中关村大街 31 号	邮政编码	100080
电　　话	010－62511242（总编室）		010－62511770（质管部）
	010－82501766（邮购部）		010－62514148（门市部）
	010－62515195（发行公司）		010－62515275（盗版举报）
网　　址	http://www.crup.com.cn		
	http://www.ttrnet.com（人大教研网）		
经　　销	新华书店		
印　　刷	涿州市星河印刷有限公司		
规　　格	165 mm×238 mm　16 开本	版　　次	2016 年 8 月第 1 版
印　　张	14.25 插页 2	印　　次	2016 年 8 月第 1 次印刷
字　　数	235 000	定　　价	42.50 元